Questões que incomodam o historiador

Questões que incomodam o historiador

Susani Silveira Lemos França
(org.)

Copyright © 2013 Susani Silveira Lemos França
Grafia atualizada segundo o Acordo Ortográfico da Língua Portuguesa de 1990, que entrou em vigor no Brasil em 2009.

Publishers: Joana Monteleone/Haroldo Ceravolo Sereza/Roberto Cosso
Edição: Joana Monteleone
Editor assistente: Vitor Rodrigo Donofrio Arruda
Assistente acadêmica: Danuza Vallim
Projeto gráfico e diagramação: Gabriel Patez Silva
Capa: Ana Lígia Martins
Revisão: Agnaldo Alves
Assistente de produção: Felipe Lima Bernardino
Imagem de capa: Patrícia Azevedo

Este livro foi publicado com o apoio da Fapesp

CIP-BRASIL. CATALOGAÇÃO-NA-FONTE
SINDICATO NACIONAL DOS EDITORES DE LIVROS, RJ

Q54

QUESTÕES QUE INCOMODAM O HISTORIADOR
organização Susani Silveira Lemos França, 1ª ed.
São Paulo: Alameda, 2013
278p.

Inclui bibliografia
ISBN: 978-85-7939-232-0

1. Historiografia. 2. Brasil – Historiografia. 3. Brasil – História. I. França, Susani Silveira Lemos, 1967-.

13-05580   CDD: 907.2
             CDU: 82-94

ALAMEDA CASA EDITORIAL
Rua Conselheiro Ramalho, 694 – Bela Vista
CEP 01325-000 – São Paulo, SP
Tel. (11) 3012-2400
www.alamedaeditorial.com.br

SUMÁRIO

Introdução 7

I. Variância e invariância na história 27

O uso de conceitos pelos historiadores: 29
o conceito de ilustração
Maria Beatriz Nizza da Silva

História dos conceitos e pensamento político e social: 47
para um quadro preliminar das questões teóricas que
incomodam o pesquisador
Marcelo Jasmin

Tempo e escrita da história. Ensaio sobre apropriação 71
historiográfica do presente
Temístocles Cezar

Os sentidos da colonização 91
Jean Marcel Carvalho França

II. História e linguagem 113

Biografia, história e literatura. 115
Um (velho) novo desafio para o historiador
Ana Isabel Buescu

Linguagem e História: 137
estudo do êxito de uma biografia
Alcir Pécora

A história como reflexo e ensinamento   169
Susani Silveira Lemos França

História e Música: consenso, polêmicas e desafios   201
Tânia da Costa Garcia

No rastro de uma barba: 223
a história atrás de passos apagados
Manolo Florentino

Sobre os autores   273

Introdução

O presente livro é o resultado de um ciclo de conferências realizado na Universidade Estadual Paulista, Campus de Franca, cujo objetivo foi retomar algumas questões que orientam a prática do historiador e são incontornáveis para aqueles que fazem ou estudam história. Reunindo historiadores e pesquisadores que refletem sobre o fazer histórico, a coletânea traz capítulos em que estudos empíricos e reflexões de fundo teórico encontram-se articuladas de maneira cuidadosa, e em que cada recorte ou proposta não esconde uma bem sustentada concepção de história.

Variâncias e constâncias, realidade extralinguística e linguagem. O livro está organizado em torno desses dois pares de oposição que, ao longo de séculos, vão e voltam nas discussões sobre as especificidades, objetivos, motivações, limites e razões de ser do fazer histórico. Acompanhemos com mais detalhes como as questões derivadas desses pares, questões que tanto incomodam o historiador, se desdobram nos capítulos deste livro.

Maria Beatriz Nizza da Silva, no ensaio de abertura, apresenta-nos uma arqueologia do conceito de "ilustração" no mundo luso-brasileiro, examinando seus corolários, destacando o seu caráter histórico e perscrutando os seus significados de época. Baseada, pois, em uma análise empírica, a historiadora toca em uma ambiguidade teórica que há tempos tem incomodado o historiador: a relação entre oscilações e persistências históricas, entre o mutável e o supostamente imutável que se esconde nele. O uso dos conceitos pelo historiador, a propósito, é um dos pontos fundamentais deste livro, afinal, a ele articulam-se dois outros problemas sempre muito presentes na atividade do historiador: a relação entre persistências e rupturas e a interrogação sobre se o uso de designações semelhantes justificaria falar em uma base comum, um invariante que guardaria uma identidade a despeito das mudanças.

Ao explorar as bases em que o conceito de ilustração foi forjado no mundo letrado luso-brasileiro do final do século XVIII, ou seja, ao apresentar o solo histórico do conceito de ilustração, Nizza da Silva sugere a necessidade de o historiador não cair na tentação de conceber o conceito como essencial ou universal. O mapeamento que promove é, pois, uma defesa da ideia de que as categorias de que fazem uso os historiadores para tentarem dar sentido às nuances difusas da vida política, econômica, social, cultural não são eternas, antes são profundamente mutáveis.[1] Este conteúdo variável, que a pesquisadora explorou no conceito de ilustração, para além de nos ensinar sobre o que significava ser ilustrado no final do século XVIII, assinala, por vias oblíquas, como os conceitos não podem jamais ser definidos com "objetividade", já que apenas podem ser apreendidos no terreno histórico em que se configuram. A questão que o capítulo põe à luz a partir de uma interrogação pontual sobre a ilustração no referido contexto é, portanto, a da necessidade de o historiador não se deixar seduzir por aparentes essências, nem tampouco se iludir com os supostos sinais de unidade e invariância dos conceitos. Ao

---

[1] VEYNE, P. Os conceitos em História. In: NIZZA DA SILVA, M. B. (org.). *Teoria da História*. São Paulo: Cultrix, 1976, p. 129.

historicizar o conceito de ilustração, sem cair na quimera dos invariantes ou das identidades atemporais, a historiadora não só nos alerta sobre os perigos do uso em história de princípios explicativos a-históricos – sob o argumento de precisão metodológica e de cientificidade –, mas principalmente ensina um caminho para uma descrição e arqueologia dos conceitos, uma arqueologia em que as bases da construção histórica de cada conceito são esmiuçadas para que não passem despercebidas as implicações temporais do seu uso.

Tocando no mesmo problema da invariância na história e do perigo do anacronismo, porém tomando como alvo obras de teóricos que, por caminhos diferentes, nos permitem refletir sobre tal invariância, Marcelo Jasmin examina duas vertentes da história do pensamento político e social que, desde a década de 1960, vêm alimentando o fazer histórico. A questão condutora do texto é também o uso dos conceitos em História e o risco do anacronismo que decorre da atribuição de significados a ideias sem atenção ao contexto de produção dos enunciados. Ao contrário, porém, de desmontar as configurações históricas de um conceito, como no capítulo anterior, Jasmin faz uma exegese de duas perspectivas contextualistas: a de Quentin Skinner, cuja proposta é desnaturalizar os conceitos a partir do seu exame dentro de um jogo de linguagem historicamente definido; e a de Reinhart Koselleck, que defende uma leitura do passado levando em conta o horizonte conceitual que lhe é próprio.

As duas vertentes são aproximadas, porque incidem ambas sobre a utilização historiográfica dos conceitos ou das ideias que formam o vocabulário normativo através do qual se legitima um determinado comportamento político.[2] Uma das questões levantadas por essas

---

2   Cf. KELLEY, D. R. El giro cultural en la investigación histórica. In: OLABARRI, I.; CASPITEGUI, F. J. La "nueva" historia cultural: la influencia del posestructuralismo y el auge de la interdisciplinariedad. Madri: Ed. Complutense, 1996, p. 42.

vertentes que tem incomodado o historiador diz respeito ao jogo que a história estabelece entre o empírico e o transcendental. Skinner, por exemplo, questiona certas leituras contemporâneas por sua tendência a tornar atemporais as ideias do passado, ou melhor, por desconsiderarem a historicidade dos enunciados e dos conceitos. O pensador defende tanto que os significados das ideias só podem ser apreendidos no contexto histórico em que foram produzidos e circularam, quanto que os conceitos não podem ser simplesmente transportados do passado para o presente – dada a decalagem que há entre os mundos intelectuais de um e outro tempo.

Influenciado por Wittgenstein e pela teoria dos atos de linguagem de Austin e Searle, Skinner vê na contingência histórica, na oscilação das ideias e ações, o resultado de debates intelectuais onde as teses, os argumentos e a retórica desdobrada pelos autores devem ser lidos como atos de linguagem que produzem ou procuram produzir efeitos sobre um determinado público. Os atos de linguagem provenientes da experiência cotidiana são substituídos, no pensamento de Skinner, pelas teorias ou ideias políticas, cuja intencionalidade pode ser reconstruída quando estudamos historicamente as estratégias argumentativas utilizadas pelos atores. O pensador, contudo, evita cair no determinismo do contexto, tomando-o na sua análise como um universo de possíveis e não como uma causa simples; na verdade, o autor propõe que as ideias e conceitos dos autores do passado predominam sobre os contextos sócio-históricos. Esses são, pois, somente horizontes de sentido para os autores do passado, já que os usos dos conceitos por eles empregados dependem dos sentidos possíveis acordados pelos diferentes receptores no seu tempo. Na sua leitura das fundações do pensamento político moderno, Skinner confere muito mais peso à variância do que aos supostos núcleos essenciais, porque lhe importa conhecer o presente daquele que exprime as ideias políticas. Daí que ele considere que seja missão do historiador precisar a ação do autor no seu tempo, bem como esquadrinhar o campo semântico em que os conceitos são formulados e utilizados. O que lhe valeu a acusação de relativista e de inimigo dos conceitos intemporais, mas, em contraponto, o elogio de que teria aberto espaço para e estimulado a historicização das verdades e dos tipos de racionalidade.[3]

Menos adepto da variância parece se mostrar Koselleck, pois, apesar da sua crítica ao gosto pelas constâncias das histórias das ideias, não escapa de uma transcendentalização da história, ao forjar as categorias "espaço de experiência" e "horizonte de expectativa" para articular o presente com o passado, bem como ao propor que a história, nomeadamente a conceitual, meça e estude a "convergência entre conceitos antigos e categorias atuais do conhecimento".[4]

A história conceitual que propõe, portanto, está amparada na convicção de que a experiência humana se organiza a partir de conceitos, bem como de que a história desses conceitos pode ser rastreada através dos tempos. O pensador admite, assim, com clareza, a existência de condições transcendentais das histórias possíveis e não se exime de estabelecer categorias prévias para os discursos. Embora, pois, defenda a historicidade dos conceitos e, portanto, sua base empírica, faz do empírico condição para toda experiência possível, ou seja, faz dele transcendental, ao estabelecer uma série de categorias prévias aos discursos que julga estruturadoras das histórias em si. A história, tal como a concebe Koselleck, é fundada

---

3   WUILLÈME, T. *Liberté et république selon Quentin Skinner*. Disponível em: http://www.revuedroledepoque.com/articles/n10/liberte.pdf.

4   KOSELLECK, R. *Futuro passado*. Contribuição à semântica dos tempos históricos. Rio de Janeiro: Contraponto; Ed. PUC-Rio, 2006, p. 306.

em elementos antropológicos básicos, que determinariam a pluralidade das histórias. Esses transcendentais, contudo, deveriam ser colhidos da própria experiência histórica, cujos nexos (dentro/fora, em cima/embaixo, antes/depois, amigo/inimigo, geratividade, senhor/escravo, público/privado) eram previamente projetados graças à sucessividade que é própria da experiência.

Essa busca de constâncias, que na história conceitual de Koselleck se manifesta na tentativa de conciliar continuidade e mudança e o faz cair em uma espécie de ontologização do oposicionismo – uma constância que acaba por se configurar como a estrutura fundamental de histórias possíveis –, pode ser também percebida na obra de outro teórico que tem sido decisivo para fornecer parâmetros atuais para a análise histórica e que inspira a reflexão de um capítulo sobre questão sempre inquietante para o historiador: o peso do presente na percepção e construção do passado. Trata-se de François Hartog, teórico da história que, através da fórmula operatória "regimes de historicidade", procura encontrar uma forma lógica, uma ordem, do tempo ou "modelos de consciência do tempo". Ou seja, pensa os regimes como uma forma de organizar o passado "como uma sequência de estruturas". Considerando que as experiências do tempo não podem ser apreendidas na inteireza, o historiador francês busca "apreender as categorias que organizam essas experiências e as suas articulações", traçando sentidos para os movimentos, aparentemente ilógicos – segundo ele –, de ir e vir.[5] Não propriamente advertindo sobre os perigos do anacronismo, como fazem Nizza da Silva e Jasmin, Temístocles Cezar defende, ironicamente, um certo uso deste que é um dos maiores incômodos do historiador. Segundo o pesquisador, o anacronismo pode

---

5 HARTOG, F. *Régimes d'Historicité*. Présentisme et Expériences du Temps. Paris: Éditions du Seuil, 2003, p. 27.

ser frutífero na perscrutação das representações conceituais do tempo, já que põe em cena justamente o problema das idas e vindas, da não linearidade, da percepção do tempo e seus efeitos. No passeio do autor pelas reconfigurações do tempo na história, é o tempo "desorientado" de que fala Hartog que parece emergir. Um tempo atravessado pelo presente ou inteligível a partir dele é o que inquieta o historiador. Cezar examina certas regularidades na percepção da passagem do tempo e os dilemas sobre sua apreensibilidade, destacando seu papel decisivo no próprio ato de percepção do mundo, ou melhor, destacando como as representações do tempo podem ser definidas como modalidades de consciência de si das sociedades. No seu diário de viagem presentista, a categoria recorrente que incomoda ou intriga é justamente a de um presente que atravessa o passado e o futuro e lhes confere sentido ao mesmo tempo em que os mantêm privados de autonomia.

Se Temístocles Cezar tem como foco a historicidade dos sentidos do tempo, isto é, uma variância das maneiras de ser no tempo que não esconde certas constâncias e deixa entrever certos regimes temporais, Jean Marcel Carvalho França distingue uma invariância na forma como célebres historiadores brasileiros forjaram as bases da história da colonização do Brasil: a busca de um sentido para essa história ou de eixos condutores. Esquadrinhando obras de síntese da história do Brasil, o historiador observa como grandes pensadores brasileiros, apesar das soluções e finalidades diversas, construíram suas histórias a partir de um princípio unificador, um sentido.

O esqueleto dessas teleologias é dissecado pelo autor do capítulo, que aponta como a independência e a nacionalidade – ou consciência dela – são o fim que, em retrospectiva, conduz a organização das histórias de Sílvio Romero e Capistrano de Abreu. Decompõe, do mesmo modo, as obras de Gilberto Freyre e Sérgio Buarque de Holanda, obras que, a despeito de romperem com o ideal romântico de uma história rumo à nacionalização, acham um sentido para aquela história do Brasil quando ainda era "América Portuguesa": Freyre, porque vê na miscigenação o fio condutor do processo de amadurecimento da cultura brasileira, processo que culminaria com a democratização do Brasil; Buarque, porque, a despeito da aversão a qualquer parvoinha nativista, busca um eixo interpretativo, a "racionalização mitigada pelos impulsos afetivos", que denuncia uma vontade de encontrar um sentido para a colonização.

Nos demais historiadores analisados, o tal sentido também aparece mais ou menos evidente. Caio Prado e Fernando Novais, pela clara ideia de que a colonização do Brasil é peça, articulada a outras, do sistema econômico marítimo europeu, o qual modela as feições da vida econômica e social das colônias. João Fragoso e Manolo Florentino, pela plasticidade da exclusão socioeconômica nas nossas terras. Inventadas ao longo de três séculos de colonização, as formas de exclusão foram se redefinindo, porém, mantiveram-se como núcleo, como uma constância ou invariância "que dá unidade, significado e sentido a essa história", segundo França. Tais sentidos decompostos, portanto, recolocam-nos diante do problema da inteligibilidade da história em torno de constâncias; questão, sem dúvida, cuja resposta tem dependido da crença ou não nos limites dos possíveis humanos. Até que ponto apenas retomamos formas e linguagens passadas? Até que ponto abrimos novas possibilidades para outras manifestações da temporalidade?

Nos quatro textos anteriores, apesar de o incômodo do historiador mais diretamente explorado ter sido o da variância/invariância na história, uma outra questão de fundo foi também anunciada e aparece explorada de forma mais direta nos cinco capítulos seguintes: a relação entre linguagem e história. Tratada anteriormente sobretudo a partir das ligações entre conceitos e circunstâncias histórico-sociais ou dos condicionamentos mútuos ou unilaterais entre uns e outras, a questão emerge com outra roupagem e é abordada de forma mais direta nos ensaios seguintes. O entrelaçamento que passa a ser desmontado ou questionado aí é aquele entre a história e a linguagem, desdobrado, entretanto, em torno de cinco capítulos e de, pelo menos, seis aspectos: história, literatura e biografia; o papel dos procedimentos discursivos na construção de verdades históricas; construção historiográfica e reflexo do social; a construção subjetiva do mundo social por linguagens que até há pouco não eram pensadas como fontes da história; a comunidade entre recursos narrativos romanescos e históricos; a interrogação histórica de camadas subliminares, ocultas, das fontes.

Entre esses problemas que não têm incomodado pouco o historiador, Ana Isabel Buescu se ocupa da relação entre a história e a literatura, através, sobretudo, do gênero biográfico. A historiadora portuguesa situa o ressurgimento do frutífero diálogo entre a história e a literatura nas últimas décadas, já não pelas vias oitocentistas, que fizeram da história alimento ou matéria para o romance, mas pelas vias opostas, que fizeram do romance meio de inspiração para a história pensar-se a si própria como construção. O entrelaçamento que, no final do século xx, se fez entre a história e a literatura já não era pela matéria, mas por algo mais estruturante: a coincidência das bases dos edifícios ficcional e historiográfico, isto é, a natureza discursiva de ambas. A proposição não podia deixar de trazer um abalo epistemológico, pois, afirmar que a história era linguagem, tal como a literatura, implicava sugerir que os fatos históricos só se configuravam como tais no interior da narrativa historiográfica, ou seja, não eram inteligíveis quando se efetivavam, apenas ganhavam forma e significado quando eram narrados. A história, sob essa nova visada, assemelhava-se, como destaca Buescu, a uma "teia de Penélope", em que os fios atados podiam ser posteriormente desatados graças ao trabalho interpretativo do historiador.

O viés do diálogo entre história e linguagem mais diretamente explorado pela historiadora no capítulo, entretanto, diz respeito à revivescência de um gênero, a biografia, tanto no território do historiador quanto do literato. Tal revivescência, que no campo da história estaria ligada a um retorno da história política e do tempo curto, vem relançar a discussão sobre a especificidade da história e sobre os limites da sua intersecção com os chamados gêneros literários. O problema foi motivo de reflexão de diversos pensadores das últimas décadas, alguns procurando resguardar a especificidade da história, como Roger Chartier, Bernard Williams e Carlo Guinsburg,[6] outros destrinçando as aproximações, como Paul Veyne, Hayden White, Richard Rorty e Frank Ankersmit.[7] A autora relança a questão, distanciando-se destes últimos, para afirmar o alheamento da história em relação à ficção, dado que estaria em busca da verdade, mesmo que sempre parcial e incompleta, dos fatos. Mapeando a avalanche de romances históricos

---

6 Cf. CHARTIER, R. *À beira da falésia*: a história entre certezas e inquietudes. Tradução de Patrícia Chittoni Ramos. Porto Alegre: Ed. Universidade/UFRGS, 2002; WILLIAMS, B. *Verdad y veracidad*. Tradução de Alberto Enrique Álvarez y Rocío Orsi. Barcelona: Tusquets Editores, S. A., 2006; GUINZBURG, C. *O fio e os rastros*. Verdadeiro, falso, fictício. Tradução de Rosa Freire d'Aguiar e Eduardo Brandão. São Paulo: Companhia das Letras, 2007.

7 Cf. VEYNE, P. *Como se escreve a história*, 4ª ed. Tradução de Alda Baltar e Maria Auxiliadora Kneipp. Brasília: UNB, 1998; WHITE, H. *Trópicos do discurso*: ensaios sobre a crítica da cultura. Tradução de Alípio Correia de Franca Neto. São Paulo: Edusp, 1994; WHITE, H. *El Contenido de la forma*. Tradução de Jorge Vigil Rubio. Barcelona: Paidós, 1992; ENGEL, P.; RORTY, R. *Para que serve a verdade?* Tradução de Antonio Carlos Olivieri. São Paulo: Editora UNESP, 2008; ANKERSMIT, F. R. A verdad en la literatura y en la historia. In: OLABARRI, I.; CASPITEGUI, F. J. *La "nueva" historia cultural: la influencia del posestructuralismo y el auge de la interdisciplinariedad*.

e biografias – historiográficas ou romanceadas – no mundo editorial português contemporâneo, Buescu admite ser inegável a dimensão narrativa da história e, portanto, sua aproximação da literatura. Admite igualmente que grandes obras da literatura constituíram significativos "repositórios de práticas, representações mentais, imaginários, crenças e interditos" e que podem valer como testemunhos históricos preciosos. Todavia, contraria aqueles que, como Hayden White, pertencem às linhagens antirrealistas da história, ressaltando o seu caráter autorreferencial e a sua natureza ontológica equivalente à da literatura. Mesmo considerando a natureza provisória das representações históricas, Buescu condena aqueles que propuseram que as narrativas históricas não passam de "ficções verbais, cujos conteúdos são tanto inventados quanto descobertos e cujas formas têm mais em comum com os seus equivalentes na literatura do que com os seus correspondentes nas ciências";[8] condena, pois, qualquer tentativa de reduzir o mundo social a uma mera construção discursiva. A historiadora, ao contrário, considera que a verdade do romance, sendo ficcional e não reflexo ou testemunho direto da prática social, não se confunde com a da história. Não deixa, assim, de reafirmar uma base extralinguística da verdade histórica e de asseverar, como Chartier, que a pretensão à verdade pela história, e apenas ao verossímil pela literatura, é um traço distintivo sólido, ou seja, a intenção e o princípio de verdade da história garantem a sua especificidade e são definidores da sua prática. No seu entender, "a história é um estudo cientificamente conduzido do passado", graças aos instrumentos e metodologias de que dispõe, bem como graças ao seu "rigor no estabelecimento dos fatos", mesmo que esse rigor apareça sempre assombrado pela inevitável interpretação do

---

8 WHITE, H. O texto histórico como artefato literário. In: *Trópicos do discurso*: ensaios sobre a crítica da cultura, p. 98.

historiador. A pesquisadora aproxima-se, assim, das linhagens realistas de interpretação da história, que não descartam a possibilidade de referência empírica do que é afirmado no texto.

Tal oposição entre literatura e história, tantas vezes reafirmada depois do século XIX, é amenizada no capítulo seguinte. Alcir Pécora introduz-se na discussão acerca da questão da verdade histórica por outros caminhos. A história, no seu desenredamento da célebre biografia de Padre António Vieira escrita por João Lúcio de Azevedo no início do século XX – história biográfica que alimentou direta ou indiretamente outras narrativas biográficas –, vai ganhando forma como uma construção narrativa que não parte propriamente da realidade, mas dá forma a realidades históricas que, de tão afirmadas, não deixam de ser menos verdadeiras do que aquelas cridas como concretas. O crítico literário, sem opor invenção e objetividade e sem desconsiderar a dose de fictício que mantém vivas nossas histórias, vai desmontando uma certa imagem de Vieira que, a partir da história de Azevedo, foi se firmando nas histórias de sua vida escritas ao longo do tempo.

Deixando entrever que a escrita da história não é secundária, não é exterior à concepção e à composição da história, dada a capacidade construtiva do discurso, bem como nos lembrando de que os discursos são construídos socialmente e o social discursivamente,[9] Pécora mostra a força da invenção de Azevedo, cujos efeitos se fazem sentir nas diversas descrições da vida de Vieira e na regularidade de certos padrões discursivos que concorreram para firmar sua personalidade como singular. Extremos, excessos e grandezas vão, nessas narrativas biográficas, surgindo como peças convincentes do retrato de um escritor reivindicado como patrimônio literário nacional pelos dois lados do Atlântico de língua portuguesa. O autor do capítulo, consciente

---

9   CHARTIER, R. À beira da falésia, p. 96.

dos diversos elementos que contribuem para um êxito literário, divide sua abordagem em três tópicos. Em primeiro lugar, apresenta o biógrafo do padre, trazendo à luz não propriamente dados de sua vida, mas o que sobre ele foi escrito, bem como algumas notícias da sua relação com a historiografia brasileira. Em seguida, mapeia as principais biografias de Vieira, destacando entre essas a de Azevedo, por sua eficácia argumentativa, sua riqueza documental e, especialmente, pelos procedimentos discursivos de que faz uso no seu empenho em convencer que o Vieira que constrói se confunde com o Vieira de carne e osso. Por fim, Pécora localiza e descreve, nessa obra que Azevedo gostaria de ver definida como "realismo crítico historiográfico", procedimentos discursivos próprios da intriga literária. Trata, pois, a história como texto e, na trama em que destece a narrativa de Azevedo, o crítico traz à cena a ambiguidade do jogo entre literatura e história ou entre história e linguagem, desnudando o paradoxo da pretensão de verdade do historiador: quanto mais tenta convencer sobre o caráter histórico do seu texto, mais se enreda em "disfarces discursivos".

O problema da pretensão de verdade realista da história é abordado, no sétimo capítulo, a partir de um conjunto discursivo, as crônicas medievais, nas quais a identificação entre as palavras e as coisas não é propriamente afirmada, antes é tomada como natural. Susani S. L. França esquadrinha aí os escritos sobre o passado dos séculos XIII, XIV e XV, examinando a forma como os cronistas fundam sua história na afirmação de que seus relatos seriam a reprodução fiel dos acontecimentos e coisas passadas, bem como uma fonte inestimável de ensinamentos para aqueles que depois viessem. Interrogando crônicas francesas, castelhanas e portuguesas, a autora coloca em diálogo passagens – em geral *topoi* – em que os cronistas mostram sua convicção de que o seu saber tinha o compromisso de refletir o passado tal como tinha se efetivado. Essa ambição, que se nos apresenta hoje como ingênua, amparava-se, entretanto, na crença de que as letras tinham seus correspondentes nas coisas e eram ambas expressão de uma vontade maior, a divina. O que hoje chamamos linguagem, e que para os medievais eram simplesmente os nomes, as letras, não tinha qualquer capacidade construtiva. A linguagem deveria ser transparente, ou melhor, devia desaparecer para que as coisas emergissem sem opacidade. Mesmo considerando que o seu conhecimento seria sempre limitado diante da totalidade das coisas, os cronistas assumiram o compromisso de espelhar os eventos, de fazer dos seus escritos uma forma de registrar as manifestações temporais do eterno – modo como entendiam os eventos. Compuseram suas narrativas, pois, como documentos do passado, mas documentos cujo conteúdo deveria ser selecionado tendo em vista a missão subliminar lançada pelo eterno: o cumprimento de uma etapa da salvação. O empenho pedagógico dessa história, também explorado no capítulo, dava-se em razão da necessidade atribuída à história escrita de ensinar justamente sobre essa missão realizável na temporalidade.

A questão da relação entre história e linguagem, que nunca incomodou tanto o historiador como a partir do século xx, é, contudo, discutida sob outro ângulo no capítulo escrito por Tânia da Costa Garcia. A historiadora, esquadrinhando a invenção da arte, especificamente da música, como uma linguagem privilegiada para captar certas facetas da historicidade humana, em especial a transformação de valores, propõe compreender a complexa relação da música com a realidade social. A perscrutação da autora, ao trazer à cena o problema das novas fontes que passaram a nutrir a história e ao mostrar os diversos elementos – formais, técnico-estéticos, sociais e simbólicos – que envolvem o uso da música como fonte, retoma uma discussão incontornável para o historiador: a do estatuto dos documentos históricos.

Colocando em questão o papel do social, do político e da própria linguagem na interrogação histórica centrada na música, a autora estimula-nos a refletir sobre uma questão recorrente para o historiador atento à complexidade das tramas históricas, em especial as novas: o questionamento sobre os vários códigos sociais e comunicativos que se entrecruzam nos textos/fontes e que não podem, sob pena de reducionismo, ser tomados como uma reprodução transparente dos eventos do passado. O historiador, segundo Tânia Garcia, deve contemplar as relações entre autoria, produção, circulação, recepção e outros elementos que permitam ultrapassar uma leitura meramente documental das fontes musicais no conhecimento e na escrita históricos. A música como fonte e/ou objeto, em suma, não pode ser lida como mera fonte de informação, mas, tal como outras fontes, artísticas ou não, configura-se como evento histórico, relacionado com outros eventos e contextos e, portanto, gerador de complexos problemas de interpretação. Pensar os usos variados dessa linguagem histórica específica em relação aos mais variados contextos é, segundo propõe a pesquisadora, uma forma de fugir tanto das análises meramente formalistas quanto das que estabelecem correspondência especular entre conteúdo e práticas sociais, negligenciando o uso histórico da própria linguagem.

O último texto cumpre uma função diferenciada nesta coletânea. Trata-se de um exercício narrativo que traz à tona o problema da relação entre história e linguagem justamente por experimentar, de forma radical, as potencialidades narrativas da história. Ao contrário de discutir a natureza textual da história, Manolo Florentino desnuda tal natureza, apresentando-nos um estudo empírico em que os recursos narrativos são postos claramente à mostra, ou seja, os elos entre construção historiográfica e construção textual não se encontram subliminares – como em qualquer história –, mas estão visivelmente expostos. Na narrativa histórica sobre a comunidade muçulmana negra do Rio de Janeiro imperial, apresentada por Florentino, o uso de recursos literários comuns entre os romancistas parece perfeitamente admitido, obrigando-nos a refletir sobre os caminhos possíveis não propriamente para penetrar no mundo social, mas para dar-lhe inteligibilidade. Entre os diversos recursos que poderiam ser detectados no ensaio, nota-se, logo de saída, uma abertura à moda dos romances: o retrato inicial das personagens enredadas na trama histórica. A seguir, não menos romanesco, o entrecruzamento das histórias dessas personagens em uma situação casual. Daí por diante, outros indícios do caráter textual da história vão se manifestando. No que diz respeito, por exemplo, a uma das grandes preocupações do historiador, o trabalho com as fontes, nota-se um deslizamento da narrativa por fontes como cartas de alforrias, inventários *post mortem* e censos, lançadas todas no plano de uma só narrativa com a finalidade explorar segmentos de uma população e até estruturas familiares e formas de reprodução populacional. Não se nota, assim, uma hierarquia dos tipos de fontes utilizadas, nem tampouco dos enunciadores, pois o historiador desliza com maestria da sua própria fala para a das personagens, a dos documentos e a da historiografia, sem introduzir as desgastantes fórmulas historiográficas de especificação dos deslocamentos de planos. O que não deve, porém, nos levar a pensar em descuido, pois o profundo conhecimento da linguagem e dos problemas da época, bem como o rigor na condução do questionamento, permitem-nos penetrar por um universo social que foi, sem dúvida, palco dos discursos que analisa, mas também ganhou forma a partir desses discursos.

Frases curtas e interrogativas para anunciar eixos da reflexão; uso de referências literárias extemporâneas para justificar certos recursos usados pelas personagens da narrativa histórica; perscrutação ou indagação das motivações das personagens para certas ações, associações ou conclusões; recurso a ditos literários universalizados; introdução de dados de fontes cartoriais e tabelas quantitativas como elementos na composição descritiva da história, sem pretensão de exatidão, mas apenas para propor questionamentos; sugestões e impressões lançadas para que o leitor estabeleça encadeamentos e faça suas próprias conexões; suposições, melhor, hipóteses – para respeitarmos o vocabulário do historiador – lançadas no início da narrativa e só depois retomadas; a busca de indícios de algo oculto nas palavras e expressões do autor do relato analisado; o suspense no anúncio das pistas sobre os maometanos ocultos no Setecentos brasileiro; esses e outros mais recursos narrativos são usados por esse narrador/historiador para construir seu edifício histórico. Acresce-se a esses um recurso dos mais notáveis na literatura de diversos tempos, a ironia. Faz dela uso Florentino especialmente quando se posiciona no texto, lançando mão de ilações cuja licenciosidade não quer deixar passar despercebida.

O que vemos, pois, no capítulo, é uma narrativa que menos se aproxima dos romances do século XIX, identificando-se mais com a dos romances do século XX, em que os cortes e entrecortes e a exploração das realidades ocultadas da fonte autobiográfica abrem espaço para a introdução de dados fundamentais para o entendimento da problemática. Não menos inquietante do que a forma escolhida é, para os historiadores que amenizam a dimensão construtiva da história, o tipo de interrogação lançada: que papel pode ter os rastos, as pegadas apagadiças ou os não ditos na história? A investigação proposta parece, portanto, ter demandado um exercício ousado de exploração das artimanhas construtivas da história, deixando entrever como o rigor metodológico e a fundamentação cuidada não são opostos a uma escrita atrativa e sedutora; não abalam a especificidade da história, apenas ampliam o potencial deste saber que, graças a historiadores como Paul Veyne, já não teme penetrar pelos territórios da irracionalidade ou ao menos do fortuito.

De não literário, o que há nesta pequena narrativa histórica de Manolo Florentino? Alguns diriam que sua intencionalidade histórica e o fato de estabelecer o mundo social como a meta do seu relato distinguiriam sua narrativa como histórica. Talvez. Mas ao contrário de reafirmar essa ideia da história como um discurso verdadeiro – mesmo que parcialmente – sobre a realidade, mais vale aqui destacar que o historiador, ao tratar homens históricos como personagens e fontes históricas como textos de apoio, desnudou uma das questões que mais incômodo tem causado ao historiador, a saber: em que medida a história, ao não poder se eximir de usar recursos que foram consagrados como da ficção – não próprios dela certamente, afinal, abalada uma especificidade, vacila a outra –, pode distinguir-se desta?

Respostas definitivas os ensaios não dão, mas o que valem são as questões.

I
VARIÂNCIA E INVARIÂNCIA NA HISTÓRIA

O uso de conceitos pelos historiadores: o conceito de ilustração

Maria Beatriz Nizza da Silva

Durante os 20 anos em que lecionei Teoria da História na Universidade de São Paulo, a maior dificuldade encontrada foi sem dúvida analisar com os alunos o processo de conceptualização utilizado pelos historiadores quando escrevem seus livros, seja sobre a Roma antiga ou sobre o Brasil colonial. A questão era tanto mais difícil quando alguns estudantes (felizmente não passavam de uma minoria) pretendiam aplicar conceitos marxistas mecanicamente, fosse qual fosse a temática em discussão. Já outros, influenciados pelos colegas de Sociologia, sentiam-se mal por não poderem utilizar conceitos mais sólidos, como eles diziam, e não tão fluidos como os que apareciam nos textos dos historiadores.

Todas as ciências construíram sua linguagem própria, umas mais cedo, como a Botânica ou a Química, outras mais tardiamente, como a Economia. Os historiadores, por seu lado, também buscaram ao longo dos séculos adaptar conceitos do senso comum às suas necessidades narrativas e descritivas, modificando-os e definindo-os. Atualmente, procuram por um lado descobrir o significado de conceitos de época, como, por exemplo, o conceito de qualidade ou condição, ou os de pátria e de nação; por outro lado, a partir de algumas expressões datadas, como século iluminado, ou homem ilustrado, ou as luzes da razão, cunharam o conceito novo de ilustração, cuja abrangência maior ou menor era preciso delimitar. Assim como os franceses usam *Lumières* e os anglo-saxônicos *Enlightenment*, os historiadores de língua portuguesa se servem da palavra ilustração (em meados do século xx, a palavra mais usada era iluminismo) para descreverem em suas obras a cultura luso-brasileira do último quartel do século xviii e primeiras décadas do xix.

Se me refiro à cultura luso-brasileira, é porque os naturais do Brasil, tal como os naturais de Portugal ou das ilhas atlânticas, frequentaram a mesma Universidade de Coimbra reformada em 1772 por Sebastião José de Carvalho e Melo, conde de Oeiras e mais tarde marquês de Pombal. Uns e outros se tornaram sócios da Academia Real das Ciências de Lisboa, quando ela foi criada em 1779. A elite culta da metrópole e da colônia não só circulava de um para outro lado do Atlântico, como fazia as mesmas leituras necessárias para ocupar os cargos da Justiça, da Fazenda, ou da área médica nos dois continentes. Era um mundo em movimento, como escrevia A. J. R. Russell-Wood, e essa circulação de homens, e também de bibliotecas, impedia o enraizamento num só local de morada com o consequente estreitamento do horizonte intelectual.

A elite luso-brasileira desse período não se preocupava com o conceito de nação e lidava mais facilmente com o conceito de pátria, definindo-o com clareza: era a povoação, vila ou cidade onde um indivíduo nascia, e nada mais implicava portanto além da localização geográfica da naturalidade. Daí a dificuldade em aceitar mais tarde o conceito de nação imposto pelo primeiro liberalismo nos anos 20 do século xix, centralizador e englobante, enquanto o Antigo Regime convivia bem com a dispersão geográfica e a pluralidade de pátrias.

Está assim explicado o meu emprego da expressão ilustração luso-brasileira, e não ilustração portuguesa ou ilustração brasileira.

Cultura letrada e ilustração

Devo deixar claro que o conceito de ilustração se situa no âmbito da cultura letrada, na qual os livros e a leitura desempenham um papel fulcral, e como no Brasil colonial não existia imprensa, a produção livresca consumida era idêntica de ambos os lados do Atlântico. Numa cultura da oralidade, as diferenças entre colônia e metrópole acentuavam-se, apesar da grande mobilidade de sertanejos, tropeiros, homens do mar, mascates. Os elementos locais ganharam mais força e daí a fácil penetração da cultura de negros e mestiços, ou de índios, na cultura dos brancos.

Na sociedade colonial brasileira, a cultura letrada encontrava-se menos difundida do que em Portugal, devido à inexistência de uma imprensa local e à dificuldade de circulação de livros entre Portugal e o Brasil nos primeiros séculos de colonização. A situação mudou com o incremento do comércio livreiro desde a reforma universitária e o maior número de livros que os profissionais carregavam em suas bagagens quando vinham ocupar seus cargos na magistratura e nas instituições fazendárias, ou exercer a Medicina e a Cirurgia. Mesmo com esta mudança, a elite letrada era pouco numerosa, mas assumiu um papel relevante na leitura de obras em espaços públicos como as boticas, ou na tradução e divulgação de textos em francês, ou até em inglês. Era quando a cultura letrada se transformava em cultura oral, como se pode constatar nas devassas ordenadas pelas autoridades em 1794 no Rio de Janeiro e em 1798 na Bahia.

A cultura oral não se identifica contudo com cultura popular. Trata-se de uma cultura letrada verbalizada, e, portanto, simplificada.

Situamo-nos ao nível da incorporação, assimilação e comunicação verbal de leituras feitas por alguns indivíduos e discutidas por um grupo mais amplo em círculos de conversa, públicos ou particulares, aos quais temos acesso graças aos processos civis ou inquisitoriais, que no último quartel do século XVIII incidiam sobretudo sobre as ideias revolucionárias francesas ou sobre as críticas à Igreja Católica pelos denominados libertinos.

Este conceito de libertino não foi criado pelos historiadores; apresenta-se-nos como um conceito de época cuja arqueologia cumpre fazer se quisermos entender o que foi a ilustração. Surge nos textos da segunda metade do século XVIII com uma frequência que nos obriga a atentar em seus múltiplos sentidos. Pertence à rede conceptual da ilustração, principalmente em sua faceta religiosa de busca de uma religião racional e não supersticiosa.

Ponhamos a questão de maneira clara: todos os ilustrados eram letrados, mas nem todos os letrados eram ilustrados. Além disso, os termos que surgem nos textos da segunda metade do século XVIII eram apenas *luzes* e *ilustrado*. É preciso lembrar que então se defendia que "a luz da razão" ilumina os objetos circundantes, tornando-os inteligíveis, mas no plural significava já os saberes adquiridos pela via racional, isto é, pela observação e pela experiência.

Vencer a ignorância

Quando se preparava para transformar a Universidade de Coimbra, Sebastião José de Carvalho e Melo encarava essa mudança como a passagem das trevas da ignorância para as luzes do conhecimento. Para ele, a razão e a experiência tinham mostrado que não havia peste que causasse mais estragos num reino do que a ignorância. A maior mudança iria ocorrer na área médica, na qual as elucubrações teóricas sem comprovação seriam substituídas pelas "verdades de fato", provadas "sem réplica por um suficiente número de experiências". Daí a criação de instituições universitárias complementares, como o Teatro Anatômico, o Dispensatório Farmacêutico, o Laboratório Químico, o Jardim Botânico e um Hospital onde professores e estudantes observassem os enfermos.

Também o bispo reformador, D. Francisco de Lemos, nascido na Capitania do Rio de Janeiro, escrevia que não se devia olhar para a Universidade "como um corpo isolado e concentrado em si mesmo", mas sim como uma instituição capaz de, por meio dos seus sábios, "difundir a luz da sabedoria por todas as partes da monarquia". Destinava-se a promover a felicidade dos homens "ilustrando seus espíritos".[1]

O conceito de ilustração no mundo letrado luso-brasileiro apresenta várias facetas, mas em todas elas o papel da razão é fundamental, iluminando em primeiro lugar a natureza, em segundo lugar a religião, e finalmente a política, ou melhor dito, porque se trata ainda do Antigo Regime, a administração. Analisemos esses elementos do conceito.

Conhecer a Natureza

O mundo natural tinha de ser descrito e catalogado, para em seguida ser racionalmente apropriado e usado. A História Natural permitia a realização desse grande inventário que iria contribuir para aumentar a riqueza da Coroa e também dos vassalos coloniais. Uma natureza rica e variada como a do Brasil precisava apenas das luzes das ciências e das artes (hoje diríamos técnicas) para atingir o máximo da sua produtividade e conduzir assim ao florescimento do império luso-brasileiro. Só a ignorância desconhecia os benefícios ocultos numa flora aparentemente inútil, ou as riquezas mineralógicas existentes

---

1   *Relação geral do estado da Universidade*. Coimbra: Universidade de Coimbra, 1980, p. 232.

além do ouro e dos diamantes, ou mesmo de uma fauna até então simplesmente considerada como exótica.

Paralelamente à Universidade reformada, outras instituições iriam contribuir para que as ciências florescessem tanto em Portugal quanto no Brasil. Antes mesmo que a Academia Real das Ciências fosse criada em 1779, o vice-rei marquês de Lavradio decidiu por conta própria contribuir para o estudo da natureza brasileira, reunindo homens ilustrados em uma academia científica em 1772. Nessa se examinariam todas as produções naturais pertencentes aos reinos vegetal, animal e mineral, "fazendo-se-lhes todas as análises e mais observações que couberem no possível, para se ir dando ao público em todos os meses uma completa notícia dos descobertos que se forem fazendo".[2]

Reunindo médicos, cirurgiões, boticários, farmacêuticos "e alguns curiosos", a academia, embora criada na sede do vice-reinado, pretendia atrair colaboradores de outras regiões do Brasil, conforme podemos ler em seus estatutos acerca dos correspondentes das demais capitanias. Estes deveriam comunicar "as notícias e observações do país", remetendo suas produções naturais e "declarando os nomes, virtudes, sítios, e descrevendo-as com todas as suas propriedades".

Antes mesmo de saírem da nova Faculdade de Filosofia os primeiros naturalistas, já em 1774 o francês Jean François Ravin propunha à Coroa viagens pelo território brasileiro numa "Exposição da conduta e da utilidade de um naturalista peregrino no Brasil".[3] Aconselhava Ravin o envio àquela parte da América de "uma pessoa instruída nas coisas naturais, que das conversações familiares que tivesse com estes povos tirasse um conhecimento do uso que a necessidade os obriga a

---

2 LAVRADIO, Marquês do. *Cartas do Rio de Janeiro, 1769-1776*. Rio de Janeiro: Instituto Nacional do Livro, 1978 (carta de 6 de março de 1772).

3 Instituto de Estudos Brasileiros/Universidade de São Paulo, *Coleção Lamego*, Mss. 16. 27.

fazer das produções que acham próximas às suas habitações". O francês aconselhava portanto a tradução científica, feita por naturalistas, dos conhecimentos adquiridos por pessoas não letradas, que apenas conheciam as plantas por as terem utilizado com eficácia ao longo dos anos. O naturalista encarregado da viagem levaria consigo alguns livros de Lineu, Bomare, Brisson, Marcgraf, Piso etc., além de um desenhador, instrumentos vários, recipientes, papéis para herbários etc.

As duas grandes viagens "filosóficas" deste período, a de Alexandre Rodrigues Ferreira e a de fr. José Mariano da Conceição Veloso, coligiram em parte as informações desejadas, mas o ministério não se contentou com elas e enviou umas "Perguntas a que se deve responder sobre as produções do Brasil pertencentes aos três reinos da natureza, pelo que pertence a cada uma das comarcas da Bahia".[4] Trata-se de um questionário completo de acordo com as diretrizes ilustradas. Pretendia-se saber, por exemplo, se os lavradores tinham "boa instrução agronômica e educação", isto é, se não eram ignorantes e rotineiros.

Quanto ao reino animal, as perguntas relacionavam-se com técnicas manufatureiras, interessando-se por insetos como a cochonilha, da qual se extraía uma tinta muito apreciada na tinturaria, e pelas espécies de abelhas que produziam mais cera; pelas emas capazes de fornecer "plumas, arminho e lanugem para a fábrica de chapéus"; pelos peixes suscetíveis de produzir "azeite dos seus buchos e colas das suas bexigas". Inquiria-se ainda se, na Bahia, era conhecido o bicho que dava a seda.

Pelo que pertencia ao reino mineral, as perguntas inquiriam sobre novas fontes de riqueza: o cobre, a pedra-ume, o salitre, o ferro, o estanho e o chumbo. A pergunta mais premente era se existiam "salitreiras naturais", tão necessárias para o fabrico da pólvora. Mas também se

---

[4] *Revista do Instituto Histórico e Geográfico Brasileiro* (RIHGB), vol. 416, p. 373-379.

queria saber se eram encontradas ostras "capazes para a cal" e se brotavam águas férreas ou outras que pudessem servir para caldas ou termas.

Muito numerosas eram as perguntas sobre o reino vegetal: quais as madeiras de construção, de marcenaria, de tinturaria etc.; qual a palmeira cuja casca e também o invólucro do fruto eram como "um tecido de fortes fios, de que os índios usam como barretes"; que fibras como o gravatá e coroá eram usadas "para suprir o linho cânhamo"; as árvores capazes de produzir "cinzas para o fabrico do sabão"; os frutos para fabricar vinhos.

Arbustos e ervas para uso medicinal também foram objeto do questionário e, neste ponto, a informação solicitada deveria ser a mais completa possível: "Todos os nomes das ervas medicinais, assim para bebidas como para aplicação nas feridas, e os sítios onde se conhece mais abundância, e em que tempos ou estação se deve fazer a colheita delas, incluindo-se aqui algumas receitas que a experiência tenha feito conhecer úteis para as diferentes enfermidades, tanto exteriores como interiores".

Como vemos, o pragmatismo dominava a mentalidade ilustrada dos governantes. O saber tinha que formar a base de sustentação das medidas a serem tomadas, e estas visavam uma maior rentabilidade das produções naturais da colônia, a qual iria aumentar não só as rendas da Coroa, mas também as dos colonos. A natureza tinha de ser conhecida com uma finalidade econômica, e não apenas por um desejo puro de conhecimento.

Racionalizar a religião

Quanto à segunda faceta do conceito de ilustração, era estabelecida uma distinção entre a religião racional de uma elite letrada e a religião crédula e supersticiosa de uma população ignorante. Esta seguia práticas irracionais, condenadas pelo boticário do Rio de Janeiro José Luís Mendes: "Não há coisa mais vergonhosa que o vermos, em um século tão iluminado como este, estar se vendendo indulgências por dinheiro", prática de que zombavam as nações mais cultas da Europa.[5] Enquanto são bem visíveis na documentação as facetas naturalista e administrativa da ilustração luso-brasileira, a faceta religiosa tem de ser procurada nos inúmeros processos inquisitoriais dos chamados libertinos, espíritos fortes ou filósofos, conceitos de época praticamente sinônimos, cujo significado é preciso reconstituir, com a ressalva de que libertino e espírito forte são termos menos ambíguos, uma vez que filósofo podia significar também naturalista.

Segundo os inquisidores, os libertinos pretendiam "governar-se só pelos ditames da razão natural", afirmação que é muito pobre de conteúdo, mas como estes nada podiam escrever ou publicar, só conhecemos seu pensamento através das denúncias de conversas em ambientes de sociabilidade pública, como as boticas, ou de sociabilidade privada, como os saraus em fazendas ou engenhos. Os libertinos ridicularizavam e criticavam as práticas religiosas mais comuns no Brasil colonial, como o jejum, a assistência à missa, as leituras devotas; e, por outro lado, punham em questão a hierarquia eclesiástica, como a autoridade do papa, instituições como os conventos e sua população ociosa. Não aceitavam alguns dogmas da religião católica, como a virgindade de Maria, a presença de Cristo no sacramento da eucaristia, o pecado original.

A religião era, sem dúvida, um dos temas preferidos de conversa, e nessas rodas sociais enfrentavam-se os libertinos e os devotos, mas tais discussões tinham em geral uma base livresca: atacavam-se

---

5 HIGGS, D. O Santo Ofício da Inquisição e a 'luciferina assembleia' do Rio de Janeiro na década de 1790. *Revista do Instituto Histórico e Geográfico Brasileiro*, 412, 2001, p. 239-384.

livros, argumentava-se com livros. De um lado, os leitores de Voltaire, apesar da proibição de suas obras; do outro, os leitores de livros espirituais, amplamente publicados e difundidos entre a população, como as obras do padre Manuel Bernardes, ou então outras com títulos sugestivos (*Mestre da vida, pecador convertido*, ou *Gritos das almas*). Um denunciante revelou especial aversão à "libertinagem de Voltaire", mas criticava de maneira geral as preferências literárias dos libertinos: "só lhes servem livros e autores que abatam o papa e o seu poder, livros franceses, razões de hereges, novas opiniões".

Alguns desses libertinos coloniais tinham estado em contato na Universidade com as leituras proibidas, uma vez que os livros eram mais facilmente contrabandeados da Europa por intermédio dos livreiros franceses estabelecidos em Lisboa, e também em Coimbra. Professores e estudantes da Universidade reformada compraziam-se, segundo alguns devotos, com "uma aluvião de escritos libertinos e escandalosos e igualmente contrários à religião e aos costumes como os Bayles, os Frérets, os Helvetius e os Rousseaus".[6] Nessa crítica aos libertinos universitários, usam-se os dois sentidos de libertino que então eram empregados: o religioso, mais comum, e o "mais moderno", como escrevia Antônio de Morais Silva em seu *Dicionário*, relacionado este com práticas sexuais libidinosas.

Conhecimento e decisão política

A faceta política do conceito de ilustração prende-se à decisão racional, e de modo algum a um reformismo revolucionário ou subversivo inspirado na Revolução Francesa. Quer o marquês de Pombal, por intermédio de Martinho de Melo e Castro, seu secretário de Estado dos

---

6 DIAS, G.; DIAS, J. S. da S. *Os primórdios da Maçonaria em Portugal*. Lisboa: Instituto Nacional de Investigação Científica, vol. I, tomo I, 1980, p. 360.

Domínios Ultramarinos, quer D. Rodrigo de Sousa Coutinho, quando ocupou o mesmo cargo, ambos coletavam abundantes informações sobre o Brasil, a fim de tomarem as decisões mais adequadas à situação colonial. O segundo defendia claramente "princípios luminosos de administração" que assegurassem o aumento das produções naturais e do comércio.

As vantagens econômicas de novas culturas no Brasil beneficiariam, segundo as diretrizes do governo metropolitano, a Coroa e também os habitantes que passariam a encontrar apoio nos governantes para tentarem experiências agrícolas. Uma destas era a cultura do anil para ser usado nas manufaturas do Reino, dado que no Brasil a atividade manufatureira continuava proibida. E aqui entra a questão das melhorias técnicas no fabrico do anil, de que Jerônimo Vieira de Abreu, com seu saber tecnológico, certamente se poderia ocupar, sendo para isso nomeado, durante o ministério de Martinho de Melo e Castro, diretor-geral da cultura e fabrico do anil no Rio de Janeiro em 1773. Teve sucesso nesse cargo, pois em 1785 eram já 232 as fábricas de anil.

Outra produção natural também usada na tinturaria era a cochonilha, inseto que se criava em determinados arbustos plantados no Horto Botânico, pelo qual se responsabilizavam os membros da academia científica, para serem distribuídos depois a pessoas que os cultivassem. A produção aumentou, pois a Fazenda Real a comprava, tal como fazia à do anil. Em 1790, quando o vice-rei Luís de Vasconcelos e Sousa deixou o governo, recomendou o pronto pagamento dessas produções naturais, mas o incentivo terminara. O secretário de Estado respondeu: "as circunstâncias presentes exigem que se pare com estas compras de anil e cochonilha por conta da Fazenda Real, deixando os ditos dois artigos inteiramente livres à convenção das partes como melhor conta lhes fizer".[7]

---

[7] *Arquivo Histórico Ultramarino* (AHU), Cod. 573, fls. 17, 18, 21v-22, "Instrução para o conde de Resende".

As preciosas madeiras brasileiras iam desaparecendo devido à habitual prática das queimadas, "destrutivos e bárbaros meios para se fazerem plantações", escrevia Diogo de Toledo Lara Ordonhes num relatório a D. Rodrigo de Sousa Coutinho a 21 de agosto de 1800.[8] As queimadas significavam a ignorância e a irracionalidade dos lavradores. A conservação das matas do Brasil dependia de uma rigorosa proibição de desmatamento, "proibição que reputam prejudicial algumas pessoas que se dizem instruídas, mas que no meu conceito são ignorantes". Os ilustrados contrapunham sempre os contrários: barbárie/civilização, racionalidade/irracionalidade, conhecimento/ignorância. E Lara Ordonhes era um funcionário ilustrado que colaborava com o ministro ilustrado e usava a mesma linguagem.

Não competiam aos funcionários coloniais as decisões racionais de governo, mas eles forneciam, através de uma laboriosa e metódica atividade de observação, experiência e descrição, os materiais necessários para que uma opção administrativa fosse preferível a outra. Foram eles os autores de inúmeras memórias, pareceres, informações, umas vezes solicitados pela Coroa, outras oferecidos espontaneamente na esperança de serem seus autores recompensados com um cargo na colônia. O saber e a capacidade de discorrer sobre um tema de interesse do governo constituíam uma moeda de troca valiosa entre a Coroa e os vassalos ilustrados.

Sem livros não há ilustração

O conceito de ilustração surge intimamente ligado ao de leitura. Aqueles que não liam podiam adquirir alguns saberes pela observação e pela experiência, mas estes precisavam ser traduzidos para uma

---

8 *Arquivo Histórico Ultramarino* (AHU), Rio de Janeiro, Caixa 184, doc. 13381.

linguagem distante da coloquial, a fim de poderem ser manipulados e utilizados pelos letrados. Foram também os livros que permitiram, na segunda metade do século XVIII, o aparecimento de naturalistas autodidatas que não tinham frequentado as aulas de História Natural na Universidade de Coimbra, mas tinham colhido em obras já publicadas o saber a que aspiravam. Foi o caso, por exemplo, no Brasil de fr. José Mariano da Conceição Veloso, cujo papel foi relevante neste período; de João Manso Pereira, hábil em Mineralogia mesmo sem estudos universitários; de Jerônimo Vieira de Abreu, um construtor de máquinas sem nunca ter estudado Mecânica numa aula de Física.

Quando o príncipe regente D. João aumentou em 1796 a pensão que fr. Veloso recebia, elogiou "os grandes merecimentos e raro engenho" do frade que, "sem socorro algum, pôde elevar-se a um ponto tal de luzes botânicas que mereceu pela sua Florae do Rio de Janeiro ser comparado a Lineu, Thimberg, Banks e Solander", reconhecendo desse modo o autodidatismo do naturalista.[9]

E logo nesse ano o frade começou sua atividade de divulgação redigindo o *Paládio Português e Clarim de Palas que anuncia periodicamente os novos descobrimentos e melhoramentos na agricultura, artes, manufaturas, comércio, e oferecido aos senhores deputados da Real Junta de Comércio.*

Resta saber se este periódico alguma vez chegou às Mesas de Inspeção, que na Bahia e no Rio de Janeiro complementavam a ação da Real Junta de Comércio. Por outras palavras, é necessário pesquisar se esta divulgação atingia os maiores portos brasileiros, ou se ficava restrita a Portugal.

---

9   NUNES, M. de F.; BRIGOLA, J. C. José Mariano da Conceição Veloso (1742-1811). Um frade no universo da natureza. In: *A Casa Literária do Arco do Cego (1799-1811) – Bicentenário: "Sem livros não há instrução"*. Coord. Fernanda Campos *et al*. Lisboa: Imprensa Nacional-Casa da Moeda, 1999.

A preocupação com a divulgação científica

Embora muitas memórias e pareceres tenham permanecido manuscritos e apenas para uso do governo, D. Rodrigo de Sousa Coutinho, enquanto secretário de Estado dos Domínios Ultramarinos, defendeu a necessidade de divulgar aquelas obras, nacionais ou estrangeiras, que mais contribuíssem para o desenvolvimento do Brasil. Além das casas impressoras com que podia contar em Lisboa, e também no Porto, resolveu criar uma tipografia específica para esse propósito e encarregar de sua direção o naturalista fr. Veloso, com quem já trabalhara em outras edições.

Como este escrevia no prefácio do tomo I de *O Fazendeiro do Brasil*, publicado em 1798, ele fora incumbido por D. Rodrigo

> de ajuntar e trasladar em português todas as memórias estrangeiras que fossem convenientes aos estabelecimentos do Brasil para melhoramento da sua economia rural e das fábricas que dela dependem, pelas quais ajudadas houvessem de sair do atraso e atonia em que atualmente estão e se pusessem ao nível com os das nações nossas vizinhas e rivais no mesmo continente, assim na quantidade como na qualidade dos seus gêneros e produções.

O empreendimento da Tipografia do Arco do Cego, que teve início em 1799, reuniu um grupo de ilustrados naturais do Brasil que traduziram, ou escreveram, obras enviadas posteriormente para as várias capitanias. Eram eles Hipólito da Costa, Antônio Carlos e Martim Francisco de Andrada e Silva, José Feliciano Fernandes Pinheiro, Vicente Seabra da Silva Teles, João Manso Pereira, Manuel Arruda da Câmara, Manuel Jacinto Nogueira da Gama.

As tarefas de fr. Veloso eram verdadeiramente editoriais: compilava textos sobre uma determinada temática, traduzia-os se estavam escritos em língua estrangeira, anotava-os e discutia-os. Sua crença no poder da leitura era inabalável: "Sem livros não há instrução". E mostrava a necessidade de textos científicos no tomo II de *O Fazendeiro do Brasil*, mesmo para aqueles que habitualmente não os consultavam:

> devem ser como cartilhas, ou manuais, que cada fazendeiro respectivo deve ter continuamente nas mãos dia e noite, meditando e conferindo as suas antigas e desnaturalizadas práticas com as novas e iluminadas, como deduzidas de princípios científicos e abonadas por experiências repetidas que eles propõem, para poderem desbastardar e legitimar os seus gêneros, de sorte que hajam, por consequência, de poder concorrer nos mercados da Europa a par dos estranhos.

D. Rodrigo de Sousa Coutinho recorreu aos governadores das capitanias para que estes promovessem a venda dos livros técnico-científicos saídos dos prelos lisboetas e destinados fundamentalmente ao desenvolvimento da agricultura e das manufaturas agrícolas, ou ainda da mineração e da flora medicinal.

Podemos dar como exemplo dessa política ilustrada de divulgação científica e tecnológica a correspondência com o governador da Capitania de São Paulo, Antônio Manuel de Melo Castro e Mendonça, a qual nos elucida não só sobre as obras enviadas como também sobre o número de exemplares destinados aos colonos paulistas destituídos de hábitos de leitura. Segundo o ministro, estes deveriam adquirir "aquelas luzes e noções" conducentes ao "adiantamento da cultura das propriedades territoriais, fazendo uso dos conhecimentos que mais análogos forem ao terreno". Numa remessa de fevereiro de 1799 foram enviados 365 volumes que, embora listados de forma abreviada, é possível identificar. Todas as obras se destinavam à venda, com uma única exceção, o *Discurso sobre o melhoramento do arado*, tal era o desejo de mudar as práticas agrícolas coloniais.

Mesmo para uma capitania periférica como era então São Paulo, foram 2.490 os impressos enviados pelo ministério, número que é, porém, certamente inferior ao real, pois em muitos envios não foi anotado o número de exemplares. Foram ao todo 76 títulos, em sua maior parte traduções, incidindo sobre as áreas prioritárias da política metropolitana.

Em conclusão, sobre o uso de conceitos pelos historiadores, é de ressaltar duas formas de conceptualização concomitantes. Por um lado, temos a prática mais frequente de reconstituição de conceitos de época, prática a que podemos chamar arqueologia conceptual. Estão nesse caso os conceitos de libertino e de libertinagem, os de ilustrado e de luzes. Por outro lado, constatamos no historiador profissional a preocupação com a criação de conceitos mais abrangentes, capazes de subsumir redes conceptuais de conceitos de época. Tal é, no nosso caso, o conceito de ilustração.

Mas não adianta querer transpor para uma outra sociedade e uma outra cultura conceitos como o de *Enlightenment* ou *Lumières*, nem comparar, a não ser muito genericamente, os ilustrados da Inglaterra ou da França com os luso-brasileiros. É possível, por exemplo, constatar que naqueles países a ilustração partia dos letrados para atingir a Corte e o governo, enquanto na sociedade luso-brasileira eram as autoridades governamentais que incentivavam comportamentos e práticas ilustradas. O pragmatismo governamental fez dos ilustrados funcionários a serviço da Coroa, pois estes não encontravam na sociedade incentivo suficiente para desenvolver seus conhecimentos ou efetuar suas pesquisas. Só já bem avançado o século XIX é que a ilustração luso-brasileira deixou de ser estatista e adquiriu cariz individual.

História dos conceitos e pensamento político e social: para um quadro preliminar das questões teóricas que incomodam o pesquisador

Marcelo Jasmin

O presente texto discute, de forma sucinta, algumas das principais questões em torno das quais se deu o debate acerca do fazer história do pensamento político e social nas últimas três décadas do século passado.[1] Importa esclarecer, comparando, limites e possibilidades teóricas

---

[1] O texto que aqui apresento reproduz, com algumas modificações de atualização, o artigo "História dos conceitos e teoria política e social: referências preliminares", publicado na *Revista Brasileira de Ciências Sociais*, vol. 20, nº 57, 2005, p. 37-38 e que resultou do projeto de pesquisa "Contextualismo linguístico e história conceitual: o debate teórico-metodológico contemporâneo sobre a história da teoria política", apoiado pelo CNPq. Atualizar o conteúdo das discussões de lá para cá implicaria a produção de outro artigo, o que não está ao meu alcance neste momento. A produção brasileira sobre o tema se desenvolveu com força de lá para cá e, para conhecê-la, bastaria uma breve consulta a FERES JÚNIOR, J. De Cambridge para o mundo, historicamente: revendo a contribuição metodológica de Quentin Skinner. *Dados*, vol. 48, n° 3, 2005, p. 655-680, JASMIN, M. *História dos Conceitos*: Diálogos transatlânticos. Rio de Janeiro: PUC-Rio; Loyola; IUPERJ, 2007, ARAUJO, V. L. de. História dos conceitos: problemas e desafios de uma releitura da modernidade ibérica. *Almanack Braziliense*, n° 7, 2008, p. 47-55, PIMENTA, J. P. G. História dos conceitos e história comparada: elementos para um debate. *Almanack Braziliense*, n° 7, 2008, p. 56-60, BENTIVOGLIO, J. A história conceitual de Reinhart Koselleck. *Dimensões*, vol. 24, 2010, p. 114-134, BARROS, J. D'A. Koselleck, a história dos conceitos e as temporalidades. *Litteris*, n° 7, p. 1-14, e PROTO, L. V. P. História dos conceitos: fundamento teórico-metodológico para construção da historiografia. *Revista Espaço Acadêmico*, ano XI, n° 122, 2011, p. 74-81, lista que faço

e metodológicas das duas vertentes mais produtivas no campo do estudo das linguagens e do pensamento políticos hoje: o contextualismo linguístico, que tem como seu principal formulador teórico Quentin Skinner, e a história alemã dos conceitos (*Begriffsgeschichte*), especialmente aquela desenvolvida por Reinhart Koselleck. Pretende-se, com isso, organizar minimamente a pauta de questões em discussão.[2]

I

O debate acerca do que seriam as formas válidas da história do pensamento para o âmbito do pensamento político e social ganhou enorme impulso com a publicação, em 1969, na revista *History and Theory*, do ensaio metodológico de Quentin Skinner, intitulado

---

com o que tenho em mãos e que, não sendo exaustiva, corre o risco de omitir textos relevantes, pelo que me desculpo desde já.

[2] A escolha é, certamente, bastante restrita, mas quis atender ao interesse de estabelecer um quadro sintético das questões que importavam ao estudo da teoria política e social. O debate, embora iniciado no âmbito da história do pensamento político, ganhou a discussão geral sobre a interpretação de textos do passado. Sem esquecer essa dimensão abrangente, restrinjo-me aqui àquelas perspectivas que têm impacto significativo no tratamento do pensamento político e social. Para um quadro mais amplo ver, por exemplo, as coletâneas organizadas por LACAPRA, D.; KAPLAN, S. L. (ed.). *Modern European intellectual history*: reappraisals and new perspectives. Ithaca/Londres, Cornell University Press, 1982; por RORTY, R.; SCHNEEWIND, J. B.; SKINNER, Q. (ed.). *Philosophy in history*. Cambridge: Cambridge University Press, 1984; por KELLEY, D. R. (ed.). *The history of ideas*: canon and variations. Nova York: Rochester, 1990; por CASTIGLIONE, D.; HAMPSHER-MONK, I. (ed.). *The history of political thought in national context*. Cambridge: Cambridge University Press, 2001; e por JASMIN, M. G. e FERES JÚNIOR, J. (org.). *História dos conceitos*: debates e perspectivas. Rio de Janeiro: PUC-Rio; Loyola; IUPERJ, 2006, os livros de KELLEY, D. R. *The descent of ideas*. The history of intellectual history. Burlington: Ashgate, 2002, e de ROSANVALLON, P. *Por uma história do político*. São Paulo: Alameda, 2010, além dos artigos de KELLEY, D. R. What is happening to the history of ideas? *Journal of the History of Ideas*, 51 (1): 3-25, e FALCON, F. J. C. História das ideias. In: CARDOSO, C. F.; VAINFAS, R. (org.). *Domínios da história*: ensaios de teoria e metodologia. Rio de Janeiro: Campus, 1997.

Meaning and understanding in the history of ideas. Neste ensaio, que ampliava argumentos inicialmente expostos por Dunn[3] e por Pocock[4] na esteira das pesquisas de Peter Laslett,[5] Skinner endereçou uma crítica violenta contra várias tradições da história das ideias políticas, acusando-as principalmente de incorrerem no erro comum do *anacronismo*, ou seja, de imputarem a autores e obras intenções e significados que jamais tiveram, nem poderiam ter tido, em seus contextos originais de produção. O resultado básico dessas histórias criticadas seria a produção de um conjunto de *mitologias* históricas que terminavam por narrar pensamentos que ninguém pensou, portanto, não histórias.

Em geral, afirmava Skinner, as interpretações contemporâneas acerca das ideias do passado tomavam conceitos e argumentos sem a devida consideração de seus significados originais, transformando os antigos em parceiros de um debate do qual jamais poderiam ter participado. Se para o âmbito genérico da história da filosofia o anacronismo já seria anátema, em relação à teoria política o erro estaria amplificado na medida em que, diferentemente de formas mais abstratas da elaboração filosófica – os tratados de lógica são o caso mais extremo –, os trabalhos da filosofia política seriam elaborados como *atos de fala*[6] de atores particulares, em resposta a conflitos também particulares, em contextos políticos específicos e no interior de linguagens próprias ao tempo de sua formulação. Cada autor, ao publicar uma obra de teoria política, estaria, portanto, ingressando num contexto polêmico para definir

---

3   DUNN, J. The identity of the history of ideas. In: LASLETT, P.; RUNCIMAN, W. G.; SKINNER, Q. (ed.). *Philosophy, politics and society*: 4th series. Oxford: Basil Blackwell, 1972.

4   POCOCK, J. G. A. The history of political thought: a methodological enquiry. In: LASLETT; RUNCIMAN; SKINNER (ed.). *Philosophy, politics and society*: second series, 1969.

5   LASLETT, P. Introduction. In: LOCKE, J. *Two treatises of government*. Nova York: Menthor, 1965.

6   AUSTIN, J. L. *How to do things with words*. Oxford: Clarendon Press, 1962.

a superioridade de determinadas concepções, produzindo alianças e adversários, e buscando a *realização* prática de suas ideias. Nesta chave interpretativa, sendo a elaboração de um tratado de filosofia política e social uma *ação*, a questão do seu significado deveria se confundir com aquela da sua *intenção*, sendo esta apreendida no ato de fazer (*in doing*) a própria obra ou asserção. Daí a reivindicação metodológica mínima conformada na noção de que, de um autor não se pode afirmar que fez ou quis fazer, que disse ou quis dizer, algo que ele próprio não aceitaria como uma descrição razoável do que disse ou fez.[7] Disso resulta que a correta compreensão de uma ideia ou teoria só poderia se dar pela sua apreensão no interior do *contexto* em que foram produzidas. Resulta também que o objeto da análise historiográfica é deslocado da ideia para o autor, do conteúdo abstrato da doutrina para a ação ou *performance* concreta do ator num jogo de linguagem historicamente dado.

Se tal perspectiva correspondia genericamente à concepção historiográfica da *compreensão* tal como formulada no programa cognitivo de Robin George Collingwood, a quem Skinner presta a sua homenagem,[8] e poderia ser aproximada de outras abordagens contextualistas da primeira

---

7 SKINNER, Q. Meaning and understanding in the history of ideas. *History and Theory*, 8 (1): 3-53, 1969, p. 28. Utilizo o texto da edição original, que foi republicado em TULLY, J. (ed.). *Meaning and context*: Quentin Skinner and his critics. Princeton: Princeton University Press, 1988, p. 29-67, e, posteriormente, abreviado e revisto em SKINNER, Q. *Visions of politics* (vol. 1: *Regarding method*). Cambridge: Cambridge University Press, 2002, p. 57-89. Para o quadro básico aqui exposto, as diferenças entre as três edições do texto não são relevantes.

8 Skinner assume que a melhor denominação para a perspectiva que ele, John Pocock, John Dunn etc. abraçam seria a de uma "abordagem collingwoodiana", deslocando a tradicional referência geográfica e institucional da Escola de Cambridge. Ver SKINNER, Q. The rise of, challenge to, and prospects for a Collingwonian approach to the history of political thought. In: CASTIGLIONE, D.; HAMPSHIRE-MONK, I. *The history of political thought in national context* e também SKINNER, Q. Meaning and understanding in the history of ideas, p. 50.

metade do século XX – como as propostas, por exemplo, pela noção de *utensilagem mental* de Lucien Febvre ou da "sociologia do conhecimento" de Karl Mannheim –, ela trazia consigo um conjunto de novas aquisições extraídas das filosofias da linguagem de Wittgenstein e da linguagem ordinária de John Austin. O principal veio produtivo foi estabelecido a partir das noções de que o significado de uma proposição é o seu *uso* na linguagem e que, portanto, a sua elucidação deve orientar-se para o seu portador,[9] e de que neste uso são reconhecíveis forças ilocucionárias e perlocucionárias não disponíveis à análise orientada para o caráter descritivo ou constatativo da linguagem.[10] Para Skinner, como para Austin, a análise da sentença cede lugar "à análise do ato de fala, do uso da linguagem em um determinado contexto, com uma determinada finalidade e de acordo com certas normas e convenções".[11] Nessa direção, Skinner especificava a noção de *contexto*, qualificando como *linguístico* ou de linguagem aquele que importaria reconstruir historicamente para dar sentido às proposições da teoria política e social no tempo. Uma tal especificação resultava, simultaneamente, na crítica da tendência reificadora de noções de contexto usuais em diversas perspectivas sociais da historiografia.

A partir desse programa básico, uma sofisticada elaboração metodológica e conceitual acerca do fazer história das ideias (ou dos discursos, dos atos de fala, da linguagem política e social etc.), das noções de significado e de intenção e dos limites da historiografia do pensamento político e social, assim como uma pujante produção historiográfica com frequência identificada com o rótulo "escola de Cambridge" e com a coleção "Ideas in Context", se desenvolveram, provocando reações

9   WITTGENSTEIN, L. *Investigações filosóficas*. Tradução de José Carlos Bruni. São Paulo: Abril Cultural, 1984, par. 43.
10 AUSTIN, J. L. *How to do things with words*, especialmente a VIII Conferência.
11 MARCONDES DE SOUZA, D. A filosofia da linguagem de J. L. Austin. In: AUSTIN, J. L. *Quando dizer é fazer*: palavras e ação. Porto Alegre: Artes Médicas, 1990, p. 11.

diversas que constituíram um profícuo debate metodológico internacional entre historiadores, filósofos, cientistas políticos e críticos literários.[12]

Para o propósito introdutório deste artigo, importa ressaltar algumas das linhas de crítica à perspectiva skinneriana que conformariam o que me parece ser o quadro mais significativo do debate contemporâneo acerca da história do pensamento político e social. Em primeiro lugar,[13] a linha de acusações acerca do *antiquarismo* ou da *inutilidade* desse tipo de historiografia *contextualista* para a elaboração teórica, com frequência operando a partir da noção de que o programa rankeano de saber com precisão o que se passou seria, senão totalmente inútil, irrelevante para a tarefa da teoria cuja vocação estaria no enfrentamento dos problemas contemporâneos. Nessa direção, se os significados dos conceitos anteriores não são transponíveis para o presente senão por mecanismos ilegítimos de atualização, porque produtores de deformação dos sentidos originais, melhor seria ou deixá-los a si e partir para uma elaboração da teoria sem referência histórica às ideias, ou assumir como inevitável a traição da tradução para o contemporâneo e operar como se (a título de ficção heurística) os autores do passado fossem parceiros nos temas do debate contemporâneo.[14]

---

12   Uma excelente coletânea dos principais passos no desenvolvimento metodológico de Skinner e de críticas importantes oriundas da ciência política e da filosofia política encontra-se em TULLY, J. (ed.). *Meaning and context*: Quentin Skinner and his critics. Os principais textos foram revistos e coletados pelo próprio Skinner no primeiro volume de *Visions of politics*.

13   Há um tipo de crítica que não analiso aqui e que aponta para o fato de que nas obras historiográficas de Skinner nem sempre se reconhece o seu programa metodológico. Creio que se trata da incompreensão de que a obra historiográfica não está limitada ao programa derivado das questões de método às quais o autor se dedicou sistematicamente.

14   Ver, por exemplo, a permanência desta linha de crítica no debate entre Skinner e Yves Charles Zarka na revista *Le Débat*, 96, 1997. Ver também a noção de "reconstrução racional" como oposta a "reconstrução contextual" em RORTY, R. The historiography of philosophy: four genres. In: RORTY, R.; SCHNEEWIND, J. B.; SKINNER, Q. (ed.). *Philosophy in history*.

A resposta skinneriana a esse tipo de arguição segue, em geral, a noção de que o investimento historicista no *não familiar* dos conceitos do passado e, consequentemente, no estranhamento dele derivado, serve à desnaturalização ou desestabilização dos conceitos da teoria contemporânea, fomentando a imaginação conceitual com alternativas enriquecidas por significados e alteridades que a pesquisa erudita da história pode encontrar. Um caso notório seria o da análise que o próprio Skinner faz da ideia republicana de liberdade em Maquiavel: o reconhecimento da complementaridade necessária e da convivência pacífica das dimensões positiva e negativa da liberdade na teoria política de Maquiavel poria em xeque a naturalização operada pelo pensamento liberal, desde o século XIX – leia-se aqui Benjamin Constant, Jeremy Bentham e Isaiah Berlin –, da oposição entre essas duas dimensões.[15]

Nesse sentido, a variante apresentada pela perspectiva metodológica de John Pocock, no contexto da mesma escola, ganha relevância. Em primeiro lugar porque, embora também opere com a análise de obras e de autores, o centro de sua reflexão metodológica desloca-se para a relação entre as várias linguagens políticas que, no seu confronto sincrônico, conformam a tessitura linguística (*langue*) na qual as diversas *performances* (*parole*) se tornam possíveis e inteligíveis. Também em Pocock o esforço de desnaturalização da conceituação e dos horizontes teóricos contemporâneos se faz presente. Para dar um exemplo, ao chamar a atenção do leitor para a heterogeneidade dos discursos produzidos no século XVIII inglês, baseados ora nos direitos, ora nas virtudes ou nos costumes (*manners*), sublinha que ali tais possibilidades devem ser apreendidas, pelo intérprete, como alternativas

---

15 SKINNER, Q. The idea of negative liberty: philosophical and historical perspectives. In: SKINNER, Q.; RORTY, R.; SCHNEEWIND, J. B. (ed.). *Philosophy in history*.

numa disputa que desconhece o que nós, hoje, conhecemos – os seus resultados, isto é, aquilo que, *a posteriori*, tornou-se hegemônico: o liberalismo, a linguagem dos direitos individuais e a noção de liberdade como não obstrução.

Ao mesmo tempo, a mobilização e o estudo detalhado das categorias inscritas no registro do humanismo cívico (ou do republicanismo clássico, como preferem outros intérpretes) permitiria reconstruir lógicas teóricas derrotadas na luta política dos últimos séculos, mas não por isso racionalmente inferiores ou desprezíveis. Além disso, a verificação do caráter necessariamente poliglota da linguagem política, com os vários idiomas que em disputa a integram num determinado período histórico, aponta para os riscos da incompreensão (*misunderstanding*) que o analista corre quando tenta apreender os modos de desenvolvimento do pensamento alheio a partir de concepções estáveis e historicamente desinformadas daquilo que lhe parece ser um domínio próprio da política ou da moral. O risco do anacronismo estaria não apenas na incapacidade de compreender o que está em jogo na emissão desta ou daquela proposição (de seu significado), mas também na imputação de caráter contraditório a elaborações teóricas que, em seu contexto de enunciação, eram plenamente legítimas e racionais. Neste registro, as relações entre, por um lado, a gramática que permite as várias construções linguísticas (idiomas ou sublinguagens) num determinado período e, por outro, as *performances* específicas – por vezes subversivas da própria gramática – desempenhadas em seu interior, constituiria o *locus* privilegiado da análise pocockiana do discurso político.[16]

---

16   Cf., por exemplo, POCOCK, J. G. A. Virtues, rights, and manners: a model for historians of political thought. In: *Virtue, commerce, and history*. Cambridge: Cambridge University Press, 1985. Os termos da linguística de Benveniste citados são os mobilizados pela reflexão do próprio Pocock. Ver, por exemplo, POCOCK, J. G. A. The concept of a language and the *métier d'historien*: some considerations on practice. In:

Vale notar que a reivindicação de um programa rigorosamente historicista que recusa a existência de "problemas filosóficos perenes" e que paga o preço da redução drástica do alcance das "lições" do passado, dado que a história só lidaria com respostas particulares a problemas epocais particulares, tem como contraparte a "liberação" da elaboração teórica contemporânea para criar respostas novas (e particulares) para os problemas novos (e também particulares) do presente.[17] Nesse sentido, é no mínimo curioso perceber que uma reivindicação tão erudita e historicista em relação ao fazer história, e que resulta na afirmação da impossibilidade de transposição dos conceitos antigos para o presente sem anacronismo, funciona, na outra ponta, a da teoria contemporânea, como uma espécie de carta de alforria para a imaginação que deve deixar ao passado os seus termos e partir para uma inovação conceitual adequada aos problemas "locais" do tempo presente. Na frase de Skinner, "Demandar da história do pensamento uma solução para os nossos próprios problemas imediatos é perpetrar não só uma falácia metodológica, mas também algo como um erro moral".[18]

O debate também é promissor e produtivo numa segunda via de inquirição que traz, em geral, embora não necessariamente, a marca da hermenêutica das ciências humanas de referência gadameriana e que duvida da própria empreitada científica de apreensão das intenções e dos significados originais dos atos de fala do passado, na medida em que a cognição é ela mesma prisioneira de sua historicidade. O que implica dizer, radicalizando ao caso limite, que o significado original em si é inapreensível, e que é apenas no interior de uma *fusão de horizontes*

PAGDEN. A. (ed.). *The languages of political theory in Early-Modern Europe.* Cambridge: Cambridge University Press, 1987.
17   SKINNER, Q. Meaning and understanding in the history of ideas, p. 53.
18   SKINNER, Q. Meaning and understanding in the history of ideas, p. 67.

interpretativos que se dá a compreensão dos significados desde logo marcados pela teia da comunidade de intérpretes contemporâneos. Na concepção de Gadamer:

> [...] cada época entende um texto transmitido de uma maneira peculiar, pois o texto constitui parte do conjunto de uma tradição pela qual cada época tem um interesse objetivo e na qual tenta compreender a si mesma. O verdadeiro sentido de um texto, tal como este se apresenta a seu intérprete, não depende do aspecto puramente ocasional que representam o autor e o seu público originário. Ou, pelo menos, não se esgota nisso. Pois este sentido está sempre determinado também pela situação histórica do intérprete e, por consequência, pela totalidade do processo histórico.[19]

A cognição, sendo ela mesma produtiva e produtora de significados a partir da tradição em que se inscreve, transforma-se em recepção, tornando essencial que ideias e conceitos sejam apreendidos em seus efeitos.

Daí a proposição de uma *história dos efeitos* caracterizada por aquilo que a recepção contemporânea consegue determinar, a partir de seu horizonte de expectativas, das diversas mutações sofridas pelos conceitos ou ideias no tempo. Se a historicidade dos significados das ideias é inescapável, a dos sujeitos que os conhecem também o é, transformando as condições de possibilidade do conhecimento dos conceitos do passado numa aventura interpretativa, por definição contemporânea, e não passível de determinação científica. Teoricamente, o caráter hermenêutico e linguístico da operação do conhecimento das ideias não seria apenas epistemológico, mas *ontológico*, o que, no limite, tornaria sem efeito a própria noção de uma história científica. Segue-se daqui que o trabalho da teoria política e social se confundiria com aquele da história da

---

19 GADAMER, H.-G. *Verdad y método* I, 7ª ed. Salamanca: Sígueme, 1997, p. 366.

teoria, sendo ambas, história da teoria e teoria, formas da hermenêutica interpretativa dos conceitos. Se a primeira linha de crítica acima referida denunciava a inutilidade ou a inocuidade *políticas* do programa rankeano do contextualismo linguístico, a crítica hermenêutica mais radical afirma a sua inviabilidade *cognitiva*.

Há duas respostas básicas de Skinner para este tipo de linha de argumentação, embora não haja um enfrentamento direto com as proposições gadamerianas em si. A primeira delas distingue entre os vários tipos de significado que uma proposição pode ter: o significado das palavras enunciadas na frase; o significado da proposição para mim ou para a comunidade contemporânea de intérpretes à qual pertenço; e o significado da proposição como o ato de fala daquele que a proferiu. É para a apreensão deste último sentido que a metodologia skinneriana se elaborou, e só para ele.[20] Skinner reconhece que há intenções e significados que, por ausência de informação contextual, não podem ser recuperados. No entanto, se as intenções a serem recuperadas pelo historiador são aquelas que, por estarem expressas num ato de comunicação bem-sucedido, foram legíveis publicamente, as chances de estabelecê-las são grandes. Não se trata, portanto, de exercício de empatia ou de busca do que havia oculto na mente de alguém, mas de reconhecer, no conjunto das convenções linguísticas publicamente reconhecíveis de uma determinada época, a intenção que se infere do "lance" promovido por um determinado jogador.[21]

A segunda linha de resposta ameniza o caráter científico da certeza do método proposto. Mesmo quando há muita informação contextual, o que se obtém com a pesquisa histórica são hipóteses plausíveis

---

20 Cf. SKINNER, Q. Motives, intentions and interpretation. In: *Visions of politics*.
21 SKINNER, Q. A reply to my critics. In: TULLY, J. (ed.). *Meaning and context*: Quentin Skinner and his critics, p. 279-280.

que devem se sustentar na erudição disponível, sem a pretensão de resultados últimos que alcancem "verdades finais, autoevidentes e indubitáveis".[22] Embora reconhecendo que "sempre nos aproximamos do passado à luz de paradigmas e pressupostos contemporâneos", para Skinner, um grau (bastante) elevado de erudição e consciência históricas é capaz de controlar a imputação de intenções que são, em última análise, tais hipóteses, "inferências a partir da melhor evidência disponível para nós".[23]

II

A segunda corrente relevante para a construção do nosso quadro do debate acerca das perspectivas teórico-metodológicas do fazer história do pensamento político e social constitui-se na *história conceitual* alemã tal como desenvolvida por Reinhart Koselleck. Divulgada tardiamente no mundo anglo-saxão, embora seus desenvolvimentos iniciais fossem anteriores aos da perspectiva skinneriana, essa outra forma da história associada à teoria política e aos conceitos sociais conquistou espaços cada vez maiores na discussão internacional das últimas duas décadas.[24]

Como diz o nome, a *Begriffsgeschichte* é uma história de conceitos, e proliferou como um modo particular de história reflexiva da filosofia e do pensamento político e social, tendo se desenvolvido a partir das tradições da filologia, da história da filosofia e da hermenêutica. A

---

22 SKINNER, Q. A reply to my critics, p. 280.

23 SKINNER, Q. A reply to my critics, p. 281.

24 Para uma comunidade como a nossa que, da periferia, se sente comprometida com a atualização permanente em relação à bibliografia especializada, europeia e norte-americana, pode ser estranho ler em Skinner, *Retrospect: studying rhetoric and conceptual change*, p. 177, a informação de que só tomou conhecimento da existência do programa koselleckiano a partir da divulgação da *Begriffsgeschichte* pelos artigos de Melvin Richter reunidos em RICHTER, M. *The history of political and social concepts*: a critical introduction. Nova York/Oxford: Oxford University Press, 1995.

história dos conceitos, tal como a conhecemos hoje foi inicialmente desenvolvida pelo historiador austríaco Otto Brunner na sua crítica à historiografia jurídica e liberal alemã, em particular ao modo como esta transpunha para a realidade medieval lógicas conceituais derivadas do liberalismo posterior, como, por exemplo, a separação entre a economia e a política e a oposição entre o público e o privado.[25]

Em sua versão contemporânea, concomitantemente a uma pujante discussão teórica e metodológica, produziu volumosos dicionários de conceitos.[26] O projeto que aqui importa, o da história dos conceitos políticos e sociais fundamentais que resultou no *Geschichtliche Grundbegriffe*, justificou-se pela percepção, experimentada por historiadores nas décadas de 1950 e 1960, da insuficiência da história do espírito (*Geistesgeschichte*) de corte hegeliano e da história das ideias

---

25 Ver BRUNNER, O. *Land and lordship*: structures of governance in Medieval Austria. Filadélfia: University of Pennsylvania Press, 1992. Para o contexto ideológico das primeiras formulações da *Begriffsgeschichte* e os seus vínculos com o nazismo, ver KAMINSKY, H.; MELTON, J. V. H. Translators introduction. In: BRUNNER, O. *Land and lordship*. Filadélfia: University of Pennsylvania Press, 1992 e MELTON, J. V. H. Otto Brunner e as origens ideológicas da *Begriffsgeschichte*. In: JASMIN, M. G.; FERES JÚNIOR, J. (org.). *História dos conceitos*, p. 55-69.

26 Os dicionários de maior relevância são o *Historisches Worterbuch der Philosophie* (Dicionário Histórico de Filosofia), editado por Joachim Ritter e Karlfried Gründer a partir de 1971; o *Geschichtliche Grundbegriffe. Historiches Lexikon zur politisch-sozialen Sprache in Deutschland* (Conceitos Históricos Fundamentais. Léxico Histórico da Língua Política e Social na Alemanha), editado por Otto Brunner, Werner Conze, Reinhart Koselleck a partir de 1972; o *Handbuch politisch-sozialer Grundbegriffe in Frankreich 1680-1820* (Manual de Conceitos Políticos e Sociais Fundamentais na França), editado por Rolf Reichardt e Eberhard Schmitt desde 1985 e, na antiga Alemanha Oriental, o *Äesthetische Grundbegriffe. Studien zu einem historischen Wörterbuch* (Conceitos estéticos fundamentais), de 1990, organizado por Karlheiz Barck. Isso não significa que essa história implique apenas a forma dos dicionários. Bastaria uma referência a Koselleck (*L'expérience de l'histoire*, *Crítica e Crise* e *The practice of conceptual history*) para se desfazer essa impressão.

(*Ideengeschichte*), tal como explorada por Dilthey e seus seguidores. Os principais pontos atacados pela crítica desta então nova historiografia estavam na baixa contextualização de ideias e conceitos utilizados no passado, no anacronismo daí derivado e na insistência metafísica da essencialidade das ideias. Na fala de Koselleck, a atual *Begriffsgeschichte* surgiu do duplo impulso crítico referido "à transferência descuidada para o passado de expressões modernas, contextualmente determinadas, do argumento constitucional" e à "prática da história das ideias de tratá-las como constantes, articuladas em figuras históricas diferentes, mas elas mesmas fundamentalmente imutáveis".[27] Daí que a reivindicação metodológica mínima possa ser resumida nos seguintes termos: os conflitos políticos e sociais do passado devem ser descobertos e interpretados através do horizonte conceitual que lhes é coetâneo e em termos dos usos linguísticos, mutuamente compartilhados e desempenhados pelos atores que participaram desses conflitos. Desse modo, o trabalho de explicação conceitual quer precisar as proposições passadas em seus termos próprios, tornando mais claras as "circunstâncias intencionais contemporâneas" em que foram formuladas.[28]

É esta direção *contextualista* da história dos conceitos que permite uma aproximação teórico-metodológica com as perspectivas desposadas por Skinner e Pocock.[29] Poderíamos então dizer, em termos

---

27 KOSELLECK, R. *Begriffsgeschichte* and social history. In: *Futures past:* on the semantics of historical time. Cambridge (Mass.)/Londres: The MIT Press, 1985, p. 80 e KOSELLECK, R. *Futuro passado*. Contribuição à semântica dos tempos históricos. Rio de Janeiro: Contraponto; PUC-Rio, 2006, p. 104. O livro *Futuro passado*, de Koselleck, foi traduzido no Brasil em 2006. Mantive, no entanto, as traduções que fiz para o artigo original, a partir da edição norte-americana, indicando entre colchetes as páginas correspondentes da edição brasileira.

28 KOSELLECK, R. *Futures past*, p. 79 e *Futuro passado*, p. 104.

29 Para uma apresentação geral dessa perspectiva na tentativa de aproximação com o contextualismo linguístico, ver RICHTER, M. Conceptual history (*Begriffsgeschichte*)

simplificadores, embora não factualmente falsos, que, se o projeto original de Skinner teve como principais adversárias as concepções das ideias atemporais e dos problemas filosóficos perenes, tal como julgava encontrar em trabalhos como os de Leo Strauss e de Arthur Lovejoy, o projeto de Koselleck dirigiu-se contra a história das ideias imutáveis tal como desenvolvida, por exemplo, por Friedrich Meinecke em seu livro sobre a razão de Estado.[30] Nessa dimensão, por assim dizer sincrônica, da história do pensamento, a aproximação entre o contextualismo linguístico e esta forma da história dos conceitos não é supérflua. Como reconhece Koselleck, "a história dos conceitos lida com o uso de linguagem específica em situações específicas, no interior das quais os conceitos são desenvolvidos e usados por oradores específicos".[31] Por isso a necessidade de se estabelecer os conceitos que constituem os vocabulários – campos semânticos ou domínios linguísticos – dessa ou daquela linguagem política e social, relacionando o seu uso na discussão política, social e econômica com os grupos que os sustentam ou os contestam.[32]

No entanto, há uma outra dimensão intrínseca à história dos conceitos que me parece ultrapassar o caráter basicamente sincrônico do

and political theory. *Political Theory*, 14 (4): 604-637, 1986; *Begriffsgeschichte* in theory and practice: reconstructing the history of political concepts and languages. In: MELCHING, W.; VILEMA, W. (ed.). *Main currents in cultural history*: ten essays. Amsterdam: Rodopi, 1994; e *The history of political and social concepts*.

30 Ver, por exemplo, KOSELLECK, R. Uma resposta aos comentários sobre o *Geschichtliche Grundbegriffe*. In: JASMIN, M. G.; FERES JÚNIOR, J. (org.). *História dos conceitos*, p. 100.

31 KOSELLECK, R. *Uma resposta aos comentários sobre o Geschichtliche Grundbegriffe*, p. 100.

32 Tecnicamente, os passos iniciais da pesquisa histórica nesta perspectiva exigem os desenvolvimentos analíticos da onomasiologia e da semasiologia, de modo que se construa desde logo a teia de significados disponíveis para cada um dos conceitos fundamentais em tela e também os muitos conceitos que eventualmente possam abarcar ou corresponder a um mesmo significado básico.

historicismo metodológico skinneriano e trazer outras possibilidades para a elaboração da teoria política e social contemporânea na sua relação com a história. Pois, se os atos de fala são únicos e os conceitos – não mais concebidos como substâncias capazes de vida própria – também são dependentes da experiência que os formulou, a recepção desses atos (ou de seus efeitos) se dá ao longo do tempo, constituindo diacronicamente uma tradição interpretativa. Sem dúvida, a história conceitual mantém a noção da "não convertibilidade do que é articulado pela linguagem" numa determinada época, afirmando a necessidade metodológica de um historicismo rigoroso para a compreensão dos usos conceituais particulares.[33] Nesse sentido, por exemplo, o conceito aristotélico de *politeia* não pode ser apreendido sem referência aos usos e às práticas da cidadania nas *poleis* gregas, assim como a compreensão da *res publica* de Cícero depende da ordem política da Roma do primeiro século.

Mas a história conceitual não para aí, pois está interessada nos modos pelos quais as gerações e os intérpretes posteriores leram, alterando os seus significados, essas proposições políticas do passado. Nesse registro, é possível afirmar, rigorosamente, que os conceitos em si não têm história; mas também é possível afirmar, com rigor, que a sua recepção tem. Aliás, é da própria condição de unicidade dos atos de fala ou dos conceitos articulados numa linguagem local que a história conceitual deriva a necessidade de uma história da recepção, já que parte justamente da aposta de que os significados não se mantiveram no tempo e que foram alterados. "O registro de como os seus usos foram subsequentemente mantidos, alterados ou transformados pode ser chamado, apropriadamente, de história dos conceitos."[34] Afinal, é

---

33 KOSELLECK, R. Uma resposta aos comentários sobre o *Geschichtliche Grundbegriffe*, p. 101.
34 KOSELLECK, R. Uma resposta aos comentários sobre o *Geschichtliche Grundbegriffe*, p. 101.

disso que se trata quando mobilizamos, hoje, termos como sociedade civil, república ou democracia. Nessa perspectiva, a compreensão das alterações, dos desvios, das ocultações etc., conscientes ou não, mas articulados na linguagem, é um caminho historiográfico privilegiado para apreender com maior precisão os significados próprios e as funções normativas de um conceito contemporâneo formulado numa teoria também contemporânea.

Aqui, a perspectiva da mudança conceitual adquire traços diacrônicos de dinamismo histórico e acentos claramente hermenêuticos que estão ausentes, ou são muito tênues, nas proposições fundadoras do contextualismo linguístico de Cambridge.[35] Para a história conceitual koselleckiana, continuidades e mudanças conceituais tornam-se temas centrais. No entanto, esta mesma história recusa limitar a investigação às linguagens articuladas pelos atores do passado, na medida em que estas revelam apenas parte do que é relevante conhecer. Em primeiro lugar, porque há elementos pré-linguísticos que condicionam a história, tanto acontecimento como discurso, e que uma antropologia histórica convencida da finitude humana deve reconhecer. São "condições, as quais a humanidade compartilha com os animais e que são, nesta medida, pré ou extralinguísticas, 'meta-históricas'".[36] Exemplos inescapáveis, segundo Koselleck, são os "três conjuntos de contrários sem os quais nenhuma história é possível": antes/depois,

---

35 O tema das mudanças conceituais de longo curso jamais integrou o núcleo duro das preocupações metodológicas de Skinner. Ele adotou como sua uma perspectiva "retórica" da mudança conceitual para indicar o caráter de curta duração do que lhe interessa estudar. Ver SKINNER, Q. Retrospect: studying rhetoric and conceptual change. In: *Visions of politics*, p. 175-187. Ver também o artigo de Skinner sobre o conceito de Estado, publicado em BALL, T. et al. *Political innovation and conceptual change*. Cambridge: Cambridge University Press, 1989, e republicado com revisão no segundo volume de *Visions of politics*.

36 KOSELLECK, R. Linguistic change and the history of events. *The Journal of Modern History*, 61 (4): 649-666, 1989, p. 650.

dentro/fora e em cima/embaixo. É certo que tais precondições são, frequentemente, articuladas pelas linguagens de comunidades locais e mobilizadas em usos conceituais determinados: religiosos, políticos, econômicos etc. Mas mesmo quando não o são, integram assim mesmo a história dessas comunidades.[37]

Em segundo lugar, há boa parte do histórico acontecido que não recebe articulação na linguagem local, seja porque se trata de fenômenos desconhecidos para a consciência dos atores históricos daquele momento, seja porque a linguagem não consegue exprimir satisfatoriamente os eventos, como no caso dos alemães, em 1945, incapazes de encontrar expressões verbais adequadas ao extermínio em massa, fazendo com que uma memória estável por intermédio da linguagem fosse bem posterior.[38]

Nesse sentido, a exigência de separação entre linguagem e história social é ativada e, com ela, a necessidade metodológica de associar mudança linguística à história dos eventos. Numa definição sucinta, e para aproveitar a recepção norte-americana desta perspectiva, trata-se de pensar "as relações recíprocas entre as continuidades, as mudanças e as inovações nos significados e nas aplicações dos conceitos políticos e sociais de um lado, e as transformações estruturais de larga escala no governo, na sociedade e na economia de outro".[39] Trata-se de pôr os conceitos políticos e sociais em relação com a continuidade ou a descontinuidade das estruturas políticas, econômicas e sociais, o que

---

37 Para a discordância de Gadamer em relação a este ponto, ver GADAMER, H.-G. Histórica y lenguaje: una respuesta. In: GADAMER. H.-G.; KOSELLECK, R. *Historia y hermenéutica*. Barcelona: Paidós, 1997, p. 103-105.

38 GADAMER, H.-G. Histórica y lenguaje: una respuesta, p. 652.

39 RICHTER, M. Conceptual history (*Begriffsgeschichte*) and political theory. *Political Theory*, p. 610.

resulta em ter como tema favorito a elaboração conceitual produzida em tempos de mudança rápida.⁴⁰

Em termos esquemáticos, podemos recorrer à fórmula proposta por Koselleck numa conferência de 1991, que elabora um modelo de Heiner Schultz apresentado em 1979, e que observa o problema da mudança do ponto de vista das relações mais "brutas" entre conceitos e realidades. Supondo que de um lado haja um estado de coisas, e de outro um conceito deste estado de coisas, quatro situações são possíveis: 1) o estado de coisas e o conceito permanecem ambos estáveis ao longo de um período de tempo; 2) o conceito e a realidade transformam-se simultaneamente; 3) os conceitos mudam sem que haja uma mudança concomitante da realidade, ou seja, a mesma realidade é conceituada de modo diverso; 4) o estado de coisas muda, mas o conceito permanece o mesmo.⁴¹

Se olharmos para a obra de Koselleck, é notório o caráter heurístico e didático deste esquema, dada a relação bem mais complexa entre linguagem e história. Antes de mais nada, porque a relação entre conceito e realidade social e política, entre "dogmata" e "pragmata", não é de simples separação e oposição. Prevalece a opinião de que,

> [...] enquanto os conceitos têm capacidades políticas e sociais, sua função e performance semânticas não são

---

40 Cf. KOSELLECK, R. Some reflections on the temporal structure of conceptual change. In: MELCHING, W.; VILEMA, W. (eds.). *Main currents in cultural history*; KOSELLECK, R. Histoire sociale et histoire des concepts. In: *L'expérience de l'histoire*. Paris: Gallimard/Seuil, 1997.

41 KOSELLECK, R. Some reflections on the temporal structure of conceptual change. O tema já recebera outras elaborações anteriores, notoriamente em KOSELLECK, R. *Begriffsgeschichte* and social history. In: *Futures past* [*Futuro passado*, p. 97-118]. Ver também KOSELLECK, R. Uma história dos conceitos: problemas teóricos e práticos. *Estudos Históricos*, 10: 134-146, 1992.

unicamente derivadas das circunstâncias sociais e políticas às quais eles se referem. Um conceito não é simplesmente indicativo das relações que ele cobre; é também um fator dentro delas. Cada conceito estabelece um horizonte particular para a experiência potencial e a teoria concebível e, nesse sentido, estabelece um limite.[42]

Aqui podemos perceber a relação de filiação tensa e de simultâneo afastamento entre as proposições de Koselleck e a versão ontológica da *Begriffsgeschichte*, pois o historiador quer negar a fusão entre linguagem e história:

Toda linguagem é historicamente condicionada, e toda história é linguisticamente condicionada. Quem desejaria negar que todas as experiências concretas que temos só se tornam experiências pela mediação da linguagem? É justamente isto o que faz a história possível. Mas, ao mesmo tempo, quero insistir que linguagem e história permaneçam separadas analiticamente, pois nenhuma das duas pode ser, na sua inteireza, relacionada a outra.[43]

Em outras palavras, a ciência histórica de Koselleck mantém a exigência de referencialidade ao postular os aspectos extralinguísticos da vida histórica e afirmar que mudanças estruturais de longo prazo não podem ser identificadas, descritas ou explicadas por teorias do discurso que excluam a referência a algo externo ao sistema de signos constitutivos da linguagem.

Por isso, torna-se imprescindível separar "as circunstâncias que foram, num certo momento, articuladas na linguagem" e aquelas outras "circunstâncias que não foram previamente articuladas na linguagem

---

42   KOSELLECK, R. *Begriffsgeschichte* and social history. In: *Futures past*, p. 84 [*Futuro passado*, p. 109-110].

43   KOSELLECK, R. Linguistic change and the history of events. *The Journal of Modern History*, p. 649-650.

mas que, com a ajuda de hipóteses e métodos, ele [o historiador] é capaz de extrair dos vestígios".⁴⁴ Assim, produz-se um segundo afastamento em relação a Gadamer, pois se repõe o espaço negado pela hermenêutica filosófica à discussão sobre o método e a teoria da história (*Historik*). Quando Gadamer busca uma teoria da verdade baseada na estrutura ontológica da compreensão humana como tal, nega, simultaneamente, validade à discussão metodológica no campo das ciências humanas, incluindo-se aí a historiografia e o estudo daquilo que o conhecimento histórico é. Por isso mesmo, a reposição da distinção entre história e linguagem vem acompanhada das discussões de método e de teoria da história em Koselleck.⁴⁵

Cabe, no entanto, notar que permanece ativa a "influência" de Gadamer na história conceitual proposta por Koselleck, uma vez que esta diz querer cobrir justamente "a zona de convergência ocupada por conceitos passados e presentes", embora reivindique uma "teoria" para tornar possível a compreensão dos "modos de contato e de separação no tempo", teoria que estabelece as condições de possibilidade da produção de histórias a partir das "aporias da finitude do homem em sua temporalidade"⁴⁶ e que se encontra condensada na distinção entre "espaço de experiências" e "horizonte de expectativas".⁴⁷ Na relação

---

44   KOSELLECK, R. *Begriffsgeschichte* and social history. In: *Futures past*, p. 267-268 [*Futuro passado*, p. 305].

45   Para a polêmica entre a hermenêutica gadameriana e a teoria da história em relação à história conceitual, ver KOSELLECK, R.; GADAMER, H.-G. *Historia y hermenéutica*. "Se existem tais pressupostos [condições pré ou extralinguísticas] da história que não se esgotam na linguagem nem são remetidos aos textos, então a história deveria ter, do ponto de vista epistemológico, um *status* que a impede de ser tratada como um subcaso da hermenêutica. Esta é a tese que quero fundamentar". KOSELLECK, R. Histórica y hermenéutica. In: KOSELLECK, R.; GADAMER, H.-G. *Historia y hermenéutica*, p. 69.

46   KOSELLECK, R. Histórica y hermenéutica, p. 68 ss.

47   KOSELLECK, R. *Begriffsgeschichte* and social history. In: *Futures past* [*Futuro passado*, p. 305-327].

complexa entre conceitos e realidade, entre dogmata e pragmata, a separação entre linguagem e história não implica a recusa *tout court* do caráter linguístico constitutivo da realidade social e política, mas a busca de um modelo teórico no qual os significados linguísticos simultaneamente criam e limitam as possibilidades da experiência política e social.

Tempo e escrita da história. Ensaio sobre apropriação historiográfica do presente*

Temístocles Cezar

---

* Este ensaio faz parte de um projeto mais amplo cujo objetivo é o de investigar as relações entre a escrita da história e a noção de tempo no Brasil desde o século XIX. Agradeço a Susani Lemos França, Márcia Naxara, Jean Marcel Carvalho França e Ricardo Alexandre Ferreira os comentários e sugestões à primeira versão deste texto. Expresso igualmente minha gratidão a Laura Müller Cezar pela revisão técnica do artigo.

Moi, l'histoire, je trompe le temps.

Charles Péguy, *Clio*[1]

Dos bons usos do anacronismo

O holandês Han van Meegeren (1889-1947) teve um grave problema em sua vida: foi um grande pintor! Aprendera desde cedo que o talento de um artista passava pelo domínio das regras básicas do ofício. Aperfeiçoou-se nas técnicas da pintura tradicional, no realismo, no figurativismo e até em detalhes fundamentais, como o desenho padrão, o perspectivismo, o preparo e a mistura das tintas, e inclusive o controle da paixão. Em que pese seu talento, precocemente detectado, ele aspirava a mais do que ser um artista reconhecido, almejava a genialidade. Até aí, nenhuma novidade. Afinal, sonhos de grandeza não são exclusividade do mundo da arte. Porém, após um sucesso efêmero, a pintura moderna, ao romper com o cânone da estética tradicional, desabou sobre sua cabeça. Por melhor que fosse ou se considerasse, ele não era moderno. Estava mais próximo da *Idade de ouro holandesa*, ou

---

[1] PÉGUY, C. *Clio. Dialogues de l'histoire et de l'âme païenne*. Paris: Gallimard, 1932, p. 8.

seja, do século XVII, do que de seu próprio tempo. De uma hora para outra, tornou-se antiquado, deslocado, retrógrado, em suma, anacrônico: fora do tempo. Refugiou-se, então, na arte da restauração. No entanto, a linha entre restaurar e repintar um original é tênue e fugidia, e muitos restauradores já a cruzaram em nome das justificativas mais diversas: acabamento, aprimoramento, crítica ou dinheiro. Logo, se, por um lado, a restauração pode ser considerada uma espécie de auxiliar das belas-artes, por outro, ela tem um parentesco inequívoco com a falsificação. E foi através dela que van Meegeren, como a *Clio* de Charles Péguy, enganou o tempo. Tornou-se um falsário bem-sucedido de ninguém menos do que de Johannes Vermeer!

Ludibriou e vingou-se dos críticos com os "novos" quadros atribuídos ao grande pintor holandês setecentista. Enriqueceu e isso, paradoxalmente, lhe custou caro. Ao final da Segunda Guerra Mundial, foi acusado de traficante de obras de arte e de colaborar com o nazismo, porque vendera algumas pinturas ao seu alto escalão. Para provar que não havia compactuado com o regime nazista, ele confessa a fraude. O tribunal não acredita em sua inocência. É preciso que comprove diante da corte seu talento. Ele então mergulha no passado e pinta um último Vermeer diante do tribunal. A acusação de colaboracionista foi retirada. Foi culpado de obter vantagens pecuniárias mediante logro e apor assinaturas falsas a quadros por ele pintados. Suas contrafações, todavia, foram devolvidas aos proprietários e, até onde se sabe, não foram destruídas nem perderam seu valor de mercado.[2]

2 Sobre Han van Meegeren ver WYNE, F. *Eu fui Vermeer: a lenda do falsário que enganou os nazistas*. São Paulo: Companhia das Letras, 2008. Sobre a história dos falsários ver: GRAFTON, A. *Forgers and critics: creativity and duplicity in western scholarship*. Princeton: Princeton University Press, 1990.

Minha intenção com essa pequena história não é o de fazer um elogio aos falsários, mas, como Nicole Loraux, ao anacronismo, ou aos seus bons usos.[3] Não se trata de transgredir a deontologia metodológica da história em nome de um anarquismo epistemológico – para me servir da feliz expressão de Paul Feyrebend[4] –, mas de me permitir considerar este pesadelo do historiador, que é o anacrônico, útil, desde que controlado e tão somente a título de ficção heurística das representações conceituais do tempo.

Nesse sentido, Han van Meegeren assemelha-se àqueles homens cuja relação com o passado, presente e futuro não se limitam à dimensão cronológica, e cuja biografia não coincide com a extensão de sua própria vida. Ele e sua arte, como a de outros, comportam em si camadas de tempo não apreensíveis necessariamente pela compreensão linear de sua conduta. E o que é válido para o homem, também o é, suponho, por vezes, às sociedades.

Assim, o objetivo deste ensaio é o de propor um itinerário, sincrônico e diacrônico, com idas e vindas, sujeito a rotas temerárias ou interrompidas – algumas já trilhadas por outros viajantes do tempo –, a caminhos já conhecidos, apesar disso pouco explorados. Proponho, portanto, uma espécie de relato de viagem, com todos os riscos inerentes à travessia do tempo e a suas reconfigurações pela escrita da história. Logo, não se trata de uma história do tempo, mas de considerações em torno dele, mais descontínuas do que contínuas. Consequentemente, perdoem-me se, às vezes, a escrita parece trêmula

---

3   LORAUX, N. Éloge de l'anacronisme en histoire. *Le genre humain*, 27, Seuil, 1993, p. 23-39. Para uma visão diferente ver RANCIÈRE, J. Le concept d'anacronisme et la vérité de l'historien. *L'inactuel*, 6, 1996, p. 53-68.

4   FEYRERABEND, P. *Contra o método*. São Paulo: Editora Unesp, 2003.

como quando em mar revolto, ou excessiva como quando na calmaria de um porto seguro.

Evidência e ilusão

Para os historiadores, o tempo é uma *evidência*: cronologia, periodização, épocas, séculos, anos, meses, semanas, dias, horas, funcionam como preceitos de inteligibilidade.[5] Independentemente das formas de contabilizá-lo, o tempo jamais cessou de passar e as sociedades e os indivíduos nunca deixaram de perceber seu movimento: mais ou menos lento, um passado vivido como "quase imóvel"; mais ou menos rápido, uma aceleração que confere ao futuro expectativas; mais ou menos estagnado, como um presente contínuo. Sempre é, contudo, uma evidência.[6]

Mais próxima da filosofia e da retórica, a *evidência* é uma resposta a um dilema clássico do conhecimento histórico, ou seja, de "como manter a diferença de princípio entre a imagem do ausente como irreal e a imagem do ausente como anterior?".[7] A *evidência*, simultaneamente, resolve e mascara a questão. Ela a resolve, porque acreditamos na maior parte das vezes que o passado está lá, em algum lugar da memória coletiva ou da individual, que o passado já foi presente e perceptível à visão de alguém, e hoje é a nossa anterioridade. Ela mascara, porque a certeza de que o passado tenha sido é muitas vezes frágil, pois pode tanto não ter se realizado, como ser produto de uma ilusão, sem falar nas falhas da memória. Entretanto, as lembranças e as ilusões, considerando suas potenciais precariedades, fazem parte do discurso da

---

5   BLOCH, M. *Apologie pour l'histoire ou métier d'histoiren*. Paris: Armand Colin, 1997, p. 52.
6   HARTOG, F. La temporalisation du temps: une longue marche. In: ANDRÉ, J.; DREYFUS-ASSÉO, S.; HARTOG, F (dir.). *Les récits du temps*. Paris: PUF, 2010, p. 9-29.
7   RICŒUR, P. *La mémoire, l'histoire, l'oubli*. Paris: Éditions du Seuil, 2000, p. 306.

história. Desse modo, a evidência do tempo é uma variante de outro debate clássico do campo historiográfico: história e ficção.[8]

No famoso Livro XI de suas *Confissões*, Agostinho pergunta-se: "que é, pois, o tempo? Se ninguém me perguntar, eu sei; se o quiser explicar a quem me fizer a pergunta, já não sei". O problema é que, se nada passou, não haveria passado; e se não houvesse expectativa, não haveria futuro; e se nada existisse neste instante, não haveria tempo presente.[9] Se o passado não existe mais e o futuro ainda não existe, o presente seria da ordem da eternidade, da qual, em *Timeu*, Platão já havia excluído o próprio tempo.[10] Agostinho, por outro lado, também não parece ter refutado a tese aristotélica de que o "tempo é qualquer coisa do movimento".[11]

O que Agostinho faz de diferente é vinculá-lo à alma, ou ao que poderíamos denominar, talvez abusivamente, de certa consciência interior do tempo.[12] Um hino citado de cor é o exemplo dessa situação: "antes de principiar, a minha expectação estende-se a todo ele. Porém, logo que o começar, a minha memória dilata-se, colhendo tudo o que passa para o pretérito. A vida deste meu ato divide-se em memória, por causa do que já recitei, e em expectação, por causa do que hei de recitar. A minha atenção está presente e por ela passa o que era futuro para se tornar pretérito. Ora, o que acontece em todo o cântico, isso mesmo sucede em cada uma das partes, em cada uma das sílabas, em

---

8   HARTOG, F. *Évidence de l'histoire*: ce que voient les historiens. Paris: Éd. EHESS, 2005, p. 11-16.
9   SAINT AUGUSTIN. *Les Confessions*, l. XI, cap. XIV. Paris: Fammarion, 1964.
10 PLATO. Timaeus, 37-d a 38-e. *Complete Works*. Cambridge: Hackett Publishing Company Inc.
11 ARISTOTLE. *Physique*, livro IV. Paris: Les Belles Lettres, 1952.
12 Sobre o "debate" entre Agostinho e Aristóteles ver RICŒUR, P. *Temps et récit*, 3. Paris: Seuil, 1985, p. 21-42.

cada ação mais longa e em toda a vida do homem".¹³ Para Paul Ricœur, todo o império do narrativo encontra-se aqui, nesse simples poema, virtualmente desdobrado, e é a essas extrapolações apenas sugeridas por Agostinho que sua obra, *Tempo e narrativa*, é consagrada.¹⁴

Logo, se o tempo é uma evidência para a maior parte dos historiadores, ele não o é, necessariamente, para os filósofos nem para os literatos. Mesmo que a descoberta da subjetividade do tempo histórico seja, de acordo com Koselleck, um produto da modernidade, como veremos a seguir, a sensação da inexistência do tempo ou de sua apreensão como irreal era e continua sendo um debate inconcluso.¹⁵ Por exemplo, em 1908, John E. McTaggart, em um artigo que gerou polêmica no meio filosófico, afirma, por razões diferentes de Spinoza, Kant, Hegel e Schopenhauer, "acreditar que o tempo é irreal".¹⁶ Quanto aos literatos, as análises de Ricœur acerca de *Mrs. Dalloway*, de Virginia Woolf, ou de *La recherche du temps perdu*, de Marcel Proust, são excelentes indicadores, se não da irrealidade do tempo como para alguns filósofos, pelo menos de uma relação crítica com a dimensão temporal.¹⁷ Assim, um poeta como T. S. Elliot escrevia em 1919 que, para ele, "o

---

13 SAINT AUGUSTIN. *Les Confessions*, l. XI, 28, p. 37-38.
14 RICŒUR, P. *Temps et récit*, I. Paris: Seuil, 1983, p. 49. Hartog lembra que Ricœur poderia muito bem ter começado por Ulisses. Ver HARTOG, François. *Régimes d'historicité: présentisme et expérience du temps*. Paris: Seuil, 2003, nota 58, p. 71.
15 KOSELLECK, R. Time and History. In: *The practice of conceptual history: timing history, spacing concepts*. Stanford: Stanford University Press, 2002, p. 110-111.
16 MCTAGGART, J. E. The unreality of time. *Mind. A Quarterly Review of Psychology and Pilosophy*, 17, 1908, p. 456-473. Agradeço ao colega Paulo Faria a indicação deste precioso artigo. Michel Bentley ressalta a importância da análise de McTaggart em Past and 'presence': revisiting historical ontology. *History and Theory*, 45, 2006, p. 349-361 (principalmente, p. 351-352).
17 RICŒUR, P. *Temps et récit*, 3, p. 229-251.

sentido histórico é tão atemporal quanto temporal".[18] Além disso, se a relação com a memória é uma característica desses romances ou poesia, não se pode inferir que ela compareça sempre como acólito do tempo. Lembremo-nos, já em outro contexto, e entre tantos exemplos possíveis, da primeira frase de o *Estrangeiro*, de Albert Camus: "Hoje, mamãe morreu. Ou talvez ontem, não sei bem".[19] Tempo, presente ou passado, e memória são incertos, mas não faz diferença.

Em todo caso, dos antigos aos modernos, o dilema sobre a realidade do tempo – visível ou invisível, real ou ficcional, para nos restringirmos a duas aporias clássicas – é um passo decisivo rumo à historicização do conceito.[20]

Sobre a apropriação historiográfica do tempo: o modelo Koselleck

A querela dos antigos e modernos tem um papel fundamental na apropriação historiográfica do tempo. No entanto, não é o momento de se alongar sobre o assunto. Basta registrar que as diferentes querelas entre os partidários dos antigos e dos modernos (mais ou menos iniciada com Petrarca no século XIV e que se estende até o século XVIII, passando por nomes ilustres como Montaigne, Malebranche,

---

18 This historical sense, which is a sense of the timeless as well as of the temporal and of the timeless. Cf. ELIOT, T. S. Tradition and the individual talent. *Selected essays*. Nova York: Harcourt, Brace, 1950.

19 CAMUS, A. *L'étranger*. Paris: Gallimard, 1942, p. 9.

20 Sobre Platão e Aristóteles, o tempo visível e o invisível, ver POMIAN, K. *L'ordre du temps*. Paris: Gallimard, p. 233-234. Sobre a discussão sobre a natureza do tempo, como real ou ficcional no medievo, ver SCHMUTZ, J. Juan Caramuel on the year 2000: time and possible worlds in early modern scholasticism. In: PORRO, P. (ed.). *The medieval concept of time: the scholastic debate and its reception in early modern philosophy*. Boston: Brill, 2001, p. 402-407.

La Bruyère, Perrault, Swift, Fénelon, Vico, Madame Dacier, chegando a Voltaire e a Winckelmann), nas quais os primeiros não viam senão a decadência nos segundos, enquanto esses ou proclamavam a igualdade das duas épocas ou tentavam fazer com que os modernos se beneficiassem do conhecimento acumulado, ou invocassem a ideia de um progresso qualitativo, são também manifestações e interrogações sobre a escrita da história e as experiências temporais, cujos embates, quiproquós, recusam, negam ou instauram ordens do e no tempo.[21]

Koselleck, nesse sentido, demonstra que, no século XVII, o primeiro conceito a receber o epíteto de moderno foi o de história e o segundo o de tempo. Por consequência, no século seguinte, ainda que a tríade Antiguidade-Idade Média-Idade Moderna não tenha se imposto universalmente, vigorou, no século XVIII, "a consciência de que há três séculos já se vivia em um novo tempo, que não sem ênfase, se distingue dos anteriores como um novo período", sendo a marca desta "consciência histórica a introdução da expressão história contemporânea" que, diferentemente do novo tempo, adquire consistência linguística e acende de modo rápido, associada que está à conjuntura das Luzes e, sobretudo, da Revolução Francesa.

A rapidez da adoção do conceito de tempo contemporâneo é um forte indicador da aceleração do tempo e da sua consciência. Ao lado da mudança semântica das noções de revolução, progresso, desenvolvimento, o tempo, bem como a história, se tornam atores sociais: "a história, então, passa a realizar-se não apenas no tempo, mas através do tempo". A temporalização opera-se também a partir de sentidos outros atribuídos a unidades de tempo, tais como, primeiro critério, o século – *saecula*. Ele deixa de apenas ser um cálculo esquemático de

---

21 Como bem demonstrou recentemente YILMAZ, L. *Le temps moderne: variations sur les anciens et les contemporains*. Paris: Gallimard, 2004.

cem anos e transforma-se em um sinônimo da reflexão temporal que expressa a experiência histórica, como o século do Iluminismo (assim definido pelos próprios contemporâneos), ou século de Luís XIV de Voltaire, ou o *gênio do século*, figura cara ao romantismo.[22]

O segundo critério de temporização histórica é a descoberta de civilizações vivendo em graus distintos em um espaço contíguo, que são ordenados diacronicamente por uma comparação sincrônica. Desse modo, as comparações passam a hierarquizar a história do mundo em torno da noção de progresso: "esta experiência básica do 'progresso', que pôde ser concebida por volta de 1800, tem raízes no conhecimento anacrônico que ocorre em um tempo cronologicamente idêntico". Com efeito, "desde o século XVIII as diferenças em relação à melhor organização ou à situação do desenvolvimento científico, técnico ou econômico passam a ser organizadas, cada vez mais, pela experiência da história". O progresso é um vetor que converte a experiência cotidiana da simultaneidade do não simultâneo, tornando-o um axioma elementar no século XIX.[23]

O terceiro critério dessa temporalização é o lugar que a teoria da perspectiva histórica subjetiva adquiriu, amparada em enunciados temporais historicizados, junto à produção do conhecimento histórico. Isso significa que os acontecimentos perderam sua estabilidade, até então fixada nos anais, e o passado tende a ser reinterpretado e reescrito. A relatividade dos juízos históricos deixava de ser um inconveniente, transformando-se em uma verdade superior, condicionada pela história: "a história é temporalizada, no sentido que, graças ao correr do tempo,

---

22 KOSELLECK, R. Modernidade. Sobre a semântica dos conceitos de movimento na modernidade. In: *O futuro passado: contribuição à semântica dos tempos históricos*. Rio de Janeiro: Ed. PUC-RJ, 2006, p. 278-282.

23 KOSELLECK, R. Modernidade..., p. 284-285.

a cada hoje, e com o crescente distanciamento, ela se modifica também no passado, ou melhor, se revela em sua verdade. Torna-se evidente que a história, precisamente como história universal, precisa ser reescrita."[24] O quarto critério é o do tempo experimentado como "transição", momento em que a providência e a exemplaridade antiga perdem espaço: o tempo como transição altera-se para único e permanente, condição que pouco mais tarde será chamada de modernidade. Por fim, o quinto e último critério é o aparente paradoxo do descrédito da história do tempo presente em uma época de aceleração como o século XIX, que será remediado ou colocado em questão com a emergência, no século seguinte, do regime de historicidade presentista.[25]

O regime de historicidade presentista

Admitamos que existam, em todas as sociedades, acontecimentos, transformação cultural e retomada do passado pelo presente. Contudo, como pergunta Claude Lefort, podemos dizer que a relação com os acontecimentos, com a transformação e a retomada do passado por uma apreensão hodierna tenha sempre a mesma significação?[26] Partindo de uma crítica a Hegel, para quem os povos cujo desenvolvimento não foi concomitante ou posterior, as estruturas estatais não tinham história, sendo o Estado, ao mesmo tempo, sua condição e objeto,[27] a resposta de

24 KOSELLECK, R. Modernidade..., p. 287. Sobre a formação do conceito de história universal considerando a abordagem de Koselleck ver HARTOG, F. De l'histoire universelle à l'histoire globale? Expériences du temps. *Le Débat*, 2010. Para uma abordagem diferente, mais vaticinador e de certa forma prescritivo, ver CHRISTIAN, D. The return of universal history. *History and Theory*, 49, 2010, p. 6-27.
25 KOSELLECK, R. Modernidade..., p. 288-293.
26 LEFORT, C. Société 'sans histoire' et historicité. In: *Les formes de l'histoire*. Paris: Gallimard, 1978, p. 61-62.
27 HEGEL, G. *A razão na história*. São Paulo: Moraes, 1990, p. 91; 108-114.

Lefort passa pela concepção de *historicidade*, condição que, da filosofia hegeliana a Heidegger, passando por Dilthey e Ricœur, é marcada pela reflexão sobre a experiência humana *do* e *no* tempo.

Se aliarmos a essa genealogia filosófica a obra do antropólogo Marshall Sahlins, e sua *Ilhas de história*,[28] então chegaremos ao contexto intelectual que possibilitou a François Hartog desenvolver a noção de *regimes de historicidade*. Todavia, não é o momento de discorrer detalhadamente sobre o tema. É suficiente reter a ideia de que o regime de historicidade é um artefato tipo-ideal, no molde weberiano, que valida sua capacidade heurística, ao interrogar as modalidades de articulação das categorias do passado, do presente e do futuro, formulação que, embora não tributária da semântica histórica de Koselleck, estabelece com ela uma importante interlocução.[29] Um dos pontos de contato entre ambos é a convicção de que as representações do tempo, linguisticamente estáveis ou instáveis não são apenas expressões que indicam um estado de fato, mas um aporte fundamental à constituição da sua própria percepção.

Logo, em termos muito gerais, pode-se afirmar que o regime de historicidade antigo se caracteriza pela preponderância do passado, a *historia magistra vitae*, enquanto o moderno pela forte marca do futuro, momento em que as lições para a história provêm do porvir, como acontece em Tocqueville e Marx. No entanto, quando essa conjuntura

---

28 SAHLINS, M. *Ilhas de história*. Rio de Janeiro: Zahar, 1990.
29 Sobre a noção de regime de historicidade, ver de Hartog: *Régimes d'historicité: présentisme et expérience du temps* (ver também o novo prefácio para a edição de 2012); Sur la notion de régime d'historicité. Entretien avec François Hartog. In: DELACROIX, C.; DOSSE, F.; GARCIA, P. *Historicités*. Paris: La Découverte, 2009, p. 133-149. Para um comentário acerca da obra de Hartog, especialmente, sobre o presentismo e os críticos da noção, ver NICOLAZZI, F. A história entre tempos: François Hartog e a conjuntura historiográfica contemporânea. *História: Questões & Debates*, 53, jul.-dez. 2010, p. 229-257. De Koselleck ver: *O futuro passado*; *The practice of conceptual history*.

apresenta sinais de desestabilização, como na nossa contemporaneidade, o novo regime que se instaura não reclama mais o passado ou o futuro como atributos hegemônicos, mas o próprio presente. Eis o *presentismo*, resumidamente, na acepção de Hartog.

Embora possa parecer, à primeira vista, uma sucessão linear de regimes, o próprio vocábulo *regime(s)*, normalmente pluralizado, guarda em si uma carga semântica, que desde o mundo antigo (*diaita* em grego, *regimen* em latim) lhe garante não apenas um potencial de mixagem e de superposição, bem como de negação e de coexistência.[30]

Não chega a ser um segredo epistemológico, portanto, que o presente na história tem uma longa duração. Em Homero, por exemplo, no Canto IX da *Odisseia*, Ulisses, em meio aos lotófagos, perde a vontade de retornar para casa e aparenta perder suas ambições e projetos. Ele passa a habitar em um presente entorpecido, no qual passado e futuro parecem perder importância.[31]

Em Heródoto e Tucídides, o presente aparece ora como recurso metodológico, ora como princípio narrativo ou exigência do registro.[32] Na Idade Média, a noção pode ser apreendida tanto do ponto de vista histórico quanto filosófico, como na tradicional formulação do problema do tempo no já citado Livro XI das *Confissões* de Agostinho, no qual o presente se constitui em uma das categorias fundamentais de análise.[33] Já Koselleck observa a incidência da expressão *história do*

---

30   HARTOG, F. Historicité/régime d'historicité. In: DELACROIX, C.; DOSSE, F.; GARCIA, P.; OFFENSTADT, N. *Historiographies*, II. *Concepts et débats*. Paris: Gallimard, 2010, p. 766-771.

31   HOMÈRE. *L'Odyssée*. Paris: La Découverte, 1982. Embora salientando outro aspecto da *Odisséia*, Auerbach chama a atenção em "A cicatirz de Ulisses" para a importância do "presente" na narrativa de e sobre Ulisses. Ver AUERBACH, Erich. *Mimesis: a representação da realidade na literatura ocidental*. São Paulo: Perspectiva, 1994, p. 3-5.

32   MOMIGLIANO, A. Time in ancient history. *History and theory*, 6, 1966, p. 1-23.

33   Sobre o ponto de vista histórico ver GUÉNÉE, B. Temps de l'histoire et temps de la mémoi-

presente, em língua alemã, desde o século XVII, e, é preciso dizer, sua progressiva perda de "dignidade" no século seguinte.[34]

No século XIX, momento em que certas perspectivas historiográficas procuravam a identidade científica definindo a história como simplesmente conhecimento do passado (e no qual, paradoxalmente, Tucídides, historiador por excelência do tempo presente, era tido como mestre e modelo), encontram-se várias tentativas de se escrever sobre o presente. De forma que filósofos importantes da primeira metade do século XX, como Robin Collingwood e Benedetto Croce, não se furtaram a teorizar sobre a natureza presentista da produção do conhecimento histórico.[35]

Por conseguinte, embora a expressão *História do Tempo Presente*, signo da cultura histórica contemporânea, tenha adquirido legitimidade no campo historiográfico, sobretudo a partir do *Institut d'histoire du temps présent*, fundado em Paris, em 1978, os principais historiadores dessa tendência não ignoram, ou não deveriam ignorar, que houve projetos e tentativas de escrita da história do tempo presente em movimentos historiográficos que lhes antecederam. Em sua configuração mais recente, à história do tempo presente foram associados temas tais como a identidade (nacional, étnica etc.), dever de memória,

---

re au Moyen Âge. *Annuaire-Bulletin de la Société de l'histoire de France*, Paris, Klincksieck, 1978, p. 25-35. Especificamente sobre Agostinho e o famoso capítulo XI, ver BETTETINI, M. Measuring in accordance with *Dimensiones certae: Augustine of hippo and the question of time*. In: PORRO, Pasquale (ed.). *The medieval concept of time...*, p. 33-53.

34 KOSELLECK, R. Continuidad y cambio en toda historia del tiempo presente. Observaciones histórico-conceptuales. In: *Los estratos del tiempo: estudios sobre la historia*. Buenos Aires: Paidós, 2001, p. 119-120; KOSELLECK, R. Ponto de vista, perspectiva e temporalidade. Contribuição à apreensão historiográfica da história. In: *Futuro passado...*, p. 174.

35 CROCE, B. *Teoria e storia della storiografia* (1917). Milano: Adelphi Edizioni, 1989; COLLINGWOOD, R. G. *The idea of history*. Oxford: Clerendo Press, 1993.

o patrimônio e a figura da testemunha e do juiz, a responsabilidade do historiador, a questão do acesso aos arquivos e as comemorações, que se impuseram como objetos privilegiados da agenda presentista. Por outro lado, registre-se que muitas dessas matérias não são estranhas à historiografia anterior, em especial à oitocentista.[36]

O presente do historiador

Meu diário de viagem ainda não comporta a palavra fim: ele está no presente. Aliás, em todos os tempos nos quais procuro me aprofundar, ele é sempre a categoria que mais me intriga. Recordo-me da sensação que me causou, quando ainda era um jovem estudante, a leitura de *A apologia do historiador*, de Marc Bloch, livro escrito em situação difícil, particularmente a pequena passagem repleta de reminiscências em que relata:

> Eu acompanhava Henri Pirenne a Estocolmo. Mal havíamos chegado e ele me disse: 'O que vamos ver primeiro? Parece que há uma prefeitura nova. Comecemos por ela.' Depois, como se quisesse prevenir um espanto, ele acrescentou: 'Se eu fosse um antiquário, eu somente

---

[36] Para uma visão genealógica extremamente fundamentada sobre a história da história do tempo presente ver PASAMAR, G. Origins and forms of the 'History of the Present': an historical and theoretical approach. *Storia della storiografia*, 58, 2010, p. 83-103. Ver também: BÉDARIDA, F. L'historien régisseur du temps? Savoir et responsabilité. *Revue Historique*. Paris: PUF, 1998, p. 3-24; BÉDARIDA, F. La dialectique passé-présent et la pratique historienne. In: *L'histoire et le métier d'historien en France – 1945-1995*. Paris: MSH, 1995; CHAUVEAU, A.; TÉTART, P. *Questions à l'histoire des temps présents*. Paris: Complexe, 1992; e a apresentação de ARÓSTEGUI, J. em: Historia y tiempo presente. Un nuevo horizonte de la historiografía contemporaneista. *Cuadernos de Historia Contemporanea*, nº 20, 1998, p. 15-18; GARCIA, P. Histoire du temps present. In: DELACROIX, C.; DOSSE, F.; GARCIA, P.; OFFENSTADT, N. *Historiographies*, 1. Concepts et débats, p. 282-294. Ver também o dossiê L'histoire du temps présent, hier et aujourd'hui. *Bulletin de l'IHTP*, 75, 2000.

teria olhos para as coisas antigas. Mas eu sou um historiador. É por isso que amo a vida. Essa faculdade de apreensão do vivo, eis bem, com efeito, a qualidade mestre do historiador. O erudito que não tem o gosto de olhar a seu redor nem os homens, nem as coisas, nem os acontecimentos, merecerá talvez, como dizia Pirenne, o nome de um útil antiquário. Sabiamente ele renunciará àquele de historiador.[37]

Desde então, o presente passado ou o futuro do presente permaneceu uma de minhas inquietações sobre a condição histórica. Tal preocupação veio ao encontro do estranhamento que me proporcionou, também ainda jovem, a leitura de *A náusea*, e seu personagem principal, Antoine Roquentin, um historiador, que se dizia asfixiado pelo presente.[38]

Gostaria, se o "tempo" permitisse, de discutir a história na época digital: a divulgação das fontes, o problema do autor (hoje é mais importante ser lido do que ser reconhecido!), a questão da testemunha etc. Os historiadores têm falado pouco, em termos teóricos, acerca do nosso tempo, conquanto proliferem as histórias do tempo presente e do imediato. Entretanto, mais uma vez, eles foram antecipados pela arte, especialmente pela literatura e pelo cinema, em uma espécie de reatualização da máxima aristotélica do capítulo IX da *Poética*. Alguns exemplos apenas: o livro de Antônio Tabucchi, *O tempo envelhece depressa*, pleno de sinais de que a relação entre o tempo e a memória defrontam-se com um presente não apenas opressivo mas que reluta em passar, simplesmente envelhecer; ou *O homem em queda*, de Don Delillo, que conta a saga de personagens que de alguma maneira foram atingidos pelo 11 de setembro de 2001, e a nova perspectiva temporal que se abre a partir daí, ou o seu *Cosmópolis* no qual a relação

---

37 BLOCH, M. *Apologie pour l'histoire ou métier d'historien...*, p. 63-64.
38 SARTRE, J.-P. *La nausée* (1938). Paris: Gallimard, 2001, p. 139-140.

capitalista com o tempo inverte-se, ele não é mais dinheiro, mas o "dinheiro faz o tempo", e a conclusão, de um de seus personagens, de que "a vida é contemporânea demais"; ou o apocalíptico *A estrada*, de Cormac McCarthy, que narra a história de um futuro como utopia negativa instalado em nosso presente; ou ainda o *Tigre de papel*, de Olivier Rolin, no qual uma história oculta do maio francês conduz o narrador quase três décadas depois a constatar com certa melancolia que se "hoje parece existir somente o presente, naquela época (em 1968), o presente era bem mais modesto, era o passado e o futuro que tinham uma presença formidável". Por fim, o último filme de Terrence Malick, *A árvore da vida*: uma história de família em que ilusões bíblicas e (in)certezas cotidianas, estabelecidas a partir de um jogo entre memória individual e coletiva, na qual o filho (Sean Penn) é mais velho que o pai (Brad Pitt) e que, através da narrativa cansada e monótona, produz, na minha opinião, física e psicologicamente, no espectador uma forte desaceleração do tempo, com a qual ele não está mais acostumado. Se o tempo torna-se tempo humano somente se for articulado de maneira narrativa, como sustenta Ricœur, então estamos diante de outra dimensão temporal: a de um presente autoritário que não se deixa apreender facilmente, muito menos ser questionado.[39]

É difícil e, possivelmente, prematura qualquer avaliação dessa conjuntura (pós 11 de setembro?). Mas não podemos deixar de perceber a onipresença do presente e alguns de seus cômodos significantes. O desejo consciente ou inconsciente de ver e de ser visto, a necessidade de estar conectado, a ruína do anonimato. Um homem sem sossego! Não

---

39 TABUCCHI, A. *O tempo envelhece depressa*. São Paulo: Cosac Naify, 2010; DELILLO, D. *Homem em queda*. São Paulo: Companhia das Letras, 2007, DELILLO, D. *Cosmopólis*. São Paulo: Companhia das Letras, 2003; MCCARTHY, C. *A estrada*. Rio de Janeiro: Objetiva, 2007; ROLIN, O. *Tigre en papier*. Paris: Seuil, 2002, p. 29-30. MALICK, T. *A árvore da vida*, filme, 2011.

seria um bom título, no rastro de Robert Musil, para começarmos a pensar nossa contemporaneidade? A história do tempo presente com suas limitações, interdições e voluntarismo é uma espécie de resposta da comunidade historiadora a esta agenda imposta desde o exterior da disciplina. O historiador do tempo presente tem que reaprender a olhar (antigo primado epistemológico que remonta a Heródoto e Tucídides), a escutar (a testemunha), a interpretar a partir de outra documentação, de fontes outrora desconsideradas.

O presente é o tempo do historiador.[40] De qualquer historiador, de qualquer época ou lugar. Ele sempre parte de seu presente, de seu tempo. Logo, se o presentismo caracteriza o regime de historicidade contemporâneo, ele não é menos atuante em outras configurações historiográficas. A diferença é que, em outros momentos, ele não fechava o futuro, nem escapava do passado. O presente era um modo temporal, um período, uma etapa, uma sombra que se projetava para frente ou para trás, um espectro do homem ou da sociedade, não um agora que se insinua como eterno. Um tempo insolente e dominante cuja amplitude procura desestimular qualquer atentado a sua onipotência. Um presente que parece não se permitir enganar, salvo se uma *Clio*, como a de Péguy, ressurja entre nós ou em nós.

---

40 HARTOG, F. Le présent de l'historien. *Le Débat*, p. 18-31.

Os sentidos da colonização

Jean Marcel Carvalho França

Há quase dois séculos, uma curiosa obsessão tem sistematicamente atormentado os historiadores brasileiros: encontrar um sentido para a colonização do país. A questão remonta ao nascimento da historiografia nacional, remonta ao denominado pensamento romântico oitocentista, quando tiveram lugar os primeiros esforços para a construção de uma história, de uma literatura, de uma geografia, de uma língua, enfim, de uma cultura que, segundo os homens de letras da época, poderia verdadeiramente se autointitular brasileira.

Para os intelectuais envolvidos neste "patriótico empreendimento", como diria mais tarde o historiador da literatura Sílvio Romero, intelectuais ainda inebriados pela recente independência política do país e ansiosos por lançar as bases da cultura da pátria nascente, o período de domínio metropolitano, o denominado período colonial, caracterizou-se por ser um tempo de gradativa tomada de consciência, de gradativo desenvolvimento do sentimento de "pertença ao Brasil", de "ser brasileiro", um tempo durante o qual os habitantes da América Portuguesa aos poucos se deram conta da sua alteridade em relação ao povo português, viram nascer e crescer a sua autoestima e desenvolveram os mecanismos políticos, econômicos, culturais e sociais necessários para se verem livres da dominação metropolitana.

Há um escrito pioneiro e modelar sobre o tema, intitulado *Ensaio sobre a história da literatura do Brasil*,[1] publicado na revista *Niterói*, em 1836, por ninguém menos do que o renomado homem de letras Gonçalves de Magalhães. Neste ensaio sobre a história da literatura brasileira, o poeta, que ocuparia o lugar de "pai do romantismo" local — lembremos de seu *Suspiros poéticos e saudades*, marco inaugural do movimento no país, segundo a tradição —, traça um panorama da literatura na colônia que é uma verdadeira epopeia da formação do *gênio brasileiro*, de seu lento desenvolvimento sob o pesado jugo metropolitano. O clímax de tal epopeia será, como o leitor pode prever, a Independência, em 1822, quando o país e seu povo se libertaram definitivamente das limitações materiais e espirituais impostas por Portugal,[2] e o tal *gênio* pôde finalmente voar sem amarras.

Magalhães não seria o primeiro nem o último membro da intelectualidade brasileira a advogar a ideia de que os primeiros trezentos anos de existência do país sob o controle da metrópole caracterizaram-se por serem uma espécie de caminho reto mas doloroso rumo à libertação. De Januário da Cunha Barbosa (*Parnaso brasileiro*, 1829-32) a Capistrano de Abreu (*Capítulos de história colonial*, 1907), passando por Gonçalves Magalhães (*Ensaio sobre a história da literatura do Brasil*, 1836), Carl Friedrich Phillipp von Martius (*Como se deve escrever a história do Brasil, 1843*), Adolfo Varnhagen (*História geral do Brasil*, 1854-57) — talvez um dos mais tímidos defensores da ideia —, João Manuel Pereira da Silva (*Plutarco brasileiro*, 1847; *Varões ilustres do Brasil durante os*

---

[1] MAGALHÃES, D. J. G. Ensaio sobre a história da literatura do Brasil. In: *Niterói*, Revista Brasiliense. Biblioteca Academia Paulista de Letras, Tomo I, p. 132-159.
[2] MAGALHÃES, D. J. G. Ensaio sobre a história da literatura do Brasil, p. 152.

tempos coloniais, 1858; *História da fundação do Império*, 1864-68), Joaquim Norberto de Sousa e Silva (*História da literatura brasileira*, 1859-62), Joaquim Manuel de Macedo (*Lições de história do Brasil*, 1861), Sotero dos Reis (*Curso de literatura portuguesa e brasileira*, 1866-73), Sílvio Romero (*História da literatura brasileira*, 1888), José Veríssimo (*História da literatura brasileira*, 1916) e por uma dezena de outros intérpretes da vida política, social, cultural e econômica da colônia, todos, a seu modo, viram no passado colonial uma espécie de "ovo da serpente", ovo que, posto contra a luz, permitia antever através de sua casca, com mais e mais nitidez, o império independente que nasceria em 1822. Debrucemo-nos rapidamente sobre dois casos exemplares do período: Sílvio Romero e Capistrano de Abreu.

O aguerrido crítico e historiador sergipano Silvio Romero, homem que se envolveu num sem-número de polêmicas e se notabilizou por meio delas,[3] não se distanciou minimamente da opinião corrente entre

---

3 É importante salientar que não se quer aqui levar a cabo uma exegese detalhada dos autores interrogados, mas tão somente descrever como a questão do "sentido da colonização" aparece em suas obras. Para os que buscam uma interpretação pormenorizada da obra de Romero, recomendamos: CANDIDO, A. *O método crítico de Sílvio Romero*. São Paulo: Edusp, 1988; *Sílvio Romero: teoria, crítica e história literária*. Seleção e introdução de Antonio Candido. Rio de Janeiro: Livros Técnicos e Científicos; São Paulo: Edusp, 1978; COUTINHO, A. A crítica naturalista e positivista. In: *A literatura no Brasil*. Rio de Janeiro: Editorial Sul Americana S. A., vol. 3, 1969; COUTINHO, A. *A tradição afortunada*: o espírito de nacionalidade na crítica brasileira. Rio de Janeiro: José Olympio; São Paulo: Edusp, 1968; LEITE, D. M. *O caráter nacional brasileiro*: história de uma ideologia, 4ª ed. Intr. Alfredo Bosi. São Paulo: Pioneira, 1983; MARTINS, W. *Interpretações* (Ensaios de Crítica). Rio de Janeiro: Livraria José Olympio Editora, 1946; MENDONÇA, C. S. de. *Sílvio Romero, de corpo inteiro*. Departamento de Imprensa Nacional, 1963; RABELLO, S. *Itinerário Sílvio Romero*. Rio de Janeiro: Livraria José Olympio, 1944. (Coleção Documentos Brasileiros, 43); SODRÉ, N. W. Sílvio Romero (um guerrilheiro desarmado). In: *A ideologia do colonialismo (1961)*. Rio de Janeiro: Civilização Brasileira, 1965, p. 63-98; VENTURA, R. *Estilo tropical*: história tropical e polêmicas literárias no Brasil,

seus pares quando o que estava em causa era o "sentido" da produção cultural herdada da colônia. Independentemente das idiossincrasias que caracterizam a sua abordagem da literatura brasileira, para Romero, estudar a produção escrita colonial era, de certo modo, retraçar o longo caminho que os homens de letras locais percorreram para alcançar, de um lado, a consciência de nacionalidade – perceptível, para o crítico, no quanto de "cenas brasileiras", de manifestações de amor à terra, de expressões dos verdadeiros sentimentos do povo brasileiro, sentimentos inatos, entravam nas composições avaliadas – e, de outro, a cada vez mais ansiada libertação espiritual da metrópole. Ao interrogar o passado da literatura produzida em solo brasileiro ou por brasileiros em outros solos, era possível, advoga Romero, detectar quais manifestações estavam mais próximas de uma suposta "índole do povo brasileiro", isto é, quais composições iam buscar sua fonte de inspiração nos quadros novos e ricos fornecidos pela natureza e sociedade dos trópicos, indicando que o literato se deixara levar pelo "entusiasmo" produzido pelo ambiente circundante e pelos sentimentos provenientes da sua gente. Interrogada de tal ponto de vista, a história da literatura e da cultura do período colonial desvelava um sentido bastante preciso: o de um crescente nacionalismo, o de uma gradativa tomada de consciência do "ser brasileiro", como mencionamos. Ouçamos o que diz o crítico-historiador ao comentar os primeiros cronistas e historiadores que teve o Brasil durante o período colonial:

> Os cronistas são os que primeiro cultivaram a prosa no Brasil. Só por este lado mereceriam um estudo especial

---

1870-1914. São Paulo: Companhia das Letras, 1991; WEHLING, A. *Sílvio Romero e a consciência modernizadora no Brasil*. 1979. Tese (Livre-Docência em História Ibérica) – Faculdade de Filosofia, Letras e Ciências Humanas da Universidade de São Paulo, São Paulo.

na história literária. Descobre-se, porém, neles uma face ainda mais importante e característica. Refiro-me a essa cadeia tradicional de que são os representantes, a essa concretização palpável da alma nacional de que são os operários, a esse espírito móbil do povo de que souberam apoderar-se para no-lo transmitir. [...] É por isso que tributo a Vicente de Salvador o mesmo preito devido a Gregório de Matos [...]. A alma brasileira, o espírito deste país não palpita somente nos madrigais de Alvarenga ou no Caramuru de Durão; irradia-se também das páginas do Novo Orbe de Jaboatão, e da Nobiliarquia de Pedro Taques.[4]

Mais adiante, analisando a obra de Aires Casal, o sergipano complementa:

A publicação da Corografia Brasílica em 1817, no ano da Revolução de Pernambuco, é um fato sintomático. O Brasil estava constituído, a Independência ia ser um acontecimento impreterível, e o país dava como que um balanço em si mesmo, descrevia-se, notava seus recursos, suas forças, seus elementos de vida e progresso.[5]

Trajetória muito próxima à dos historiadores da cultura e da literatura do Oitocentos, exemplificados por Romero – cuja abordagem do tema que aqui nos interessa reproduz, traço a traço, argumento a argumento, a de um sem-número de letrados seus antecessores e contemporâneos –, foi seguida, no limiar do século XX, por um dos mais eminentes e respeitados historiadores brasileiros, Capistrano de Abreu.[6] Em *Capítulos de história colonial*, o cearense apresenta uma das

---

4   ROMERO, S. *História da literatura brasileira*, 7ª ed. Rio de Janeiro: Livraria José Olympio; INL-MEC, vol. 2, 1980, p. 567.

5   ROMERO, S. *História da literatura brasileira*, p. 615.

6   Acerca de Capistrano de Abreu e sua obra, consultar: CÂMARA, J. A. *Capistrano de Abreu*. Rio de Janeiro: Livraria José Olympio, 1969; CAÑIZARES, A. *Capistrano de Abreu* (o homem e a obra). Rio de Janeiro: Livraria Briguiet, 1931; CARMO, J. A. P. do. *Bibliografia de Capistrano de Abreu*. Rio de Janeiro: Imprensa Nacional, 1942;

primeiras, quiçá a primeira, abordagens articuladas do passado colonial brasileiro, abordagem cuja característica central é a enfática relação que o historiador estabelece entre a gradativa e penosa conquista da terra, o nascimento de uma sociedade local e o amadurecimento do sentimento nativista.

Capistrano, vale recordar, contrariamente a Varnhagen (na primeira edição da *História geral do Brasil*) e a Robert Southey – que abrem as suas histórias do Brasil com um tópico sobre a expansão ultramarina –, inicia o seu *Capítulos* com uma descrição dos contornos das terras que viriam a ser o Brasil e de seus habitantes primitivos, os índios. Feito isso, aí sim, entram em cena os portugueses, sua aventura expansionista e a viagem de Cabral.

Do primeiro século de existência da terra recém-descoberta, o cearense destaca a chegada das armadas de guarda-costas, a vinda das primeiras expedições colonizadoras, o breve e ineficaz sistema das capitanias hereditárias e, sobretudo, os conflitos com os franceses e espanhóis pela posse da terra. Ao fim desse período (1500-1615), explica-nos ele, a conquista do território, ao menos da sua faixa litorânea, estava garantida e já se esboçava a constituição de um povo, de um povo brasileiro, ainda que sem unidade e muito inferiorizado em relação aos portugueses do reino. A expulsão dos flamengos, a descoberta das minas e, especialmente, a conquista do sertão – o mais importante episódio da sua história do Brasil colonial – marcam, como esclarece Capistrano, um segundo momento na existência do país e na constituição de sua população. Tais feitos, realizados com apoio diminuto da Coroa Portuguesa, não

---

COUTINHO, A. *Euclides, Capistrano e Araripe*. Rio de Janeiro: Tecnoprint Gráfica, 1967; MATOS, P. G. de. *Capistrano de Abreu*. Fortaleza: A. Batista Fontenele, 1953; RODRIGUES, J. H. *Teoria da história do Brasil: Introdução Metodológica*. São Paulo: Companhia Editora Nacional, 1978; VIANA, H. *Capistrano de Abreu. Ensaio biobibliográfico*. In: *O descobrimento do Brasil*. São Paulo: Martins Fontes, 1999.

somente consolidaram o domínio do colono sobre uma larga extensão do território, como ainda definiram o perfil da população, uma população mestiça, rústica, com pouco senso de coletividade e ainda carente de uma unidade, de uma identidade, mas orgulhosa de si própria e ansiosa por se ver livre da dominação do reinol.

Capistrano, como se vê, constrói o passado nacional seguindo a mesma orientação dos homens de cultura do Oitocentos: a história do Brasil colonial é uma espécie de caminho rumo à tomada de consciência da brasilidade e da necessidade de se ver livre da dominação metropolitana. É a partir desse eixo central que a história do período se organiza e ganha sentido. Recordemos, a título de ilustração e arremate, a frase final de *Capítulos*...:

> Cinco grupos etnográficos, ligados pela comunidade ativa da língua e passiva da religião, moldados pelas condições ambientes de cinco regiões diversas, tendo pelas riquezas naturais da terra um entusiasmo estrepitoso, sentindo pelo português aversão ou desprezo, não se prezando, porém, uns aos outros de modo particular – eis em suma ao que se reduziu a obra de três séculos.[7]

Depois de Capistrano de Abreu, a ideia não sumiu do repertório intelectual dos historiadores nacionais. Todavia, ganhou outras roupagens e perdeu muito da sua, digamos, singeleza e "naturalidade" inicial. Os tempos eram outros, e a crença no avançar reto, seguro e evidente do homem – ao menos do homem brasileiro – rumo a um fim qualquer (o estado positivo, a tomada de consciência, a civilização, o reencontro com o espírito humano...), crença tão ao gosto das

---

[7] ABREU, C. *Capítulos de história colonial*, 4ª ed. Rio de Janeiro: Livraria Briguiet, 1954, p. 337-338.

filosofias da história do Oitocentos, havia perdido muito do seu apelo inicial. Gilberto Freyre e Sérgio Buarque de Holanda[8] são excelentes exemplos dessa renovação parcial. Ainda que não retomem o ideário oitocentista e abram mão de construir uma história do Brasil colonial organizada em torno de uma suposta "tomada de consciência da nacionalidade" ou "caminhada rumo à civilização" – ideias, inclusive, avessas à interpretação que Holanda propõe da história colonial e distantes da perspectiva elaborada por Freyre –, não se furtam também a buscar um sentido para os três séculos de existência da por vezes chamada "América Portuguesa".

Acompanhemos, de saída, a perspectiva de Freyre. *Casa-Grande e Senzala* (1933) e *Interpretação do Brasil* (1947) são excelentes indicativos das posições do autor no tocante ao "sentido" que tomou a história do que seria o Brasil ao longo dos três séculos posteriores ao desembarque de Cabral.[9] Em ambas as obras, como é sobejamente sabido, o pernambucano deixa transparecer a forte influência que recebeu das teorias antropológicas e sociológicas em voga nas universidades norte-americanas nas décadas iniciais do século XX, especialmente da antropologia cultural de Franz Boas. Ambas, igualmente, ao abordarem a colonização, promovem uma espécie de reabilitação da

---

8   Haveria, certamente, muitos outros nomes a destacar, todavia, o espaço é exíguo e os poucos nomes escolhidos, bastante ilustrativos.

9   Interessa-nos, aqui, como salientamos, tão somente apontar como a questão do "sentido" ganha sentido na vasta obra de Freyre. Aos que buscam uma abordagem mais abrangente e detalhada dos estudos do pernambucano, consultar: ARAÚJO, R. B. de. *Guerra e paz. Casa grande & senzala* e a obra de Gilberto Freyre nos anos 30. São Paulo: Editora 34, 2005; BASTOS, E. R. *Gilberto Freyre e o pensamento hispânico*. Bauru: Edusc, 2003; KOSMINSKY, E.; LEPINE, C.; PEIXOTO, F. (org.). *Gilberto Freyre em quatro tempos*. Bauru: Edusc, 2003; LARRETA, E. R.; GIUCCI, G. *Gilberto Freyre*: uma biografia cultural. Rio de Janeiro: Civilização Brasileira, 2007; PALLARES-BURKE, M. L. G. *Gilberto Freyre*: um vitoriano nos trópicos. São Paulo: Ed. Unesp, 2005.

até então malvista miscigenação do povo brasileiro. Fundamental para a formulação dessa perspectiva renovadora quando de sua aparição é a distinção que Freyre estabelece entre raça e cultura, isto é, entre os «efeitos das relações puramente genéticas» e os efeitos das «influências sociais», da «herança cultural e do meio». É essa distinção que permite ao sociólogo não somente se contrapor ao discurso eugênico vigente em sua época, como também, e sobretudo, reavaliar o contributo de negros e mulatos para a formação da por ele intitulada "família patriarcal brasileira» – a instituição base da sociedade que se constituiu nos trópicos portugueses.

As obras de Freyre, lançando mão de uma técnica expositiva com forte apelo literário, rejeitam o determinismo biológico, analisam os supostos males oriundos da herança mestiça em termos socioculturais e acabam por exaltar a «mistura de raças» como um poderoso agente de democratização social. O seu empenho, em suma, é não somente no sentido de retirar a carga negativa que pairava sobre a nossa mestiçagem, mas sobretudo transformá-la no símbolo maior da cultura brasileira, no seu traço distintivo, "no seu grande contributo para a história das sociedades humanas". Mais que isso – se é que é possível. A ideia de uma sociedade miscigenada, melhor, a ideia de miscigenação, serve ao pensador pernambucano como uma espécie de guia, um eixo catalisador que dá unidade e sentido à história do Brasil colonial que lhe interessa construir. Acompanhemos um pouco mais de perto o seu raciocínio.

Partamos do prefácio à primeira edição de *Casa-Grande e Senzala*, no qual diz Freyre: "A miscigenação que largamente se praticou aqui corrigiu a distância social que doutro modo se teria conservado enorme entre a casa-grande e a mata tropical; entre a casa-grande e a senzala".[10] Mais adiante, na abertura do conhecido capítulo IV, o pernambucano

---

10 FREYRE, G. *Casa-grande e senzala*. Rio de Janeiro: Livraria José Olympio, vol. I, 1950, p. 20.

assevera: "Todo brasileiro, mesmo o alvo, de cabelo louro, traz na alma e no corpo – há muita gente de jenipapo e mancha mongólica no Brasil – a sombra, ou pelo menos a pinta, do indígena ou do negro".[11]

Uma década e pouco mais tarde, em 1946, Olívio Montenegro, na introdução que escreveu para a primeira edição portuguesa de *Interpretação do Brasil* – um livro escrito para explicar o Brasil para os estrangeiros –, comenta: "O fenômeno original de maior repercussão no conjunto da vida nacional, e que se faz o eixo de gravitação deste livro, é o da comistão das raças e culturas que engendraram o povo brasileiro – o fenômeno da nossa democracia étnica em que haveria de se antecipar a nossa democracia social nas suas relações mais universalmente humanas".[12]

Poucas páginas adiante, no prefácio à edição portuguesa, é o próprio Freyre quem arremata o raciocínio:

> Resumidas em páginas que, sem serem brilhantes ou eloquentes, conseguiram, entretanto, tornar de certo modo acessíveis a estrangeiros e brasileiros, matéria versada, ideias apresentadas e sugestões desenvolvidas pelo autor em ensaios mais densos ou estudos mais longos. De tal modo acessíveis que pensadores da eminência do Prof. Arnold Toynbee, menos versado em assuntos de formação social do Brasil do que noutros, tanto quanto antropólogos também voltados de preferência para outros temas como o sábio Prof. Alfred Métraux, parecem ter-se informado nas páginas da edição inglesa de *Interpretação do Brasil* para recentes e autorizadas afirmativas sobre o que já se pode considerar contribuição original ou inconfundivelmente brasileira, ou luso-brasileira, para a moderna cultura universal. Uma cultura que à

---

[11] FREYRE, G. *Casa-grande e senzala*, vol. 2, p. 489.
[12] FREYRE, G. *Interpretação do Brasil*. Lisboa: Livros do Brasil Limitada, 1947. p. 16.

unidade junte a diversidade e ao universal, o regional; e que acrescente a valorizações, já vitoriosas dentro de sua maior complexidade, de elementos outrora desprezados ou subestimados, a valorização do mestiço e a valorização do trópico.[13]

Creio, leitor, que temos o bastante para avaliarmos o quão central é o papel da mestiçagem na obra de Freyre: é a mestiçagem, a seus olhos, que dá sentido à civilização que o português, ao lado de negros e índios, construiu nos trópicos ao longo dos três primeiros séculos de colonização, é a mestiçagem que indica o futuro da civilização brasileira, uma civilização fadada a edificar uma democracia social – decorrente daquela que a miscigenação praticamente nos impôs no âmbito racial e cultural –, é a mestiçagem, em suma, a grande singularidade dessa civilização e o seu maior contributo para as sociedades dos homens.

Passemos os olhos, agora, pela obra de Sérgio Buarque de Holanda, nomeadamente por *Raízes do Brasil*, livro da juventude do paulista, onde mais contundentemente se coloca o problema de um sentido para a história brasileira. É sabido que o livro veio à luz três anos após a obra mestra de Freyre, em 1936, e que também traz no seu bojo uma tentativa de interpretação do período de formação do Brasil, do dito período colonial. Menos volumoso e com menor número de referências bibliográficas do que o seu antecessor, o livro busca sua inspiração teórica na história social dos franceses e na sociologia alemã, especialmente nos trabalhos do sociólogo Max Weber. É amplamente sabido que Sérgio Buarque de Holanda,[14] para analisar as nossas tais

---

13 FREYRE, G. *Interpretação do Brasil*, p. 33.
14 Acerca da obra de Holanda, ver especialmente: BARBOSA, F. de A. (org.). *Raízes de Sérgio Buarque de Holanda*. Rio de Janeiro: Rocco, 1989; CANDIDO, A. (org.). *Sérgio Buarque de Holanda e o Brasil*. São Paulo: Editora Fundação Perseu Abramo, 1998; 3º Colóquio UERJ – Sérgio Buarque de Holanda. Rio de Janeiro: Imago, 1992; COUTO, R. R. El hombre cordial, producto americano. In: HOLANDA, S. B. de. *Raízes do Brasil*.

"raízes", debruça-se sobre a história da formação da sociedade brasileira e procura analisá-las a partir de uma tipologia composta por cinco pares de oposição: trabalho e aventura; método e capricho; rural e urbano; burocracia e caudilhismo; norma impessoal e impulso afetivo. Lançando mão de tal tipologia, o sociólogo esquadrinha as vicissitudes da constituição histórica da sociedade local e põe em relevo as contradições e males que lhe são inerentes.

Raízes do Brasil, contrariamente ao clássico de Freyre, não exalta um certo "modo de ser" do americano dos trópicos e nem prevê um destino heroico para a civilização brasileira. Mais contido e cético, Holanda prefere "torcer" pelo gradativo abandono das práticas socioculturais herdadas do passado agrário e escravocrata – o mesmo que Freyre descreve com tons afetuosos – e apostar na definitiva urbanização e democratização do país. Aparentemente, seu livro abre mão da busca de um sentido ou de uma ideia unificadora para construir a história pátria. Mas só aparentemente. Recordemos que Holanda é devedor daquela linhagem analítica que se interessa pelo denominado "processo de racionalização das sociedades ocidentais", processo tão caro a um de seus mestres, Max Weber.[15] O crescente avanço da racionalidade nas sociedades ocidentais atua, em sua obra inaugural, como uma baliza para a construção que propõe do passado e do presente da sociedade brasileira, ainda que tanto o passado como o presente – e esta é uma das causas das nossas mazelas – indiquem que temos percorrido, comparativamente a outras sociedades ocidentais, um caminho demasiado acidentado e pleno de obstáculos, caminho que

---

São Paulo: Companhia das Letras, 2006, p. 397-398; MONTEIRO, P. M.; EUGÊNIO, J. K. (org.). *Sérgio Buarque de Holanda*: perspectivas. Campinas (SP); Rio de Janeiro: Ed. Unicamp; Ed. UERJ, 2008.

15   Mas também, com vieses díspares, a Hugh Trevor-Roper, Norbert Elias, aos pensadores da denominada Escola de Frankfurt, a Michel Foucault e a tantos outros estudiosos da história moderna europeia.

retardou o avanço da sociedade brasileira – historicamente marcada pela afetividade, pelo personalismo e pela pouca coesão – rumo à racionalização e postergou a adoção entre nós de uma ética do trabalho. Ouçamos um pouco o próprio Holanda:

> É compreensível, assim, que jamais se tenha naturalizado entre gente hispânica a moderna religião do trabalho e o apreço à atividade utilitária. Uma digna ociosidade sempre pareceu mais excelente, e até mais nobilitante, a um bom português, ou a um espanhol, do que a luta insana pelo pão de cada dia. O que ambos admiram como ideal é uma vida de grande senhor, exclusiva de qualquer esforço, de qualquer preocupação. [...] Também se compreende que a carência dessa moral do trabalho se ajustasse bem a uma reduzida capacidade de organização social. Efetivamente o esforço humilde, anônimo e desinteressado é agente poderoso da solidariedade dos interesses e, como tal, estimula a organização racional dos homens e sustenta a coesão entre eles. Onde prevaleça uma forma qualquer de moral do trabalho dificilmente faltará a ordem e a tranquilidade entre os cidadãos, porque são necessários, uma e outra, à harmonia dos interesses. O certo é que, entre espanhóis e portugueses, a moral do trabalho representou sempre fruto exótico. Não admira que fossem precárias, nessa gente, as ideias de solidariedade.[16]

Eis o drama que trazemos do berço ibérico, que deu cara à sociedade colonial dos trópicos e que marcou de uma vez por todas o seu desenvolvimento: a sua adesão problemática, reticente e sempre parcial à ética do trabalho, ao raciocínio utilitário, aos modos regrados de organização social, em suma, ao crescente processo de racionalização das relações sociais que então avançava pelo Ocidente. Tal drama, o drama

---

16 HOLANDA, S. B. de. *Raízes do Brasil*. Rio de Janeiro: Livraria José Olympio, 1973, p. 10.

de uma racionalização mitigada pelos impulsos afetivos, cumpre na obra de Holanda um papel catalisador similar ao da miscigenação no pensamento de Freyre e à "tomada de consciência" no de Capistrano de Abreu. Em todos os casos, o que encontramos é aquilo que, abusando um pouco das palavras, poderíamos denominar um arranjo interpretativo para atribuir sentido à colonização, um arranjo que, mesmo não configurando propriamente um sistema, encontra a sua unidade em uma ideia central a partir da qual tudo mais se organiza e se esclarece – inclusive o período pós-colonial, que não se cansa de repetir o passado.

A questão de um sentido para a colonização, todavia, coloca-se com maior contundência e explicitude em pelo menos duas[17] outras importantes obras da historiografia brasileira: *Formação do Brasil contemporâneo* (1946), de Caio Prado Júnior, e *Portugal e o Brasil na crise do antigo sistema colonial* (1969), de Fernando Novais. Creio ser dispensável retomar o conhecido vínculo entre os dois autores e a tradição marxista. Daí o predomínio que ganha em suas análises da esfera econômica da sociedade brasileira, que atua no sistema que constroem como uma espécie de causa incausada das relações sociais. É tal predomínio que norteia a abordagem que os pesquisadores citados promovem do período colonial e garante a coerência do arcabouço que constroem para explicar o sentido da colonização portuguesa do Brasil e demonstrar a sua integração num complexo maior, denominado por Prado de "sistema colonial".

Comecemos por Caio Prado. Logo na abertura do conhecido capítulo "O sentido da colonização", o historiador esclarece-nos: "Todo povo tem na sua evolução, vista à distância, um certo sentido". Mais à frente, complementa:

---

[17] Há muitos intérpretes do período colonial, uns mais outros menos proeminentes, que sucumbem à tentação da "busca do sentido".

> É isto que se deve, antes de mais nada, procurar quando se aborda a história de um povo, seja aliás qual for o momento ou aspecto dela que interessa, porque todos os momentos e aspectos não são senão partes, por si só incompletas, de um todo que deve ser sempre o objetivo último do historiador [...].[18]

Prado, como podemos notar, não somente crê num sentido para a história de um povo, como advoga que tal sentido é atributo de um todo articulado num sistema. No tocante especificamente à história do Brasil, adianta-nos Prado, não somente a sua colonização insere-se num sistema mais amplo, o da expansão marítima dos países da Europa, depois do século XV, como ainda tem um sentido preciso:

> no seu conjunto, e vista no plano mundial e internacional, a colonização dos trópicos toma o aspecto de uma vasta empresa comercial, mais completa que a antiga feitoria, mas sempre com o mesmo caráter que ela, destinada a explorar os recursos naturais de um território virgem em proveito do comércio europeu. É este o verdadeiro sentido da colonização tropical, de que o Brasil é uma das resultantes; e ele explicará os elementos fundamentais, tanto no econômico como no social, da formação e evolução históricas dos trópicos americanos.[19]

O percurso de Novais para abordar a crise desse sistema iniciado com a expansão marítima não difere muito do de Prado, exceto pelo maior rigor sistêmico que procura imprimir em sua análise. Para ele, também, é o "sistema colonial do mercantilismo que dá

---

18 PRADO JÚNIOR, C. *Formação do Brasil contemporâneo*. São Paulo: Brasiliense, 1986, p. 19.
19 PRADO JÚNIOR, C. *Formação do Brasil contemporâneo*, p. 31.

sentido à colonização europeia entre os Descobrimentos marítimos e a Revolução industrial".[20] Novais está de acordo com Prado, igualmente, quando se trata de explicitar o sentido específico que toma a colonização do Brasil, uma das resultantes (para usarmos a expressão de Prado) desse sistema colonial articulado pelas classes mercantis das nações europeias. Acompanhemos o seu raciocínio:

> [...] em última instância, o regime do comércio colonial – isto é, o exclusivo metropolitano do comércio colonial – constituiu-se, ao longo dos séculos XVI, XVII e XVIII, no mecanismo através do qual se processava a apropriação, por parte dos mercadores das metrópoles, dos excedentes gerados nas economias coloniais; assim, pois, o sistema colonial em funcionamento configurava uma peça da acumulação primitiva de capitais nos quadros do desenvolvimento do capitalismo mercantil europeu. Com tal mecanismo, o sistema colonial ajustava, pois, a colonização ao seu sentido na história da economia das sociedades modernas.[21]

Como se vê, tanto Prado quanto Novais derivam o sentido da colonização do Brasil de um movimento do capitalismo mercantil e, posteriormente, industrial, movimento que não somente dá os contornos da vida econômica das colônias, como ainda, e isso é fundamental, condiciona e dá sentido à vida local, na medida em que a esfera econômica impõe-se como uma "determinação em última instância" sobre as demais esferas da sociedade.

Passemos, por fim, a um último exemplo: *O arcaísmo como projeto* (1993), de João Fragoso e Manolo Florentino. São sobejamente conhecidas nos meios historiográficos as divergências entre a interpretação

---

20 NOVAIS, F. A. *Portugal e Brasil na crise do Antigo Sistema Colonial (1777-1808)*, 6ª ed. São Paulo: Hucitec, 1995, p. 58.

21 NOVAIS, F. A. *Portugal e Brasil na crise do Antigo Sistema Colonial (1777-1808)*, p. 91-92.

do período colonial e de seu declínio proposta por Florentino e Fragoso e aquela construída por Prado, Furtado e Novais. Obviamente, não se trata aqui de negligenciá-las ou de tomá-las como menos importantes. Todavia, no tocante ao ponto em questão, o "sentido da colonização", as semelhanças se impõem. Em *O arcaísmo...*, também a esfera econômica, a seu modo – um modo nuançado, segundo os autores[22] –, tem papel preponderante – a tal causa incausada – e, aí também, a ideia de um sentido para a colonização – e mesmo para o que poderíamos denominar a "civilização brasileira" – impõe-se. A citação a seguir, retirada de um tópico sintomaticamente intitulado "Uma sociedade historicamente solidária com a exclusão", é um pouco longa, mas exemplar. Escutemos os historiadores:

> A cultura política das elites brasileiras contemporâneas as tem permitido transformar o sono sobre um barril de pólvora em repouso em berço esplêndido. Afinal, por séculos a fio elas não apenas conviveram como se reproduziram mediante a exclusão social, afirmação amplamente comprovada pelo fato de ter sido a escravidão (de indígenas e dos africanos e seus descendentes) o tipo de sociedade mais estável já conhecido no Brasil. Isso significa que, do ponto de vista sociológico, nossas elites acostumaram-se à contínua reiteração da diferença socioeconômica entre elas e todos os outros homens livres a partir da renda expropriada ao trabalho escravo. Os dados que temos apresentado demonstram a permanência estrutural da desigualdade na distribuição de renda entre os séculos XVIII e XX. Concentração e diferenciação parecem, portanto, imunes às distintas conjunturas econômicas, tanto aquelas próprias da escravidão quanto

---

22 FRAGOSO, J.; FLORENTINO, M. *O arcaísmo como projeto* – Mercado atlântico, sociedade agrária e elite mercantil em uma economia colonial tardia – Rio de Janeiro, 1790-1840. Rio de Janeiro: Civilização Brasileira, 2001, p. 18-19.

as do capitalismo deste final do milênio: é este o mais forte ponto de contato entre a elite contemporânea e as elites de outras épocas. [...] Eis um perfil a sugerir a permanência de certo padrão de acumulação de riquezas, o qual, tal como uma bactéria absolutamente infensa a antídotos, conseguiu ultrapassar a escravidão e adaptar-se ao nosso capitalismo tupiniquim.[23]

É essa "bactéria" com invejável capacidade adaptativa, bactéria cultivada a princípio entre os ibéricos, que desgraçadamente dá sentido à sociedade brasileira, à colonial, sem dúvida, mas também àquela que construímos ao longo dos séculos XIX e XX, uma sociedade que, para manter-se e reproduzir-se, desde muito cedo aprendeu a reinventar e a perpetuar os mecanismos de exclusão socioeconômica inventados ao longo de três séculos de colonização. Longe estamos, aqui, sem dúvida, do "alvorecer do Brasil e do brasileiro", de Capistrano de Abreu e Sílvio Romero, ou da "miscigenação redentora", de Freyre, ou do "avanço purificador", ainda que lento, da racionalidade ocidental, de Holanda, ou mesmo do círculo vicioso da exploração e da dependência, de Prado e Novais. Todavia, o "arcaísmo" não deixa de ser, também ele, uma constante da história da sociedade brasileira, mais uma; constante que dá unidade, significado e sentido a essa história.

Pois bem, depois de tantos exemplos, admitamos, então, mesmo que com muitas reticências, que haja realmente, arraigada nas práticas de um número substantivo de historiadores – por vezes, de modo "selvagem", inconsciente, derivado simplesmente de um "seguir a maré", por vezes como um anseio consciente e maduro –, uma constante preocupação em encontrar um sentido para a colonização e mesmo para a história do Brasil. Admitamos, também, que este seja um problema (?) persistente, problema que há quase dois séculos rouba a energia e

---

23 FRAGOSO, J.; FLORENTINO, M. *O arcaísmo como projeto*, p. 235-236.

Questões que incomodam o historiador III

alimenta as esperanças de muitos pensadores locais. Restaria, ainda, responder a quais motivações, afinal, se deve atribuir tão poderosa obsessão. É certo que não se trata nem de uma curiosa coincidência, nem de um "reflexo" mais ou menos direto de um interesse de grupo – uma espécie de "ideologia da classe dominante" –, nem, tampouco, de um traço atávico inscrito no caráter do brasileiro, como suspeitaria um pensador como Sílvio Romero.

A resposta, sem dúvida, encontra-se naqueles mecanismos socioculturais de produção da verdade sobre a história pátria que a sociedade brasileira engendrou desde a Independência, melhor, desde os tempos de D. João VI. Descrever tais mecanismos – demarcar o lugar que ocuparam os autores arrolados nas sociedades a que pertenceram, avaliar o alcance do seu discurso, identificar os lugares em que esses discursos foram produzidos e divulgados, elencar os conceitos, temas e objetos que elegeram para análise, em suma, traçar uma história genealógica da historiografia dedicada ao Brasil e extrair daí uma história da ideia de sentido – é, no entanto, uma missão, uma importantíssima missão que este ensaio não tem a mínima intenção de levar a cabo, um ensaio modesto, desambicioso, interessado tão somente em apontar uma das possíveis constantes do discurso historiográfico sobre o período colonial, em descrever uma questão que há tempos apoquenta não poucos historiadores brasileiros.

II

HISTÓRIA E LINGUAGEM

Biografia, história e literatura.
Um (velho) novo desafio para o historiador

Ana Isabel Buescu

Por razões sociológicas e culturais as mais diversas, assiste-se no mundo contemporâneo à revivescência de um gênero literário que ocupou os nossos avós no século XIX, erigindo-se como uma das formas narrativas que maior êxito de massas alcançou então. Os mestres pioneiros do romance histórico foram Walter Scott (1771-1832) na Inglaterra, de que a obra mais emblemática foi o seu lendário *Ivanhoé* (1819) e, mais tarde, na França, Alexandre Dumas (1802-1870), com *Os três mosqueteiros, O colar da rainha,* ou *O Conde de Monte Cristo*. A sua grande inovação como escritores foi a de tomarem a matéria histórica como matéria essencial de construção dos seus edifícios ficcionais, entrelaçando história e a literatura, o fato e a ficção. Foram autores e obras que se tornaram, à escala de então, fenômenos de popularidade e enraizaram um gênero literário cuja fortuna, com períodos de maior fulgor ou de apagamento, perdurou, e toma novo e indiscutível fôlego nos nossos dias.

Colocando-nos no ponto de vista da história, muitos nomes relevantes da historiografia, como sucedeu também em Portugal, deixaram-se tentar, diríamos mesmo, fascinar, naqueles tempos do Romantismo, pelo romance histórico. Entre eles temos de destacar, para o caso português, o maior historiador do Oitocentos, Alexandre Herculano (1810-1870), que publicou três importantes romances históricos situados na época mais amada pelos escritores e artistas românticos, a Idade Média, com as suas obras *O bobo* (1843), *Eurico, O presbítero* (1844) e *O monge de Cister* (1848).

O advento de profundas mutações na historiografia, que germinavam desde o início do século xx, num mundo que mudava globalmente e que fazia, também, novas experiências intelectuais, culminou, como veremos, na afirmação da chamada *nouvelle histoire* francesa, a partir dos anos 1950/60, em que pontificaram nomes fundacionais como March Bloch (1886-1944) e Lucien Febvre (1878-1956) e, numa geração posterior, historiadores como Fernand Braudel (†1985), Georges Duby (†1996), ou Jacques Le Goff (nº 1924). A nova história representou uma inovação epistemológica e intelectual muito importante, a abertura decisiva de novos territórios, problemáticas e, em suma, numa nova maneira de fazer história e de encarar os objetos e fatos do passado como representações do homem no tempo. Nesse contexto, que valorizava os amplos movimentos coletivos e menos uma história de recorte individual, o romance histórico, profundamente enraizado na escrita oitocentista e com um público fiel, sofreu um inegável eclipse, de que se recupera hoje, de forma fulgurante, bem como, no campo da história, a biografia. É pois, em torno dessa questão, central na historiografia atual, e em articulação com os laços com a literatura, que proponho a minha reflexão.

De uma forma geral e breve, sem termos a pretensão de dizer algo de absolutamente novo, a tarefa "ideal" do historiador seria a de aspirar, sempre, a uma história total, em que nada do que é humano fosse estranho à história, de que falaram os grandes mestres como Bloch, Febvre ou Braudel. Em termos de desafio ao historiador, trata-se sem dúvida de uma tarefa e de um objetivo bem mais complexos, mas também mais estimulantes, mesmo que saibamos que não poderemos na realidade atingi-los. E que faz da história, como dizem alguns dos seus detratores, um saber definitivamente "imperialista".

Mas nem sempre foi assim. Na verdade, já na Antiguidade greco-romana a história, saber central de todas as civilizações, pois lida com a memória e a sua conservação – e portanto também com os poderes –, obedecia a critérios bem claros e indiscutidos que condicionavam e configuravam o seu rosto: uma base narrativa com base no "império" do acontecimento, do factual, exprimindo o prisma do poder e dos vencedores, num quadro de total supremacia de uma história política e militar. Estes parâmetros foram sendo transmitidos e, salvaguardadas evidentemente características próprias, contextos e idiossincrasias, assim veio a suceder na tradição cronística dos reinos do Ocidente medieval. No século XIX, a história, enquanto disciplina autônoma, sofreu um notável impulso, verificando-se um esforço imenso do positivismo francês e do historicismo alemão na publicação de fontes, no afinar de métodos, na busca do rigor heurístico e hermenêutico, mas a supremacia de uma história política vista sob o prisma dos grandes acontecimentos e do poder manteve-se, de uma forma geral.

No século XX, como já ventilamos, num quadro de viragem civilizacional que temos obrigatoriamente de ver em articulação com os dois grandes conflitos mundiais da primeira metade do século, surgiram novos fundamentos, uma apologia da história e do ofício do historiador, como propugnava Marc Bloch em livro inacabado,[1] e novos "combates pela história", para retomarmos expressão consagrada

---

[1] E póstumo, publicado com o título *Apologie pour l'histoire, ou métier d'historien* em 1949, após o seu assassinato pelos nazis em 1944.

por Lucien Febvre.² Entre eles, um novo desafio para o historiador: a história é vista como uma construção, os "fatos" não se impõem a quem deve interpretá-los, ao contrário do que defendia, e praticava, a historiografia positivista; para esta, os fatos existiam, cabia ao historiador ordená-los e dar-lhes (ou não) a devida importância ou, definitivamente, lançá-los no esquecimento. Ou seja, uma das aquisições maiores é a concepção de que a história não se faz *ad aeternum*, mas é uma contínua "teia de Penélope", que se faz e desfaz, conforme o olhar, a interpretação e a construção do historiador – de cada historiador –, num assumido caráter provisório, mas também numa definitiva plasticidade do "fazer história". Mas a *nouvelle histoire* trazia outros combates: a rejeição intelectual da supremacia da história política e do acontecimento e o combate por uma história estrutural, um novo papel para o indivíduo, que deixava de ser um ator isolado e voluntário do processo histórico para ser entendido no quadro e no contexto dos grandes movimentos coletivos; finalmente, tratava-se de enraizar a noção e praticar uma história com múltiplos pontos de vista, e não só os dos poderes: uma história "ao rés do solo", que procurasse, também, os "silenciados da história" (pobres, marginados, minorias...), ou objetos até então considerados menores (alimentação, moda...) ou, pelo menos, fora da "órbita" do historiador.

Nos anos 1950, numa Europa em plena reconstrução, os campos historiográficos mais atrativos para os então jovens investigadores e aqueles que por eles eram mais cultivados e trabalhados eram sobretudo os da história econômica e, nos anos 1960 e 1970, a história social, mas, no âmbito de uma grande abertura intelectual e na procura de novos objetos e de novos territórios do historiador, novas temáticas iam surgindo e enraizando-se progressivamente, como vimos. O seu

---

2   FEBVRE, L. *Combats pour l'histoire*. Paris: Armand Colin, 1952.

símbolo era, de há muito, a célebre revista de história *Annales*, fundada em 1929 por Marc Bloch e Lucien Febvre, com o título original de *Annales d'histoire économique et sociale*, hoje *Annales. Histoire, Sciences sociales*, editado pela École des Hautes Études en Sciences Sociales. Esta publicação posicionou-se, e de forma estreita, na própria origem da École des Annales.[3]

Com os *Annales*, em que pontificaram Marc Bloch e Lucien Febvre, renovada no período entre as duas guerras com o aparecimento desta revista fundadora, dirigida entre 1946 e 1968 por Fernand Braudel, a história encontrou um caminho renovado sobretudo, como sublinha François Furet, "[...] no recuo dos seus limites tradicionais e pela abertura de oficinas 'históricas' em todos os setores então banalizados por outros tipos de saber, como as ciências sociais".[4] De fato, ela relançou a historiografia francesa nos seus pressupostos, mas também na sua relação com as outras ciências sociais, convergindo para a emergência da *Nouvelle Histoire*, uma das mais impactantes e inovadoras escolas historiográficas do século XX. Em 1978, era já possível fazer um primeiro balanço dos novos caminhos abertos e trilhados; e assim era publicada, sob a direção de Jacques Le Goff, um volume intitulado precisamente *La Nouvelle Histoire*, em que vários dos historiadores desta nova geração definiam e sistematizavam temas como o tempo da história – a curta e a longa duração –, a história estrutural por oposição a uma história meramente factual, e dissertavam sobre esses novos territórios, como a então novíssima história das *mentalités*, da cultura

---

3   É interessante seguir a evolução do título da revista: 1929–1938: *Annales d'histoire économique et sociale*; 1939-1941: *Annales d'histoire sociale*; 1942–1944: *Mélanges d'histoire sociale*; 1945: *Annales d'histoire sociale*; 1946-1993: *Annales. Économies, Sociétés, Civilisations* (ou *Annales* ESC); desde 1994: *Annales. Histoire, Sciences sociales* (ou *Annales* HSS).

4   FURET, F. *A Oficina da História*. Lisboa: Gradiva, 1986, p. 7.

material, do imaginário, dos marginais ou a intersecção com outros saberes e ciências sociais, como a antropologia histórica.[5]

Ora, depois de um período de relativa obscuridade, não por não ser um gênero cultivado, mas porque deixara de ocupar um lugar destacado no elenco das preocupações intelectuais do historiador e do seu "fazer história",[6] a biografia retorna, nos dias de hoje, fulgurante, ao território do historiador – e até fora dele. Não se trata de um epifenômeno, mas de uma tendência geral que se vem manifestando nas várias historiografias nacionais, entre as quais a portuguesa. A expressão mais consistente desta inflexão, para lá de muitas biografias avulsas que vão sendo publicadas, são as coleções das biografias dos reis (2005-2008) e, mais recentemente, das rainhas de Portugal (2011).[7]

Este retorno da biografia é, do meu ponto de vista, indissociável do retorno de uma história política, e portanto uma história de um tempo mais curto, que reage contra a história das grandes estruturas, de um tempo longo (a *"longue durée"* braudeliana), que fora um dos trunfos e uma das características da história dos *Annales* – uma história por vezes quase imóvel.[8] Um dos paladinos desse retorno, na recente historiografia portuguesa, é Maria de Fátima Bonifácio, do Instituto de Ciências Sociais da Universidade de Lisboa, não apenas através de

---

5   LE GOFF, J.; CHARTIER, R.; REVEL, J. (org.). *La Nouvelle Histoire*. Paris: Retz, 1978.

6   Curiosamente, foi da pena de Lucien Febvre, um dos "pais" da *nouvelle histoire* francesa, que saiu uma das melhores biografias escritas por um historiador no século XX, a sua celebrada obra publicada em 1928, *Un destin. Martin Luther*. Também neste caso, estamos perante um grande livro de história, pela pena de um grande escritor.

7   Ambas as colecções são editadas pelo Círculo de Leitores.

8   O historiador que, em definitivo, tornou a longa duração (*longue durée*) uma das características mais marcantes da nova história é precisamente Fernand Braudel, com *La Méditerranée et le Monde Méditerranéen à l'époque de Philippe II* (1949) e *Civilisation matérielle, économie et capitalisme, XVe-XVIIIe siècle* (1979).

uma prática historiográfica, mas com base numa posição intelectual explicitamente assumida.[9]

As relações entre a história e outras disciplinas e saberes têm de partir do claro pressuposto de que seccionamos para melhor compreendermos – antropologia, sociologia, história... –, o que não quer dizer que retiremos especificidade ou identidade aos vários saberes. Mas talvez fosse Marc Bloch quem, já longinquamente, tinha razão ao apenas distinguir (de forma generosamente ideal) uma única "ciência do homem, unindo o estudo dos mortos e dos vivos", razão talvez apenas teórica porque, afinal, inexequível... Não sendo possível essa ciência do homem, e na consciência de que seccionamos o passado, tornou-se no entanto vital, para o historiador, abater os muros que isolavam (isolam?) as disciplinas, processo em que, do ponto de vista da história, a história dos *Annales*, e figuras como Lucien Febvre, Marc Bloch ou Fernand Braudel tiveram um papel cimeiro.

Assim, superado o paradigma unilateral da história política e do acontecimento, a história econômica, a demografia histórica, a história do clima, a antropologia histórica, por exemplo, criaram decisivas articulações entre a história e as ciências sociais, num processo que também viria a abrir a história a outras conexões, como a linguística e a psicanálise, que assim entraram, também, no horizonte do trabalho do historiador. Tal processo era fundamentalmente de sentido inverso ao que presidira ao nascimento das diversas ciências sociais no final do século XIX, que, pelo contrário, nasceram sob o signo de conflitos teóricos e corporativos, que presidiram à sua legitimação como ciências.

Quanto à literatura, a relação e os pontos de intersecção com a história foram sempre, e continuam a ser, singulares. Tal fato explica-se,

---

9 BONIFÁCIO, M. de F. *Apologia da história política. Estudos sobre o século XIX português*. Lisboa: Edições Quetzal, 1999.

em primeiro e decisivo lugar, porque ambas partilham de uma mesma forma de discurso: o discurso narrativo. Esta questão condiciona a "eterna" ambiguidade das relações entre a história e a literatura, sobretudo num momento, como o de hoje, em que assistimos, do ponto de vista da história, a uma inegável revivescência da história narrativa, e ao revigoramento da intersecção entre ambas através do romance histórico.

Revisitemos algumas das questões e conceitos que, do meu ponto de vista, são necessários ao entendimento da problemática das relações entre história e literatura: são eles os conceitos de verdade, verossimilhança e ficção. A verdade era, para os Antigos, não só uma mestra da vida – dimensão moral que vai subsistir durante séculos e persistir na cultura europeia ocidental –, mas ancorada na verdade – ou no que se ia considerando a verdade – dos acontecimentos, cuja sucessão, inteligibilidade e compreensão eram sustentados por uma narrativa considerada verdadeira; daí a divergência progressivamente mais sólida e intelectualmente instituída entre história e mito, por exemplo, mas também entre história e ficção – sendo que, em todos estes casos, era o discurso narrativo que os sustentava. Foi essencialmente este fundo e este impulso que nortearam o desenvolvimento e o aperfeiçoamento do discurso histórico ao longo dos séculos, dos seus instrumentos, das suas metodologias, na sua procura de rigor e confirmação e reconfirmação de fatos, datas e acontecimentos. Não que o mito, o sonho, o imaginário ou a manipulação, consciente ou não, de fatos e sucessos estivessem ausentes da história, longe disso, por vezes, mesmo muito longe. Mas o almejo da história era, é, para melhor conhecer homens e civilizações, a procura do estabelecimento da verdade dos fatos – ou pelo menos de *uma* verdade, sempre incompleta e provisória – na longa, tortuosa e tantas vezes obscura caminhada dos homens no tempo.

Podemos, pois, constatar e concluir uma realidade básica do "fazer história": a história é, no seu âmago e de forma diríamos "natural", alheia à ficção. No mundo atual, é um fato indiscutível e palpável o protagonismo da história; em certo sentido – talvez também fruto de um tempo de profunda e complexa crise que leva os indivíduos a procurar ancorar-se em memórias e identidades –, nunca se falou tanto de história e do passado como hoje, correspondendo a um fascínio que a história continua a exercer. Já nos idos dos anos oitenta do século passado, o grande medievalista francês Georges Duby constatava o poder da história e a sua capacidade para "saltar" dos muros da academia, ao assegurar na televisão francesa, em tempo nobre, um programa sobre história medieval que, para admiração de muitos, obtinha tanto sucesso como as *soap opera* do tempo... Hoje, esse protagonismo da história é definitivamente peculiar – a história é apropriada por uma cultura de massas que a mistura com a ficção, numa composição sincrética que responde a orientações de gosto que se massificam, e de que o fenômeno Dan Brown, com os seus milhões de exemplares vendidos e adaptações cinematográficas, bem como os seus inumeráveis subprodutos e imitações aí estão para comprovar. No caso português, a versão mais próxima e conseguida, em termos dos resultados que se pretendem alcançar, é a do jornalista José Rodrigues dos Santos, cujas obras têm alcançado em Portugal um êxito editorial sem precedentes.[10]

Paralelamente, assistiu-se nos últimos anos em Portugal, com raízes (quase) solitárias nos anos oitenta do século XX, com Fernando Campos,[11] a uma retomada do gênero do romance histórico,

---

[10] Entre outros, *O codex 632*, 2005; *A fórmula de Deus*, 2006; *O sétimo selo*, 2007, ou *O último segredo*, 2011.

[11] Com o excelente romance *A casa do pó*, publicado em 1985, e que teve um assinalável êxito, numa época em que o gênero não tinha ainda saído de uma certa obscuridade entre nós. Publicaria ainda, a um ritmo irregular, outros romances históricos de qua-

amplamente glosado no século XIX português, como já referimos, que mais recentemente se volveu em verdadeira "explosão", com o inundar do mercado – pois assim se lhe deve chamar – por largas dezenas de biografias e romances históricos, mais ou menos conseguidos, mais ou menos menores e circunstanciais, mas que confirmam a tendência. Neste impulso editorial, que responde mas também vai configurando gostos e mercados, romances e biografias em torno de figuras como Filipa de Lencastre, Inês de Castro, Cristóvão Colombo, D. Sebastião, Salazar, reis e rainhas, bastardos e heróis, até romances biográficos na "primeira pessoa", em que são os próprios protagonistas a "contar-se" e ao seu destino e peripécias quotidianas,[12] destacam-se os romances históricos de Isabel Stilwell, sobre Filipa de Lencastre (2007), que constituiu um rotundo êxito editorial, com edições sucessivas, assim como sobre Catarina de Bragança (2008). Verificam-se, até, casos de coincidência nas figuras históricas abordadas, simultaneamente pela ficção histórica e pela história – é o caso, por exemplo, de Catarina de Bragança, cujo percurso de vida foi tema do romance histórico acima mencionado, de Isabel Stilwell, e de uma biografia "canônica" do ponto de vista historiográfico, por parte de uma jovem historiadora, Joana Troni.[13]

Presente em toda esta problemática está, também, a reatualização da posição do historiador perante o romance histórico. Podemos dizer que, pelo menos em Portugal, país cuja historiografia registou avanços e desenvolvimentos sem precedentes depois do 25 de abril de 1974, a questão da experiência do género da ficção histórica não se colocou

---

lidade, como *A esmeralda partida* (1995), a *Sala das perguntas*, sobre Damião de Góis (1998), ou a *Ponte dos suspiros*, sobre D. Sebastião (2000).

12 Como sucede com os romances de Maria Pilar del Hierro, *Eu, Leonor Teles. A dama maldita* ou *Memórias da rainha santa, Inês de Castro* (2005).

13 TRONI, J. A. *Catarina de Bragança (1630-1705)*. Lisboa: Colibri, 2008.

durante décadas, ao contrário do que já sucedia, com maior ou menor expressão, na Espanha, França ou Inglaterra. Pura e simplesmente, em Portugal, essa possibilidade estava arredada das cogitações, interesses e práticas do historiador. Hoje, começa a não ser assim, o que conduz a duas principais consequências: em primeiro lugar, o historiador de profissão, o acadêmico, entende poder alargar a experiência da escrita, de uma escrita que profissionalmente tem de obedecer a determinados critérios, à ficção, sem por isso deixar de ser historiador; e, em segundo lugar, o espaço da escrita da ficção histórica, que fora por assim dizer "ocupada" sobretudo por jornalistas, embora não só, recebe agora a "concorrência" do historiador. Questão que não deixa, a vários títulos, de ser interessante e significativa.

Tal atitude é, como se compreende, absolutamente legítima, e como já evocamos, muitos nomes ilustres da historiografia do passado, como Alexandre Herculano, fizeram essa experiência intelectual. Mas ela é intelectualmente legítima desde que haja uma necessária distinção de campos, que nem sempre é nítida, sobretudo por parte e por pressão de um público cada vez mais massificado, que em muitos casos não distingue a matéria histórica da matéria ficcional, sobrepondo-as numa leitura sincrética. E essa é, do meu ponto de vista enquanto historiadora, a questão central. É preciso distinguir e tornar nítida essa distinção: uma coisa é a ficção narrativa, ainda que dotada de *verosimilhança*, quer do ponto de vista das figuras criadas, quer de uma contextualização histórica sem anacronismos, fiel e rigorosa, mas que se ancora, também, na liberdade da criação literária. O romance histórico assenta, precisamente, nessa capacidade ficcional a partir de figuras e/ou acontecimentos ocorridos num tempo e num espaço, mas em que, de forma historicamente verosímil, evoluem figuras e indivíduos que podem nem sequer ter tido uma existência real: estamos, e muito legitimamente, no universo ficcional, em que se situa o romance histórico.

Outra coisa é a história. A história é um estudo cientificamente conduzido do passado – não penso que seja uma ciência... – através da convocação e do uso de instrumentos próprios, metodologias, rigor no estabelecimento dos fatos, e... perguntas e interpelações que são essenciais ao trabalho do historiador porque, ao contrário da ilusão da história positivista, não são os fatos que se impõem ao historiador. Perante os fatos, é o historiador quem interpreta, dá sentido, reconstrói memórias a partir de fragmentos de um passado que se procura compreender, sem nunca poder pretender ter alcançado uma "verdade" pétrea e definitiva. Foi isso e é isso que nos ensinaram e ensinam os grandes mestres – Alexandre Herculano, Gama Barros, Vitorino Magalhães Godinho, José Sebastião da Silva Dias, José Mattoso, Oliveira Marques, Luís de Albuquerque, Salvador Dias Arnaut, Borges de Macedo e tantos outros...

Em suma: a linha de demarcação fundamental entre a história como disciplina e a literatura é a questão do elemento ficcional – na verdade, e de forma singela, digamos que esse elemento é legítimo e inerente ao gênero literário, e é ilegítimo no gênero historiográfico. Da mesma maneira, e simetricamente, sendo que a ficção histórica é habitada por uma narrativa que se pretende literária, é importante ter a consciência da abissal diferença entre o grande romance histórico, como é o caso, falando do romance histórico contemporâneo, das excepcionais criações de Marguerite Yourcenar (†1987),[14] ou de Umberto Eco[15] que são, em simultâneo, grandes obras literárias e até filosóficas, e os inevitáveis subprodutos, para cujos autores tudo resulta e se vende desde que haja,

---

14 Falo das *Mémoires d'Hadrien* (1951) e de *L'Oeuvre au noir* (1968).
15 O Eco do *Il nome della rosa* (1980).

em quadro histórico, uma pitada de suspense, sexo e aventura... E não deixam de ter razão... mas não é literatura.

Voltando à nossa questão central e diferenciadora, que é a do elemento ficcional, ausente do discurso historiográfico, tal não significa que, no âmbito de uma interdisciplinaridade e articulação entre todas as ciências sociais e humanas, do ponto de vista da história não exista uma ligação ao mundo da literatura com a qual a história partilha, aliás, um laço indiscutível, já aqui várias vezes evocado: para lá de qualquer outra consideração, há uma realidade insofismável que as liga: ambas são narrativas, e ambas são construções (não tenhamos a veleidade de considerar que a história é "a verdade", a história "tal qual se passou"). Não deixa de ser significativo verificar como, em França, o recente debate (*et pour cause...*) em torno das fronteiras entre a história e a literatura traga para primeiro plano a figura de Jules Michelet (1798-1874), considerado o "pai" da historiografia francesa no século XIX com a sua monumental *Histoire de France*. Historiador brilhante, escritor admirável, tornou-se a figura certa para o atual debate em torno da história, da narrativa e da literatura.[16]

O reconhecimento da diferença essencial entre história e literatura, a questão do elemento ficcional, é muito nítido a propósito de um gênero específico, que aqui tomaremos como exemplo: o romance de cavalaria, gênero de grande popularidade e circulação na época medieval. No início da Época Moderna, a publicação do *Amadis de Gaula*, em 1508, veio relançar, em toda a Europa, a voga da literatura novelesca e dos romances de cavalaria.[17] Como observa, de forma sugestiva,

---

16   Ver o "Dossier Michelet" na revista *L'Histoire*, n° 143, abril de 2011.

17   ALMEIDA, I. *Livros Portugueses de Cavalarias, do Renascimento ao Maneirismo*. 1998. Tese (doutorado) – Faculdade de Letras da Universidade de Lisboa, Lisboa, 1998; recente ponto de situação em DÍAZ-TOLEDO, A. V. Os livros de cavalarias renascentistas nas histórias da literatura portuguesa. *Península. Revista de Estudos Ibéricos*, n° 3, 2006, p. 233-247.

Vitorino Magalhães Godinho a propósito da publicação do *Amadis*, num tempo que não comportava já o ascendente da cavalaria na ordem social, a literatura recuperava, nostalgicamente, a voga da aventura e o protagonismo do cavaleiro.[18] O *Amadis* tornou-se a partir de então um modelo profusamente imitado e glosado, como sucedeu, com João de Barros (c. 1496-1570) e a sua *Crónica do Imperador Clarimundo, donde os Reis de Portugal descendem*, sua obra de estreia como escritor, um longo e denso romance de cavalaria que o autor ofereceu ainda em manuscrito ao rei D. Manuel em 1520,[19] onde se fantasiam e exaltam as origens lendárias da casa real portuguesa.[20]

De tal maneira a *Crónica*, afinal um romance de cavalaria, agradou a D. Manuel, que este manifestou o desejo de que João de Barros se encarregasse da escrita destas "cousas das partes do Oriente", já que até então, apesar de pretender celebrar os feitos portugueses, "nunca achara pessoa de que o confiasse".[21] A própria reação do rei, de acordo com Barros, é eloquente e simbolicamente emblemática desse cruzamento possível e fascinante, entre a história e a ficção, interseção deliberadamente procurada pelos romances de cavalaria. Num outro plano, não deixa de ser interessante verificar como, no caso de João de Barros, o percurso é o da ficção para a história. Só

---

18   GODINHO, V. M. Inovação e permanências nos séculos XV e XVI entre mito e utopia. In: *Mito e mercadoria. Utopia e prática de navegar. Séculos XIII-XVIII*. Lisboa: Difel, 1990, p. 140-2.
19   A edição *princeps* é de 1522.
20   Sobre esta obra e seus significados, PAIXÃO, R. S. *Aventura e identidade*. História fingida das origens e fundação de Portugal: "Crónica do Imperador Clarimundo", *um livro de cavalarias do quinhentismo peninsular*. 1996. Tese (doutorado em Literatura Portuguesa) – Faculdade de Ciências Sociais e Humanas, Universidade Nova de Lisboa, Lisboa, 1996.
21   João de Barros, *Década I (1552)*, Prólogo.

depois da experiência do *Clarimundo*, Barros se tornará o historiador das *Décadas* à maneira de Tito Lívio.

Ora, salvaguardadas as distâncias e as naturais diferenças, evidentemente, sobretudo o argumento moral, hoje ausente, há uma analogia irrecusável entre o recrudescimento do romance histórico nos dias de hoje, e a nova atualidade do debate entre a história e a ficção, e o que se passou no século XVI com o relançamento dos romances de cavalaria. Na verdade, este reaparecimento da voga das façanhas cavaleirescas no século de Quinhentos veio abrir um debate em que se envolveram moralistas, tratadistas e autores de toda uma literatura normativa destinada à educação de príncipes e da aristocracia, e um público que, nas cortes e nas casas nobres sobretudo, clamavam pelos seus heróis medievais. Na verdade, o debate fazia-se entre um público ávido das aventuras dos Amadises vários, e a moral cristã, e os pedagogos de príncipes, ambos unidos na condenação veemente e sistemática dos romances de cavalaria e da sua leitura, pois se tratava – e atente-se na adjetivação escolhida – de literatura "mentirosa e vã". O contraponto ao universo ficcional dos romances de cavalaria devia ser a história, a "história verdadeira" feita de heróis verdadeiros e não inventados: daí a fortuna, nos séculos XV e XVI, de obras e historiadores da Antiguidade Clássica, como sucedeu com autores altamente estimados e valorizados no Renascimento, como Tito Lívio (59 a.C.-17 d.C.) – *Ab Urbe Condita* (*As Décadas*, sobre a história de Roma em 142 livros) –, Júlio César (c. 102-44 a.C.) – *De Bello Gallico* (sobre as suas campanhas na Gália) –, Salústio (86-34 a.C.) – *Bellum Catilinarum* (sobre a conspiração de Catilina) ou Suetónio (c. final séc. I d.C.-?) – *Vidas dos Césares* (vidas dos 12 primeiros césares, de Júlio a Domiciano). Outro importante autor foi Plutarco (c. 46-120), praticamente desconhecido na época medieval, e que o humanismo do século XV recuperou, nomeadamente as suas *Vitae Parallellae* (*Vidas Paralelas*), que rapidamente alcançaram ampla difusão: consiste esta obra numa série de biografias de homens ilustres da Antiguidade, como Péricles, Sólon, Pirro, Alcibíades, Licurgo, Alexandre, Júlio César. Em causa está, nesta sucessão de breves biografias, o ideal heroico, mas também, indiscutivelmente, a noção da "história verdadeira", fora do universo ficcional, como verdadeira *magister vitae*.

Assim, portanto, a partir do século XVI, estes historiadores contaram-se entre as leituras vivamente recomendadas para príncipes e grandes senhores, para seu exemplo e aquisição de virtudes, porque forneciam histórias verdadeiras de heróis reais,[22] ao contrário da literatura de cavalaria. É talvez Diego Gracián, no Prólogo da sua edição dos *Moralia* de Plutarco, publicada em 1548, quem de forma mais nitidamente recortada estabelece o confronto entre "[...] *estos libros fingidos de cauallerias y patrañas fingidas*[...]", e o exemplo não só verossímil, mas verdadeiro, das histórias veiculadas por Plutarco. No fim de uma longa diatribe (fols. 8-9), conclui, dirigindo-se ao imperador Carlos V, a quem dedica a obra:

> Assi que en lugar de Tristanes/Reynaldos florisandos/primaleones Palmerines y Duardos y otros cien mil tales que hinchen los papeles de mentiras donde muchas personas muy amenudo gastan sus buenas horas por medio desta traslacion tomaran vn passatiempo no menos prouechoso que deleytable y honesto los que quisieren gozarlo en conoscer quiê fueron Emperadores/Reyes/Principes/y efforçados capitanes y otros varones y mugeres illustres dignos de memoria [...].[23]

---

22 BUESCU, A. I. *Imagens do príncipe*. Discurso normativo e representação (1525-1549). Lisboa: Cosmos, 1997, p. 80.

23 GRACIÁN, Diego, Prologo aos *Moralia* de Plutarco, 1548, fol. 9.

Trata-se de uma clivagem que deixa lastro...: Quando, já no século XVIII, o filósofo e empirista escocês David Hume (1711-1776) faz a afirmação categórica de que "todos os novelistas são mentirosos de profissão",[24] o que estava ele, fundamentalmente, a afirmar, a não ser uma idêntica consciência da clivagem essencial entre história e literatura, entre história, verdade, verossimilhança e ficção, reflexão de onde partimos?

Tal não significa que, no âmbito de um diálogo interdisciplinar, nem sempre fácil, entre todas as ciências sociais e humanas, de que tanto história como literatura são parte integrante, do ponto de vista da história não possam existir relações com o universo da ficção, com interesse e importância para a história e o trabalho do historiador. Na realidade, para lá da ambiguidade que nos ocupou, existe também uma inegável e indiscutível pertinência no diálogo entre história e a literatura que, do meu ponto de vista, reside sobretudo no campo das representações mentais, dos imaginários, ou seja, do que não resulta da experiência vivida mas de uma construção mental e/ou ideológica, em suma, de uma história das mentalidades. Evocando agora um exemplo maior da literatura portuguesa no século XVI, Gil Vicente (1465?-1536), como não ver no conjunto da sua poderosa obra literária, também um extraordinário repositório de práticas, representações mentais, imaginários, crenças e interditos, que além de tudo podem também ser testemunhos históricos preciosos? Nesse sentido, e dada a abertura de campo nos territórios do historiador, em grande medida devida ao labor da escola dos *Annales*, o testemunho literário pode ser importante e até decisivo para a história em temas como a morte, o amor, o casamento, a mulher, a criança, e tantos outros; mas, na medida em que a obra literária não corresponde a uma realidade mas é uma construção ficcional, há sempre uma necessária reserva, por parte

---

24 HUME, David, *A Treatise of Human Nature*, 1739-40, I.

do historiador, em fazer do texto literário um simples reflexo de uma prática social do tempo. Efetivamente, mesmo na época do *verismo* e do realismo como escola literária do grande romance burguês europeu do século XIX, o romance mostra muito mais do que um reflexo ou um testemunho direto de uma prática social comum, impondo uma leitura mais complexa.

Em todo o caso, é inegável o interesse para o historiador de elementos da criação literária. No caso português, os romances de Júlio Dinis (1839-1871), por exemplo, longamente desvalorizados, constituem e são reconhecidos hoje como um importante repositório para o trabalho do historiador do século XIX, em particular no que diz respeito ao período da instauração do liberalismo em Portugal.[25] Ou o grande "fresco" de *Os Maias* (1888) de Eça de Queirós (1845-1900), em que, para lá da genialidade literária e linguística, o historiador encontra informação sobre quadros e práticas de sociabilidade, o passeio público, a cidade de Lisboa; numa outra escala, os grandes romances de Émile Zola, Victor Hugo ou Charles Dickens constituem poderosas construções ficcionais, mas são também importantíssimos como testemunhos para uma mais ampla compreensão da situação social da época em que foram escritos, como sucede em tantos autores brasileiros, de que destaco Machado de Assis, Jorge Amado, Érico Veríssimo... Para épocas mais recuadas, contudo, a própria rarefacção de outros tipos de testemunhos, o silêncio de umas fontes, o caráter fragmentário de outras, fazem com que o testemunho literário, mesmo sabendo nós que é uma construção ficcional, ganhe uma outra densidade como testemunho do passado. Pois que o que nos resta, para além dela, é muitas vezes o silêncio.

---

25 Entre 1868 e 1871, ano da sua morte, Júlio Dinis publicou *A morgadinha dos Canaviais*, *Uma família inglesa*, *As pupilas do senhor reitor* e *Os fidalgos da casa mourisca*.

Concluímos com Paul Veyne e a sua seminal mas também provocatória e interpelante obra *Comment on écrit l'histoire* (1971), em que o historiador-filósofo sublinha, afinal, a proximidade essencial entre história e literatura, que partilham a narrativa e também a "intriga" – "a história... é uma narração [...] como o romance, a história tria, simplifica, organiza" –[26] concluindo, e nós com ele: "A história é um romance verdadeiro".[27]

---

26   VEYNE, P. *Comment on écrit l'histoire*. Paris: Seuil, 1971, p. 14.
27   VEYNE, P. *Comment on écrit l'histoire*, p. 10.

Linguagem e História:
estudo do êxito de uma biografia

Alcir Pécora

Em larga medida, a imagem do Padre Vieira, que se faz ainda hoje, como um homem dividido entre atuações muito diversas, ambicioso politicamente, temperamental, contraditório, movido a quimeras, seduzido um pouco por sua própria lábia, mas também sempre um caráter grandioso, valente, determinado... deve-se às páginas eletrizantes da *História de António Vieira*, do historiador português João Lúcio de Azevedo. Para o bem e para o mal, esta imagem se sedimentou a tal ponto, senão no imaginário corrente, ao menos entre os admiradores e estudiosos do Padre, que é difícil imaginar outras interpretações para a sua vida.

Quando, há mais de vinte anos, em minha tese de doutoramento, procurei me opor a certas divisões periodológicas e psicologizantes que pareciam determinar grande parte das leituras da obra de Vieira, era sobretudo a biografia do jesuíta feita por João Lúcio que tinha de enfrentar. Por exemplo, gostaria de poder evitar imagens como as de "revoltado", que reduz a grandeza de sua passagem por Roma, ou de "vencido", que dá tintura melancólica ao seu período final na Bahia, que se estende por mais de quinze anos bem animados. Certamente, somos todos vencidos pela morte, mas caracterizar Vieira como "vencido", à maneira da geração

70, em Portugal, ou ter uma visão patética de seu período final na Bahia, não é, a meu ver, a única interpretação verossímil de um homem que, até o fim dos seus dias, ainda escreve diariamente a amigos e autoridades, além de palpitar sobre todo tipo de assunto, como sabemos pelo próprio trabalho de Azevedo, que, não por acaso, também é o principal editor das cartas do jesuíta.

Como disse, penso que é mais do que hora de articular a totalidade de sua atuação, como pregador, escritor, teólogo, missionário, valido, conselheiro político, diplomata, analista de profecias e observador de prodígios de vária ordem, de forma menos etapista. Nada que for feito nesse sentido, entretanto, pode ignorar o tremendo êxito da narrativa biográfica de Vieira produzida por João Lúcio de Azevedo. Afora o interesse que o livro tem para o debate historiográfico do início do século xx, no qual a naturalização positivista dos fatos começa a ser criticada em nome de aspectos filológicos e interpretativos que consideram com maior cuidado o lugar e a autoridade das fontes, também não há como desdenhar a arquitetura documental e analítica montada por ele para dar um retrato verossímil do biografado.

O que mais espanta, contudo, é que, ao mesmo tempo em que falamos deste incontornável António Vieira construído vastamente por João Lúcio de Azevedo, o livro fundamental responsável por essa construção simplesmente não havia sido editado no Brasil até 2008, isto é, 90 anos depois de ter sido editado em Portugal! Quer dizer, a força de sua invenção se impôs por meio de leituras intermediárias, pela vulgarização das suas palavras originais, nem sempre atribuídas limpamente a seu criador. Não são sequer muitos, no Brasil, os que têm lembrança de sua importância como historiador, mesmo sem falar apenas da biografia de Vieira. Sérgio Buarque de Holanda está entre os que o leram e souberam reconhecer sua contribuição para a historiografia portuguesa e brasileira. Por exemplo, em *O pensamento histórico no Brasil nos últimos 50 anos*, editado originalmente no Correio da Manhã, em 15 de julho de 1951, Sérgio afirma:

> Sobre o extremo norte existia, desde 1901, o importante trabalho do historiador português João Lúcio de Azevedo consagrado aos Jesuítas do Grão-Pará. Ao mesmo historiador devemos uma história do padre Vieira, impressa pela primeira vez em 1918, e também uma edição nova e enriquecida das cartas de Vieira, que vieram enriquecer consideravelmente nosso conhecimento da vida e obra do grande pregador.[1]

Nessas circunstâncias, aproveito a oportunidade deste livro para me ocupar justamente dessa *História de António Vieira*, cuja primeira edição, em dois volumes, saída em 1918-20, foi ainda corrigida pela segunda de 1931. Antes, permitam-me apenas uma breve apresentação do biógrafo, sem que eu mesmo tenha qualquer pretensão biográfica. Vão aqui apenas algumas linhas gerais a seu respeito.

I

No *Dicionário de História de Portugal*, dirigido por Joel Serrão,[2] consta, no primeiro volume, o verbete "Azevedo, João Lúcio de (1855-1933)", de autoria de Maria Antonieta Soares de Azevedo, do Instituto de Odivelas. Anota ela que o biógrafo de Vieira nasceu em Sintra, a 16 de abril de 1855, fez estudos elementares em Mafra e se diplomou em Comércio, em Lisboa. Aos 18 anos, teria emigrado para o Brasil, fixando-se em Belém do Pará. De empregado numa livraria, tornou-se

---

1 MONTEIRO, P. M.; EUGÊNIO, J. K. (org.). *Sérgio Buarque de Holanda*: perspectivas. São Paulo; Rio de Janeiro: Editora da Unicamp/Eduerj, 2008, p. 605.

2 SERRÃO, J. *Dicionário de História de Portugal*. Lisboa: Iniciativas Editoriais, 1963.

seu proprietário, tendo feito fortuna no negócio. Ao buscar explicação plausível para o salto de próspero comerciante a historiador de bom coturno, a autora combina sociologia de meio cultural com psicologia da personalidade inata, e escreve:

> Em contacto com o mundo dos livros e levado por natural curiosidade, aumentou a sua cultura e depressa manifestou o pendor para os temas históricos.[3]

Se não chega a ser muito elucidativo, ao menos não atrapalha os fatos, pois, em 1893, ainda em Belém, João Lúcio já tem vários trabalhos reunidos e publicados num volume intitulado *Estudos da História Paraense*. Segundo a mesma Maria Antonieta, a obra garantiu o seu ingresso no Instituto Histórico e Geográfico Brasileiro, no ano seguinte, "por proposta assinada por José Veríssimo, José Luís Alves e T. Alencar Araripe". Em 1900, João Lúcio regressa à Europa e passa alguns anos em Paris, antes de retornar definitivamente a Portugal, dedicando-se, desde então, apenas aos estudos historiográficos. Nessa condição, ingressou na Sociedade Portuguesa de Estudos Históricos, fundada em 1911, por Fidelino de Figueiredo, a qual, entre outros nomes de historiadores conhecidos, reunia Braamcamp Freire, Edgar Prestage e Oliveira Lima.

Segundo anota ainda Maria Antonieta, João Lúcio deve ser visto como "um historiador luso-brasileiro", devido ao "objeto da maior parte dos seus estudos". Além disso, diz ela:

> Ao Brasil o uniam ainda laços afectivos. A José Veríssimo o ligou sempre grande amizade e por ele se estabeleceram também as suas amistosas relações com Capistrano de Abreu.[4]

---

3 SERRÃO, J. *Dicionário de História de Portugal*, p. 264.
4 SERRÃO, J. *Dicionário de História de Portugal*, p. 264.

Deixando a relação com José Veríssimo para outro momento, assim como o ponto historiograficamente ainda mais relevante da amizade com Capistrano, convém destacar três juízos emitidos por Maria Antonieta de Azevedo a propósito da atuação historiográfica de João Lúcio. Dois positivos: o de que a ele se deveu a "primeira e talvez, ainda única, história econômica"[5] de Portugal – o Épocas de Portugal Econômico, de 1929 –, e o de ter ele abordado, "pela primeira vez, temas de grande interesse para a história de Portugal, abrindo, como pioneiro, o caminho a futuras e proveitosas investigações".[6] A ler com má vontade os elogios, ambos acentuam mais o pioneirismo que a qualidade do trabalho propriamente dita. O terceiro parecer é já um franco reparo: "hoje" – a autora escreve, como se disse, no início da década de 1960 – consideram-se "limitadas as suas interpretações históricas", as quais "nem sempre" lhe permitiram aproveitar bem "o vasto material de que se serviu".[7]

Ao tentar equilibrar os pontos citados, Maria Antonieta de Azevedo afirma:

> O seu inegável mérito foi reconhecido pela Real Sociedade de História de Londres e pela Academia das Ciências de Lisboa, de que foi membro.[8]

Enumera ainda a "sua variada e numerosíssima contribuição à historiografia luso-brasileira", a qual, afora os livros já citados, inclui os seguintes: "*Os jesuítas no Grão-Pará*, Lisboa, 1901 (2ª ed., Coimbra, 1930). *O marquês de Pombal e a sua época*, Lisboa, 1909 (2ª ed., emendada,

---

5 SERRÃO, J. *Dicionário de História de Portugal*, p. 265.
6 SERRÃO, J. *Dicionário de História de Portugal*.
7 SERRÃO, J. *Dicionário de História de Portugal*.
8 SERRÃO, J. *Dicionário de História de Portugal*.

Rio de Janeiro, 1922). *A evolução do sebastianismo*, Lisboa, 1918. *A* [sic] *istória de António Vieira*, em 2 volumes, 1918-1921[sic], 2 vols. (2ª ed., 1931). *História dos Cristãos-Novos Portugueses*, Lisboa, 1922. [...] *Novas Epanáforas. Estudos de História e Literatura* [sic], Lisboa, 1932".[9]

De fato, a relação profunda de João Lúcio de Azevedo com a historiografia brasileira é informação relevante para se compreender o processo de confecção da *História de António Vieira*. Para começar, em seu prefácio, João Lúcio afirma que foi

> [...] incitado a convertê-la em acto por José Veríssimo, o crítico e polígrafo, de que se honram as letras do Brasil; ajudou-o com atilados conselhos e preciosas indicações Capistrano de Abreu, o cultor exímio da ciência histórica em que é naquele país mestre acatado.[10]

O diálogo com este último, que em vários momentos refere justamente questões da confecção e da recepção do livro que ora se publica, está em sua maior parte preservado na edição organizada e prefaciada por José Honório Rodrigues da *Correspondência de Capistrano de Abreu*.[11] Já na introdução do primeiro volume, José Honório observa que a "correspondência entre João Capistrano de Abreu e João Lúcio de Azevedo" havia sido "oferecida à Biblioteca Nacional a 7 de março de 1928 pelo próprio João Lúcio de Azevedo". Escrevia este, quando de sua oferta:

---

9 SERRÃO, J. *Dicionário de História de Portugal*.
10 AZEVEDO, J. L. de. *História de António Vieira*, 3ª ed. Lisboa: Clássica Editora, 1992; citação às p. 8-9.
11 *Correspondência de Capistrano de Abreu*. Ed. por José Honório Rodrigues. Rio de Janeiro: Instituto Nacional do Livro, 1954-56, 3 vols.

> Por espaço de onze anos tive a fortuna de entreter ativa correspondência com Capistrano de Abreu, e tão interessantes achei suas cartas que as guardei todas ou quase todas. [...] Pareceu-me por isso que agora, por morte dele, o lugar adequado para estas cartas seria a Biblioteca Nacional do Rio [...]. Aí ficarão sob boa guarda e acessíveis aos amigos e admiradores do finado que, se a família não fizer objeção, as poderão ver, copiar ou publicar, se assim quiserem, porque da minha parte não me oponho a isso.[12]

De acordo com José Honório, a correspondência entre os dois historiadores é a "mais volumosa" de todo o livro, "talvez pelo cuidado com que João Lúcio de Azevedo a conservou".[13] E continua: "Onze anos de correspondência erudita, histórica, literária, variada, ligaram o mestre brasileiro ao grande historiador português daquela época".[14] No prefácio ao terceiro volume, José Honório ainda amplifica a declaração:

> Nenhuma correspondência tem para os historiadores tanta importância quanto a escrita por João Lúcio de Azevedo, pois estende-se de 1916 a 1927 e trata das pesquisas e das obras que ambos andavam fazendo.[15]

Por ora, a respeito dessa correspondência, é quanto basta. A tarefa que me cabe aqui, e da qual não quero me desviar, é examinar os procedimentos discursivos aplicados por João Lúcio de Azevedo em sua construção biográfica do Padre Vieira. Para que isso seja possível, será preciso considerar, por um momento, qual era a situação biográfica de Vieira antes dele.

---

12 *Correspondência de Capistrano de Abreu*, vol. I, p. IX.
13 *Correspondência de Capistrano de Abreu*, p. XVIII.
14 *Correspondência de Capistrano de Abreu*.
15 *Correspondência de Capistrano de Abreu*, vol. III, p. XII-XIII.

II

Entre as principais biografias de António Vieira, a contar do panegírico fúnebre escrito pelo Padre João Antônio Andreoni, Reitor do Colégio da Companhia de Jesus na Bahia, em 20 de julho de 1697, dando conta da morte de Vieira e referindo alguns dos principais feitos de sua vida, estão as seguintes: *Vida do Apostólico Padre Antonio Vieira, da Companhia de Jesus, chamado por antonomásia o grande*, Lisboa, do jesuíta André de Barros (Officina Sylviana, 1746); *Discurso histórico e crítico acerca do Padre António Vieira e das suas obras*, de Francisco Alexandre Lobo (Coimbra, Imprensa da Universidade, 1823); *Vieira, sa vie et ses oeuvres*, de E. Carel (Paris, Gaume et Cie., 1879); *Vida do Padre Antonio Vieira*, de João Francisco Lisboa (Lisboa, Typ. Mattos Moreira & Pinheiro, 1901); *História de António Vieira, com factos e documentos novos*, de João Lúcio de Azevedo (Lisboa, Clássica, 1918-1920. 2 vols.); *Padre António Vieira*, de Hernâni Cidade (Lisboa, Agência Geral das Colônias, 1940); *A great luso-brazilian figure: Padre António Vieira, S. J., 1608-1697*, de Charles Boxer (London, The Hispanic & Luso-Brazilian Councils, 1957); *Padre António Vieira*, de João Mendes (Lisboa, Verbo, 1972); *António Vieira: o homem, a obra, as ideias*, de José Van den Besselaar (Lisboa, ICLP, 1981).

De todas essas biografias, como ficou dito, a *História de António Vieira*, de João Lúcio, é a mais bem documentada e a mais influente produzida até hoje. Afora a primeira, de André de Barros, nenhuma outra se compara a ela como incursão na vida do jesuíta. Mas, claro, a de André de Barros, também da Companhia de Jesus, escrita em período próximo ao da morte de Vieira, tem um escopo inteiramente diverso: edificante, encomiástico e panegírico, e não analítico ou documental. Isto não significa que a *História...*, de Azevedo, seja definitiva, ou que tenha resolvido todas as questões da vida e obra de Vieira.

Trata-se de um relato historiográfico muito eficaz, o que se prova amplamente com a naturalização do retrato que produziu, mas é evidente que não se trata de nenhuma verdade factual revelada e narrada por vontade dos próprios fatos. Já mencionei, por exemplo, que as divisões periodológicas que o historiador português imprime ao relato são convincentes e duradouras, mas, a meu ver, precisam receber revisões mais integradoras.

De qualquer modo, mesmo protestando modéstia, o próprio Azevedo, na *Explicação prévia* da primeira edição de sua *História de António Vieira*, acentua aspectos que considera meritórios em sua biografia, a saber:

a) uma posição que supõe imparcial, sem "achaque de parcialidade",[16] seja favorável, como o de André de Barros, "religioso, que de outro religioso, seu consócio, escrevia",[17] seja contrária, como na biografia de João Francisco Lisboa;

b) o aspecto não condensado de sua história em oposição à "memória histórica", como a que produziu o Bispo de Viseu, aspecto que lhe permitia vista mais larga e tempo mais dilatado para a exploração documental;

c) a vasta e inédita documentação, oriunda de diferentes acervos e arquivos;

d) uma nova maneira de "considerar o sentido dos acontecimentos",[18] que ele supunha facultada tanto pela multidão de novos documentos que localizara, e que assim lhe permitiria maior certeza dos fatos, quanto pelo método "crítico", que já não se contentava com a anotação simples do fato, mas buscava uma compreensão mais complexa dele em função da complexidade de seus agentes históricos;

---

16   AZEVEDO, J. L. de. *História de António Vieira*, p. 7.
17   AZEVEDO, J. L. de. *História de António Vieira*.
18   AZEVEDO, J. L. de. *História de António Vieira*, p. 8.

e) a "ausência de toda a pretensão literária",[19] e o que supunha ser o desaparecimento da "personalidade do narrador" em favor da "expressão da verdade",[20] que lhe permitiria "retratar com alguma fidelidade" a "grande figura"[21] de Vieira.

A rigor, entretanto, a não ser no tocante ao critério de ampla investigação documental, todos os outros pontos podem ser bastante relativizados no tocante à *História de António Vieira*. Assim, primeiro, se não resta dúvida sobre o desejo de isenção de João Lúcio de Azevedo face aos compromissos mais diretamente religiosos ou institucionais, evidentemente não há, nem pode haver neutralidade decorrente desse desejo, dado que ele próprio se encontra posicionado no campo historiográfico. Desta forma, mais acertado seria dizer que Azevedo se esforça para que seus instrumentos discursivos demonstrem que é verossímil o Vieira que ele imagina verdadeiro. É perfeitamente evidente, de resto, que a história que produz é toda ela muito argumentativa.

Segundo ponto a destacar: o método historiográfico chamado "crítico" que adquire de suas leituras germânicas (Niebuhr, Ranke etc.), assim como aguça a interpretação do fato, também o psicologiza seguidamente, nem sempre com instrumentos adequados.

Terceiro ponto: a ausência de qualquer pretensão literária, nem é preciso dizer, não passa de aplicação adequada da tópica retórica tradicional da modéstia afetada. O seu gosto pelo idioma e a sua preocupação com as questões de elocução são permanentes, e mesmo crescentes ao longo deste livro e de todos os outros que escreveu. Por outro lado, não convém esquecer que "pretensão literária", no conjunto da conversa travada entre os historiadores do período, é também referência

---

19   AZEVEDO, J. L. de. *História de António Vieira*.
20   AZEVEDO, J. L. de. *História de António Vieira*.
21   AZEVEDO, J. L. de. *História de António Vieira*.

pejorativa a trabalhos com defeito de documentação, que se disfarçam em estilização ornada, querendo passar o gato do enfeite esvaziado pela precariedade da lebre informativa.

Se tais observações, como disse, relativizam os argumentos de João Lúcio, de modo algum relativizam a qualidade de seu trabalho biográfico, nem fazem com que perca a sua singularidade em meio aos demais estudos vieirianos. Além do esforço principal de busca arquivística e documental, é notável o conjunto de procedimentos discursivos de que lança mão para compor a sua biografia do padre.

Apresento a seguir os principais deles, detendo-me exclusivamente em passos do primeiro e do segundo períodos da divisão estabelecida pela biografia, a fim de não tornar demasiado prolixa a exemplificação.

A. Proposição de origem

Em muitos lugares, a *História de António Vieira* pretende estabelecer uma espécie de origem particular, bem marcada, para certas constantes da ação de Vieira. O efeito desse procedimento é duplo: de um lado, gera um horizonte teleológico para os acontecimentos narrados, já que eles deixam de ser apenas referência a um determinado momento histórico para ganhar foro de anúncio ou explicação de um viés da vida de Vieira que se sedimentará posteriormente. De outro, tende a formular inícios marcantes, algumas vezes traumáticos, para as ações correntes posteriores. O duplo efeito, em conjunto, tende a dramatizar a narrativa, de modo que eventos aparentemente simples se tornem cenas ou matrizes originais de futuras ações importantes.

Por exemplo, João Lúcio afirma que a "impressão profunda" dos tempos de noviço, "jamais havia de se apagar",[22] e que "não admira

---

22   AZEVEDO, J. L. de. *História de António Vieira*, p. 17.

impressionarem-se com isso as imaginações juvenis".[23] Em outro lance, referindo-se ainda a um Vieira muito jovem, diz: "Acaso data daí o seu interesse pela política".[24] Em outra ocasião, ao comentar o jovem padre que prega na Bahia contra os holandeses, muito distante ainda do embaixador extraordinário que seria das futuras negociações pela paz de Holanda, anota surpreendentemente: "Sem dúvida o primeiro germe do célebre Papel forte de 1648 lhe surdiu então no cérebro".[25] Ou então, quando anuncia como coisa certa o momento em que Vieira caiu nas graças do rei: "Na audiência, que foi a 30 de Abril, começou de nascer a afeição de D. João IV".[26]

B. Composição de lugar ou ambiente próprio

Outro procedimento constante empregado por João Lúcio de Azevedo na construção da biografia é a tentativa, referida explicitamente na correspondência que manteve com Capistrano de Abreu, de recriação dos ambientes frequentados pelo biografado. Muitas vezes, as situações vividas por Vieira, como as do noviciado, ou a passagem pelas diferentes cortes europeias, entre outras, são destacadas de modo a fazê-las dotadas de um espírito próprio, marcante, cujo contato é sempre impressionante para o neófito.

De certa maneira, trata-se de um procedimento afim ao primeiro, uma vez que acentua um marco de origem, mas aqui ele é menos relativo a um acontecimento do que a meios sociais tratados como ordens fechadas nelas mesmas, e, por isso mesmo, como que imantados por uma grande "tensão moral". Tudo que é próprio da Companhia de

---

23   AZEVEDO, J. L. de. *História de António Vieira*, p. 19.
24   AZEVEDO, J. L. de. *História de António Vieira*, p. 35.
25   AZEVEDO, J. L. de. *História de António Vieira*, p. 41.
26   AZEVEDO, J. L. de. *História de António Vieira*, p. 48.

Jesus, por exemplo, recebe esse tipo de eletricidade. Falando da prática dos exercícios espirituais, João Lúcio não se contenta em referir o texto ou a estrutura dos exercícios, mas acentua o conjunto dos efeitos que o ambiente produz: "O período é de extraordinária tensão moral para todos";[27] ou então: "Todos os sentidos tocam a alucinação; nem uma só corda do instrumento humano que não vibre".[28]

Também Portugal, ou a nação portuguesa, muitas vezes, ganha esse estatuto de ambiente com vontade própria. Referindo, por exemplo, a expectativa geral no país de que surgisse um rei que os livrasse do domínio espanhol, a própria enumeração é eloquente dessa vontade que penetra a tudo e todos:

> De quando em quando vinha um caso prodigioso confirmar essas esperanças. Na praia de Sesimbra encontravam-se pedras misteriosas trazidas pelo mar, nas quais se lia claramente a palavra duque: modo de apontar o céu ao povo quem seria o redentor. Em Lamego um louco desatava aos brados de Viva el-rei D. João!...[29]

As instituições em geral, com base nesse tipo de construção discursiva, jamais são apenas estruturas, hierarquias e conjunto de funções impessoais: isso tudo ganha vida orgânica com uma "mentalidade" própria. Desse ponto de vista, a "mentalidade" jesuítica é um agente constante na biografia: "[...] prodigalizando a lógica das disputas da escola, que é a força motriz do cérebro jesuíta";[30] ou: "[...] nos familiarizemos com tais

---

27 AZEVEDO, J. L. de. *História de António Vieira*, p. 21.
28 AZEVEDO, J. L. de. *História de António Vieira*, p. 23.
29 AZEVEDO, J. L. de. *História de António Vieira*, p. 59.
30 AZEVEDO, J. L. de. *História de António Vieira*, p. 61.

recantos deste intelecto singular";[31] ou ainda: "[Em Paris] Passava-lhe o mundo diante sem que seus olhos vissem dele mais que o ponto em que havia fitado o pensamento",[32] o que se explicava pela "mentalidade" que lhe fora incutida desde cedo:

> Tenha-se por plausível que seu espírito, formado na rígida disciplina jesuítica, possuía capacidade de abstração maravilhosa. Seguia a sua ideia, desinteressado do mundo que o rodeava, e bastando-lhe a vida interior.[33]

Ou ainda:

> [...] por muito apartado que ele andasse da verdadeira observância quanto à disciplina, o seu afecto à Companhia é certíssimo. Amava-a como filho extremoso, com gratidão e ternura; dedicava-lhe as suas ambições e os seus êxitos; e prezava as satisfações do amor-próprio igualmente que por si como glória para ela.[34]

E se o meio institucional, na biografia, é animado de uma mentalidade marcante, o outro lado dessa mentalidade recai sobre o impacto profundo que ela provoca sobre as consciências individuais frágeis e sempre muito impressionáveis dos homens do tempo:

> O mundo novo em que chegando à corte entrara tinha-o deslumbrado, e o fazia viver como em sonho, esquecido das virtudes do cenóbio, da humildade, da modéstia, do silêncio, tão recomendado pelos ascetas; algumas vezes também acaso da oração.[35]

---

31   AZEVEDO, J. L. de. *História de António Vieira*.
32   AZEVEDO, J. L. de. *História de António Vieira*, p. 84.
33   AZEVEDO, J. L. de. *História de António Vieira*, p. 102.
34   AZEVEDO, J. L. de. *História de António Vieira*, p. 138.
35   AZEVEDO, J. L. de. *História de António Vieira*, p. 74.

C. Confronto de mentalidades

Por vezes, João Lúcio tem gosto em produzir situações nas quais as mentalidades que chamei de imantadas são postas em confronto para explicar o que se passa entre os indivíduos. Isto é, o historiador constitui uma espécie de disputa agônica entre duas figuras que, a dizer como ele, possuem estruturas mentais distintas. Por exemplo, a disputa entre Portugal, dotado de uma vontade nacional naturalmente autonomista, e o Padre Vieira, definitivamente apegado a seus próprios arrazoados escolásticos, desassistido de uma real compreensão do ambiente onde os produzia:

> O Papel forte descambava afinal em arrazoado inane, e a magia da argumentação sólida perdia o condão ante a vontade nacional manifestada com vigor[...].[36]

Ou:

> A quem lhe estranhasse o desapego da ideia fundamental, de autonomia completa, com que através dos séculos tem persistido a nacionalidade [...];[37]

Ou ainda:

> Aqui fica o capcioso argumentador, e não diz como por tal a autonomia do país integrado de novo na vasta monarquia espanhola se assegurava e a espinha se retirava da garganta dos portugueses.[38]

---

36 AZEVEDO, J. L. de. *História de António Vieira*, p. 130.
37 AZEVEDO, J. L. de. *História de António Vieira*, p. 144.
38 AZEVEDO, J. L. de. *História de António Vieira*.

D. Etapismo e determinação simples

Já mencionei os períodos biográfico-psicológicos, em seis etapas, nos quais João Lúcio de Azevedo dispõe a longa vida de Vieira, referindo--se distintamente a "o religioso"; "o político"; "o missionário"; "o vidente"; "o revoltado"; "o vencido". O efeito desse etapismo é, em certa medida, estancar aspectos que se apresentam entrelaçados no conjunto de sua vida, como política, missionarismo e profetismo, afora dar um tom melancólico-patético ao período final de sua vida na Bahia. A vantagem que ele extrai dessa segmentação é o estabelecimento de uma diretriz dominante a organizar o conjunto da ação de Vieira em intervalos menores e mais concentrados. Quer dizer, por meio desse artifício, estabelece um princípio de economia entre a multidão dos dados.

Ademais, na mesma direção desse esforço de segmentação e ordenação dos acontecimentos, Azevedo procede a operações análogas no interior de cada um dos períodos propostos. Em particular, tende a definir uma espécie de móvel único ou principal para ações bem variadas, de tal modo que tudo o mais (que a própria divisão não contempla) aparece como esquecido por um temperamento volúvel ou excessivamente caprichoso. Por exemplo, ele diz: "... o norte de sua razão era a política. Todo o seu pensar ia aos negócios de Estado";[39] ou então:

> Em todo este período só o vemos ocupado na política, e só a política o domina. Que tempo lhe restaria para os estudos, para o ensino, para o mister de confessor, objectos primaciais da actividade do jesuíta?[40]

Dentro da mesma perspectiva de subordinação de todos os atos de cada período a um único móvel dominante, João Lúcio é obrigado a

---

39 AZEVEDO, J. L. de. *História de António Vieira*, p. 74.
40 AZEVEDO, J. L. de. *História de António Vieira*, p. 96.

considerar que Vieira passa por diferentes e radicais transições de um período a outro:

> [...] a transição dera-se já. Volvia-se o político religioso outra vez, mas não deixava de atacar os adversários de antes....[41]

E. Biografia como autobiografia

Outro procedimento decisivo na caracterização da biografia de João Lúcio é dar-lhe forma ou aparência de autobiografia, com a sistemática introdução de escritos do próprio Antônio Vieira em meio à narrativa, em particular, de trechos dos sermões. Outras vezes, os sermões não são diretamente citados, mas sim parafraseados pela narrativa, como ocorre longamente no passo relativo à invasão holandesa, que corre paralelo à *Carta Ânua*.[42] O artifício permite a João Lúcio introduzir a multidão de papéis que levanta no corpo do relato, sem perda da fluência narrativa, e ainda com o ganho de uma espécie de fiança da fidedignidade do relato, uma vez que se dá em vista do próprio testemunho de Vieira.

F. Distanciamento crítico do biografado

O testemunho vieiriano não é, entretanto, absoluto. Muitas vezes, João Lúcio submete-o a uma dura avaliação ou processo judicial do qual a palavra do jesuíta sai chamuscada com o veredicto implacável de duvidosa ou mesmo de falsa. Isto é, João Lúcio pretende surpreender no texto de Vieira exageros ou mentiras, cuja denúncia tanto contribui

---

41 AZEVEDO, J. L. de. *História de António Vieira*, p. 150-51.
42 AZEVEDO, J. L. de. *História de António Vieira*, p. 27.

para dar uma imagem do caráter duvidoso do jesuíta como afiança a posição imparcial, ajuizada do biógrafo; por exemplo:

> Daqui se vê que exagerava Vieira, mais tarde, dizendo ter D. João IV posto à disposição dele para esta empresa nada menos que 600 mil cruzados. Igual crédito merece a afirmação, no memorial de serviços a D. Pedro II, de lhe ter mandado aquele abonar em Paris, pelo marquês de Niza, 20 mil cruzados para comprar livros. Nem se encontra na correspondência do embaixador indício de que tal fosse ordenado, nem tinha D. João IV inclinação para generosidades semelhantes, e quando as tivesse, não lhas permitiriam na ocasião as circunstâncias do erário.[43]

Outro exemplo de descrédito do que afirmava Vieira:

> É crível ser tão verdadeira a oferta desta embaixada [em Turim], como a nomeação para suceder na de Sousa Coutinho na Holanda, de que igualmente se jactava o padre. Basta reparar em que não teria de se tratar o assunto em Sabóia, mas em Paris, residência do príncipe [...].[44]

De modo geral, ainda, o biógrafo, escrevendo a partir de uma perspectiva racionalista e pós-positivista, considera tudo o que diz respeito a profetas e profetismos como um tipo de produção intelectual que se deixa corromper pela fantasia, e não hesita em censurá-la: "Desde aí entrou no caminho que levava ao delírio do *Quinto império do mundo* e da *História do Futuro*".[45]

---

43   AZEVEDO, J. L. de. *História de António Vieira*, p. 142-43.
44   AZEVEDO, J. L. de. *História de António Vieira*, p. 155.
45   AZEVEDO, J. L. de. *História de António Vieira*, p. 60.

G. Testemunho segundo a mentalidade do tempo

Tal forma de distanciamento das ações narradas do herói da biografia não se faz sem o contraponto interessante de, por vezes, Azevedo aproximar ficticiamente o ponto de vista da enunciação daquele do próprio Vieira ou do que julgava ser a "mentalidade" das pessoas ou do tempo em questão. O caso do "estalo" é especialmente interessante. Não apenas porque não é questionado enquanto acontecimento verídico, mas apenas transferido da esfera mística em que o inventara André de Barros para outra basicamente fisiológico-moral, como também porque João Lúcio tende a dramatizar o caso como se fosse ele, narrador, testemunha viva dos supostos milagres ocorridos a Vieira. Por exemplo:

> Como só recurso encomendou-se ao anjo da guarda, e com poucas passadas, eis que lhe salta da escuridão um menino envolto em luz [...].[46]

Outro exemplo, ainda sobre o estalo:

> É de imaginar que orando à Virgem das Maravilhas lhe suplicasse a de o tornar mais hábil para os estudos. Em um de tais lances, a meio da súplica, sentiu como estalar qualquer coisa no cérebro, com uma dor vivíssima, e pensou que morria; logo o que lhe parecia obscuro e inacessível à memória, na lição que ia dar, se lhe volveu lúcido e fixo na retentiva. Dera-se-lhe na mente uma transformação de que tinha consciência. Chegado às classes pediu que o deixassem argumentar, e com pasmo dos mestres venceu a todos os condiscípulos. Daí por diante foi ele o primeiro e mais distinto em todas as disciplinas. Refere o caso o padre André de Barros, de uma testemunha que o ouviu de Vieira; este se isso contava aos contemporâneos, não deixou em escrito conhecido,

---

46 AZEVEDO, J. L. de. *História de António Vieira*, p. 18.

> memória de um acontecimento, de que seria interessante encontrar a explicação na fisiologia.[47]

O mesmo procedimento de produzir uma paráfrase dramática do acontecimento suposto para depois reclamar uma explicação naturalista dele, João Lúcio utiliza em relação aos inúmeros achaques alegados pelo próprio Vieira, muitas vezes, tendo o jesuíta manifesto interesse de tergiversação ou de encarecimento de sua situação. João Lúcio, desta vez sem contestar a veracidade do alegado, trata de amplificar o dramático e o interpretar como caso de fisiologia natural ou nervosa:

> A saúde dele era delicada: o trabalho excessivo e a paixão com que se dava todo aos objectos em que se empregava sacudiam-lhe o organismo, imensamente vibrátil, e o prostravam extenuado.[48]

Ou ainda:

> A cada passo caía em cama, deitava sangue pela boca; mas tão robusta era a constituição no fundo, que resistia a isso e ao tratamento brutal das sangrias, a esmo aplicadas, e o pôde levar aos 90 anos, activo de corpo, escorreito de intelecto, e como na quadra juvenil ardido e pugnaz.[49]

H. Composição da psicologia das personagens

Outro aspecto importante da construção biográfica de Vieira por João Lúcio de Azevedo é o que na correspondência com Capistrano

---

47 AZEVEDO, J. L. de. *História de António Vieira*, p. 16.
48 AZEVEDO, J. L. de. *História de António Vieira*, p. 18.
49 AZEVEDO, J. L. de. *História de António Vieira*, p. 125.

mais se discute: a "psicologia do biografado". Não é um ponto simples. É preciso entender mais precisamente que tipo de psicologia interessa à biografia, e, sobretudo, o papel que ela cumpre na construção do crível historiográfico que está em jogo aqui. Em primeiro lugar, é correto dizer que a documentação que permite alguma ilação desse tipo sempre é valorizada por João Lúcio. Isto fica claro quando diz, por exemplo: "[...] no discurso avulta uma nota de interesse para a psicologia do orador".⁵⁰ Mas convém perceber logo que a "psicologia", em muitos casos, tem o sentido de composição de um "retrato moral", próximo por vezes do que era costume nas letras seiscentistas e neoclássicas. É o que se lê, por exemplo, nos seguintes passos:

> Tão alto [quanto o das virtudes sublimes] não subiu Vieira; nunca porém em toda a sua longa existência deixou de ser honrado e recto, por o terem mestres e superiores julgado hábil para ensinar, aos que vinham depois dele, essas condenadas doutrinas [casuístas]. Fraquejou, é certo, na caridade com o próximo e no desprezo das injúrias; de versátil pode ser increpado; e algumas vezes o acharemos, por orgulho, em conflito com a verdade. Isso era questão de temperamento e não de teorias [...];⁵¹

> O carácter impetuoso de Vieira, seu patriotismo ardente, seu zelo de católico fervido, não lhe consentiam manter-se fora das batalhas.⁵²

Em descrições desse tipo, é bem marcante a pintura de "caráter" ou "temperamento", onde importa muito mais a determinação de paixões e humores típicos que os móveis inconscientes ou profundos. Apesar

---

50 AZEVEDO, J. L. de. *História de António Vieira*, p. 39.
51 AZEVEDO, J. L. de. *História de António Vieira*, p. 33.
52 AZEVEDO, J. L. de. *História de António Vieira*, p. 35.

de ser rigorosamente contemporâneo de Freud, Azevedo passa batido pelas categorias psicanalíticas e lida com traços de uma espécie de fisiologia moralizante. Eis mais alguns rápidos exemplos interessantes:

> [...] a vaidade era um dos seus muitos pontos fracos; mas é certo que ele nas prosopopeias traduzia um sentimento íntimo, profundo e verdadeiro, que tinha em comum com os ouvintes, o amor da terra e da raça, que por sua vez falava em tom estranho e audaz [...];[53]

> A quem estuda a pessoa moral de Vieira mais do que os seus dotes literários, não passará despercebido [...];[54]

> Suposto o feitio de Vieira, seu arrojo natural, sua loquacidade, o apreço em que tinha a própria pessoa, não será temerário imaginar que logo tomou a palavra, e que esta, fluente e persuasiva, cativou com seu encanto o monarca;[55]

> Lançou-se ardidamente na luta com o ímpeto do seu gênio batalhador [...];[56]

> [...] a vaidade que foi sempre achaque seu [...];[57]

> [...] otimista como sempre, pelo sestro de não ter em conta os obstáculos, via ele já luzir a decisão final.[58]

Para João Lúcio, a "imaginativa", "a paixão", "a fantasia", "a retórica" de Antônio Vieira são todas formas afetivas similares de um

---

53 AZEVEDO, J. L. de. *História de Antônio Vieira*, p. 41.
54 AZEVEDO, J. L. de. *História de Antônio Vieira*, p. 43.
55 AZEVEDO, J. L. de. *História de Antônio Vieira*, p. 48.
56 AZEVEDO, J. L. de. *História de Antônio Vieira*, p. 68-69.
57 AZEVEDO, J. L. de. *História de Antônio Vieira*, p. 72.
58 AZEVEDO, J. L. de. *História de Antônio Vieira*, p. 109.

buliçoso moral, em larga medida formado pelo caráter da própria Companhia de Jesus, em parte pelo "gênio" inato do autor. É irresistível citar alguns passos muito reveladores de sua forma de conceber o complexo psico-fisiológico do jesuíta:

> O plano encantava-o por singular, arriscado e – o que tanto dizia com a sua compleição mental – adverso ao senso comum;[59]
>
> Com a usual facilidade, mal delineado ainda na imaginativa o projecto, já ele o via realizado;[60]
>
> [...] fantasia de um espírito singular e irrequieto, apaixonado mais que reflectido [...];[61]
>
> [...] agente em demasia buliçoso, e exorbitante nas iniciativas [...];[62]
>
> [...] meras criações da fantasia, artefactos da retórica como os tropos de que adornava os seus discursos [...];[63]
>
> O esquecer as ofensas não era a sua fundamental virtude. O sacerdote, todavia, tinha de o recomendar. Quanto a si, não o cumprindo, se bem que não podia dizê-lo, mostrava o desdém que sentia aos inimigos, e como folgava de os ter, cônscio de que era isso tributo pago à sua valia [...];[64]
>
> [...] de nenhum modo em harmonia com o assunto aparente dos escrúpulos de consciência, que servia de pretexto, e através do qual, em chispas, transpareciam

---

59 AZEVEDO, J. L. de. *História de António Vieira*, p. 111.
60 AZEVEDO, J. L. de. *História de António Vieira*, p. 118.
61 AZEVEDO, J. L. de. *História de António Vieira*, p. 119.
62 AZEVEDO, J. L. de. *História de António Vieira*, p. 124.
63 AZEVEDO, J. L. de. *História de António Vieira*, p. 128.
64 AZEVEDO, J. L. de. *História de António Vieira*, p. 134.

remoques fulmíneos; o apaixonado do ataque; o desprezo absoluto dos riscos [...];⁶⁵

Assim entre a cólera e a resignação súplice flutuava como todas as afeições traídas. No fim vencia o despeito [...].⁶⁶

I. Composição de retratos morais

Já pelas citações anteriores, é fácil perceber que aquilo que Azevedo chama de "psicologia" talvez se traduza melhor pelo que refere também como "pessoa moral", aspecto que não deixa de dar traço arcaizante a sua concepção de Psicologia. Como disse, ele a entende de maneira muito mais próxima à composição literária perscrutante e aguda do "retrato" do que de qualquer análise da personalidade com base em categorias psíquicas, então em grande desenvolvimento. Como procedimento argumentativo, distingo-o aqui do anterior apenas pela disposição particular de, em determinados momentos, e com personagens destacadas de sua história, o historiador sustar a via narrativa e preparar-se denodadamente para uma composição acabada, lapidar dessas figuras proeminentes. De todos os exemplos que poderia levantar aqui, nenhum ultrapassa em interesse a composição de caráter que o historiador faz do próprio Padre Antônio Vieira, talvez o passo mais conhecido e referido de toda a biografia. Como se costuma dizer, a citação é longa; mas quebrá-la não seria justo com o rasgo estilístico do biógrafo, quando se encontra cara a cara com seu herói:

> Alto e de porte majestoso; na tez o moreno peninsular carregado de um golpe, já distante, do sangue de

---

65 AZEVEDO, J. L. de. *História de António Vieira*, p. 135.
66 AZEVEDO, J. L. de. *História de António Vieira*, p. 154.

África; cabelos abundantes e negros, levemente crespos, e um tanto em desalinho. A barba, se já então a usava toda, como quando missionário, espessa e curta, só porém no contorno das faces até o mento, deixando o rosto limpo, menos o bigode caído nas pontas a um e outro lado; assim a máscara nada perdia da expressão, e mais brilhavam abaixo da fronte, maior que um terço do rosto, os olhos grandes, vivíssimos e em que a espaços um lance da pupila, distante e vago, traía o sonhador. A boca engraçada, fácil ao sorriso que cativa ou malicioso; com um metal de voz rico de inflexões, que abrangia roda a escala da sensibilidade humana; soando ora arrebatada e vibrante, ora insinuante e meiga; grave, persuasiva, suplicante, irônica, piedosa, conforme a natureza do discurso. Acaso também uma ponta do sotaque, que já nesse tempo adoçaria a fala do Brasil; pela novidade um atrativo mais. Compleição de artista hábil em penetrar a vida secreta do vocábulo, erudição vasta, magnetismo pessoal, talento de atrair de dominar, tudo que dele podia fazer um orador raro e triunfador. Tudo menos a emoção sincera e espontânea; e por isso deleita, prende, convence, deslumbra, mas não enternece nunca nem verdadeiramente arrebata. Só quando perora em causa própria lhe sai da alma a cólera ou o despeito. No mais é um retórico exímio na sua arte, e não um apóstolo incendido em fervor.[67]

Uma composição desse teor está a um passo de fazer com que o juízo moral do retratado se estenda também à gente do seu tempo. E Azevedo não tarda a dá-lo, juntando Vieira e os ouvintes agudos numa só feição de época, concebida com base num viés ilustrado, que via já os hábitos e práticas seiscentistas com distância, e mesmo com algum desagrado e descaso:

---

67 AZEVEDO, J. L. de. *História de António Vieira*, p. 61-62.

> Também os ouvintes não lhe pediam emoções vivas; o gozo provinha-lhes da novidade dos conceitos e da surpresa da combinação verbal. Iam, como ele diz, a "ouvir subtilezas, a esperar galantarias, a avaliar pensamentos"; e era o que, embora proteste o contrário, lisonjeava o pregador. Por isso, a tais ouvintes – os de sentimento agudo de que dizia não gostar – prodigalizava subtilezas, galantarias e finos pensamentos. No sério da doutrina falava o moralista e o sacerdote; era a obrigação; no lavor subtil da ideia exibia-se o literato insigne, e isso era o prazer.[68]

E não para aí esse tipo de retrato moral: se de Vieira o biógrafo passa rapidamente ao juízo de seu público e mesmo ao juízo de toda uma época, de ambos facilmente passa a uma avaliação estilística dos sermões:

> O elevado do seu [discurso] era de bom quilate, e mesmo quando atingia os cumes da eloquência nunca usou das galas da palavra de modo a sair-lhe velada a nitidez do pensamento. Acaso se lhe pode exprobar algumas vezes o decair no rasteiro; aí o satírico, entregue à sua paixão, olvida um tanto o decoro da tribuna sagrada. Mas estava dentro da arte, e do natural que ele não queria como os culteranistas encontrar; e se as facécias deleitavam ou confundiam, que era o fim procurado, não vinham por elas sacrificadas as regras da boa oratória.[69]

É certo que João Lúcio lê com alguma estreiteza a censura de Vieira aos culteranos, assim como a sua defesa de um estilo "natural", pois, para o jesuíta, a ideia de "natureza" ajustava-se antes à de natureza cristã, efeito da criação e do engenho divino, que à de clareza ou à condenação do artifício engenhoso nele mesmo. O decoro de púlpito,

---

68   AZEVEDO, J. L. de. *História de António Vieira*, p. 62.
69   AZEVEDO, J. L. de. *História de António Vieira*, p. 62-63.

ainda que prescrevesse arte ou naturalidade, prescrevia antes e primeiramente o ajuste ao propósito cristão. De modo que, havendo este, o estilo era sempre adequado e natural.

Mas não é apenas no retrato de Vieira que João Lúcio se esmera. Ocorrem vários outros retratos na biografia, nos quais igualmente se percebe o quanto sua ideia de historiografia se liga mais à composição do caráter dos grandes do tempo que à investigação dos processos históricos de base – aspecto certamente implícito no reparo de "não ter ido além da linha tradicional da historiografia do século XIX", tal como se lê no interior do verbete sobre João Lúcio, no *Dicionário de História de Portugal*, que citei anteriormente.

No entanto, o talento literário de João Lúcio de Azevedo, se não elimina o reparo historiográfico, faz com que a leitura da biografia, como um todo, ganhe em interesse, e mesmo em atualidade. Quando o texto alcança seu melhor grau de realização literária, o leitor se depara com uma admirável galeria de retratos morais, que enquadra um movimentado romance de intriga política, de feição naturalista, mas a que João Lúcio certamente agradaria conceber como um estilo próprio do "realismo crítico" historiográfico.

Entre tantos retratos, avulta, por exemplo, o de D. João IV:

> No caráter do rei havia todos os defeitos dos tíbios. Era, como várias vezes mostrou, pusilânime, ingrato, vingativo e, na hora da vingança, cruel. Fácil de dominar, tinha com a plasticidade a inconstância que arrastava a catástrofes súbitas o valido.[70]

Não menos interessante é a pintura da Grande Mademoiselle, que a Corte chegou empenhadamente a cogitar como esposa para D. Teodósio, contra a opinião de Vieira:

---

70 AZEVEDO, J. L. de. *História de António Vieira*, p. 53.

> Mais velha sete anos que o príncipe, alta em demasia – por tal lhe chamavam a Grande Mademoiselle – robusta e de voz grossa, desleixada no trajar, nos modos e na resolução uma virago, tal era a rainha destinada aos Portugueses.[71]

Da mesma qualidade é o esboço do embaixador, correspondente e amigo de Vieira, D. Francisco de Sousa Coutinho:

> Foi este uma das mais interessantes personalidades da Restauração, e à luz dos documentos realiza bem o tipo de português antigo, brusco de modos, solto no falar, impetuoso, valente, chalaceador e astuto. Com o rei, a quem servira desde que era ainda Duque de Bragança. Tinha liberdades de criado velho, certo de lhas não tomarem a mal; discutia as ordens, desobedecia, ralhava, escrevia com rude franqueza, a queixar-se, a dar conselhos, a repreender.[72]

A composição de tais retratos morais particulares algumas vezes se combina com o procedimento, já destacado, de produzir confronto entre mentalidades agônicas. Nesses momentos, a narração conflui para um verdadeiro duelo de caracteres entre pessoas, ou entre pessoas e instituições. É este embate dramático que parece interpretar, a quente, em primeira mão, os movimentos sucessivos da história:

> Seu espírito [de Vieira], em moção perpétua, turbulento e dominador, em breve submeteu a fraqueza nativa de D. João IV;[73]

Ou:

---

71   AZEVEDO, J. L. de. *História de António Vieira*, p. 99.
72   AZEVEDO, J. L. de. *História de António Vieira*, p. 108.
73   AZEVEDO, J. L. de. *História de António Vieira*, p. 53.

Coutinho [Francisco de Sousa] pelo desassombro, quase atrevimento que falava e se impunha; Vieira pela sugestão pessoal, própria dos oradores de lei, pela verbosidade que entontecia e quase lançava em hipnose o lento D. João IV.[74]

São dois exemplos menores, entre dezenas de outros de mesmo teor nos quais as personalidades dos grandes se batem entre si e determinam os rumos da história.

***

Em resumo e para finalizar de maneira mais abrupta do que seria conveniente: todos esses procedimentos demonstram que, seja na concepção historiográfica personalista e dramática, seja no esmero estilístico, é certo que, diferentemente do que alega com modéstia afetada, ao biógrafo João Lúcio de Azevedo nunca lhe faltou pulso nem gosto para o desenho vivo do biografado (morto). E dito isto, é difícil não imaginar que ao menos parte do êxito de sua biografia se deveu a uma meticulosa arte de esconder a arte, como se desaparecesse o biógrafo e o biografado se deixasse naturalmente contar pelo legado de seus papéis. Quer dizer, dito de outro modo, como não ser tentado a concluir que a biografia mais convincentemente histórica é a mais discursivamente disfarçada? Que, enfim, o êxito de uma biografia reside em larga medida na sua habilidade discursiva para se apresentar em público com a face histórica limpa de discurso? "História de António Vieira", desse ponto de vista, é um caso clássico.

---

74   AZEVEDO, J. L. de. *História de António Vieira*, p. 54.

A história como reflexo e ensinamento

Susani Silveira Lemos França

No prólogo de sua crônica do século XIII, a *Historia Major Anglorum*,* o monge inglês Mateus Paris (1200-1259) apresenta, à moda do seu tempo, um manifesto em favor de confiar à história escrita "a vida e a morte dos homens, e os acontecimentos diversos que ocorrem no mundo". Defendia ele que "consignar e tornar duráveis para a posteridade tantas coisas prodigiosas" não podia ser condenável, como cogitavam alguns dos seus contemporâneos,[1] pois "a natureza colocou no coração de todo homem o desejo de conhecer", diferentemente do quinhão que tinha sido concedido aos animais, a estupidez. Além disso, a lembrança sempre renovada, ou seja, sucessiva, que garantia que cada um não fosse também esquecido, tinha sido arma de Moisés, dos evangelistas e de escritores como Eusébio

---

* Todas as fontes citadas neste capítulo foram traduzidas e modernizadas pela autora.

[1] Vale lembrar que a escrita na Idade Média só aos poucos foi ganhando confiança. A crença de que as declarações pessoais, muitas vezes feitas sob juramento, por testemunhas, eram mais confiáveis, só no século XII começa a enfraquecer, pois os registros escritos ainda pareciam "uma dádiva duvidosa, porque pareciam matar a eloquência viva e a confiança, e substituí-las por um simulacro mumificado, sob a forma de um pedaço de pergaminho". CLANCHY, M. T. *From Memory to Written Records (1066-1300)*. Oxford: Blackwell, 1993, p. 296-297.

de Cesareia (265-339), Jerônimo (347-420), Beda (672-735) e vários outros para "inspirar o desejo de imitar os bons e o horror pelo exemplo dos malévolos". Como estes, outros escritores sacros mais recentes, nomeadamente Mariano Escoto (1028-83), que escreveu sua *História Universal* quando já as crônicas[2] locais começavam a ganhar espaço, e Sigisberto, cronista franco do século XII, são definidos por Mateus Paris como "cronistas verídicos".[3] O beneditino inglês apresenta, nesse panegírico da "lembrança pela escrita", quatro traços que se afirmaram como definidores e constituintes da história escrita no seu tempo. São eles: a capacidade de contornar a finitude das coisas, em especial as notáveis; a história como conhecimento; o rememorar como forma de redefinição do vir a ser, ou seja, o potencial pedagógico da recordação; e, por fim, a veracidade como prerrogativa da boa história.

Essas propriedades ou características atribuídas ao fazer histórico medieval já há tempos vêm sendo problematizadas pelos historiadores, não mais convencidos da sua pertinência ou incontornabilidade. Todavia, cabe aqui examinar mais detidamente, dados os limites deste capítulo, duas delas: a pretensão a espelhar a realidade e a aspiração de ensinar, dois traços estruturantes que pareceram muito convincentes para os medievais e tiveram vida longa na definição das funções e razões de ser da história, permanecendo ainda de forma subliminar na apreensão da história pelos não especialistas e por aqueles historiadores

---

2   O termo crônica será utilizado neste texto como sinônimo de história, dado que, como destaca Bernard Guenée, nos séculos XIII e XIV, a crônica, que tinha sido a "prima pobre" da história, torna-se sua única e legítima herdeira. GUENÉE, B. Histoire et Chronique. Nouvelles réflexions sur les genres historiques au Moyen Age. In: *La chronique et l'histoire au moyen age*. Textos reunidos por Daniel Poirion. Colloque des 24 et 25 mai 1982. Presses de l'Université de Paris-Sorbonne, p. 10.

3   MATTHIEU PARIS. *Grande Chronique de Matthieu Paris*. Traduite en français par A. Huillard-Bréholles, accompagnée de notes, et précédée d'une introduction par le Duc de Luynes. Tome Premier. Paris: Paulin, Libraire-Editeur, 1840, p. 1-3.

que desconsideram que pensar sobre o conhecimento que produzem é reconhecer a historicidade deste próprio conhecimento.

1. A perenidade possível

Do século XII ao XV, quando a escrita da história ganha o território das línguas vernáculas e quando, aos poucos, as histórias dos reinos particulares vão conquistando espaço em detrimento das histórias universais,[4] torna-se corrente a afirmação de que o registro das coisas passadas podia servir para contornar a circunscrição da existência, bem como seu corolário, o esquecimento. O historiador do século XII, Guillaume de Tyr (ou Guilherme de Tiro, 1130-1186), nascido em Jerusalém e conhecido por sua história do Oriente latino desde a conquista desta cidade pelos cruzados, escreve, em sua *Histoire rerum in partibus transmarinis gestarum*, que teve de "marchar entre dois precipícios" e se expor a "numerosos perigos" para "não deixar enterrar no silêncio e cair no esquecimento as ações" passadas e para "conservar diligentemente a lembrança para a posteridade".[5] Tempos depois, no século XIV, o célebre escritor francês Jean de Froissart (aprox. 1337-c. 1405), que compôs, além de contos e poemas, crônicas sobre "os honráveis acontecimentos e notáveis feitos de armas que ocorreram por ocasião das grandes guerras da França e da Inglaterra",[6] declara, por exemplo, que tinha se disposto

---

4 GUENÉE, B. *Histoire et Culture Historique dans l'Occident médiéval*. Paris: Aubier Montaigne, 1980, p. 309.

5 GUILLAUME DE TYR. Chronique de Guillaume de Tyr. Traduit du latin, présenté et annoté par Monique Zerner. In: *Croisades et Pèlerinages*. Récits, Chroniques et Voyages en Terre Sainte XIIe-XVIe siècle. Édition établie sous la direction de Danielle Régnier-Bohler. Paris: Éditions Robert Laffont, S.A., 1977, p. 507-509.

6 FROISSART, J. *Oeuvres de Froissart*. Publiées avec les variantes des divers manuscrits, par M. Le varon Kervyn de Lettenhove. Chroniques. Tome Deuxiéme. 1322-1339 (Depuis le Prologue jusqu'au commencement de la guerre de Cent ans.). Bruxelles: Comptoir Universel D'Imprimerie et de librairie, 1867-1877, p. 4 e p. 1.

a registrar por escrito para que tais feitos fossem "postos em perpétua memória".[7] Na sua esteira, seu sucessor Enguerran de Monstrelet (aprox. 1390/1395-1453) anuncia que se comprometia a escrever, correndo todos os riscos a que um historiador estava sujeito, porque, se não o fizesse, estaria roubando e calando "a honra e proeza dos homens valentes" que tanto arriscaram sua própria vida e, por isso, mereciam que "a sua glória e seu louvor fossem expressos e perpetuamente denunciados para exaltação de seus nobres feitos".[8] E Georges Chastellain (1405-1475), cronista dos duques de Borgonha, não é menos categórico em afirmar que registrará as "maravilhas e elevadas obras feitas" por Filipe III, o Bom, filho de João sem Medo, porque "eram dignas de recitação eterna".[9]

Pela mesma época, o não menos célebre cronista castelhano Pero Lopez de Ayala (1332-1407), atualizando uma tópica do seu tempo sobre o papel dos escritos, destaca sua função de manter "as ciências e grandes feitos" em "relembrança perdurável".[10] Do mesmo modo que os cronistas citados, muitos outros de reinos europeus[11] louvaram o seu fazer e enfatizaram a garantia de perpetuidade como seu principal atributo. Tal predicado, como é sabido, não pode ser pensado como específico desse tempo e foi, sem dúvida, reafirmado por historiadores

---

7   FROISSART, J. *Oeuvres de Froissart*, p. 1.

8   D´ENGUERRAN DE MONSTRELET. *La Chronique D´Enguerran de Monstrelet*: en deux livres, avec pièces justificatives. 1400-1444. Publiée pour la société de l´Histoire de France par L. Douët-D´Arcq. Tome Premier. Paris: Chez Mme Ve Jules Renouard; Libraire de la sociètè de l´Histoire de France, 1857, p. 4.

9   GEORGE CHASTELLAIN. Oeuvres Historiques Inédites. In: *Choix de chroniques et mémoires sur l´histoire de France*. Avec notices biographiques par J. A. C. Buchon. Paris: A. Desrez, Libraire-Éditeur, 1837, p. 6.

10 AYALA, D. P. L. de. *Cronicas de los reyes de Castilia*. Don Pedro, Don Enrique II, Don Juan I, Don Enrique III, por D. Pedro Lopez de Ayala. Tomo I – Que comprende la Cronica del Rey Don Pedro. Madri: Imprenta de A. de Sancha, 1779, p. XXIX.

11 Entre eles: Pedro de Barcellos e Fernão Lopes.

nos séculos seguintes, todavia, essa crença no poder de preservação da história sofreu alterações tão significativas que podemos nos perguntar se continuou a ser a mesma depois que, no século XIX, a intensificação da consciência histórica veio lançar o problema da interdependência entre história e linguagem[12] e pôr em questão a identificação entre as palavras e as coisas.[13]

O potencial de garantir a perpetuidade da história foi, porém, no contexto dos séculos XII, XIII, XIV e XV, largamente amparado em tal identificação. Os homens que registraram o passado deixaram nítida, ou ao menos sugerida, a concepção de memória como espelho que sustentava seu registro. Concebendo, assim, a história ainda por inspiração das técnicas antigas de recordação,[14] isto é, como arquivamento de ideias e eventos, os cronistas construíram seus edifícios históricos como se estes pudessem valer como documentos transparentes do passado.[15] A história que escreveram estava ainda presa à referida concepção antiga de que a memória bem trabalhada podia se transformar em espelho da totalidade do mundo, mesmo que em doses parciais – já que as histórias dos reinos particulares vinham se sobrepondo às

---

12 Richard Palmer explica que, para Hans-Georg Gadamer e Martin Heidegger, "a linguagem, a história e o ser não estão inter-relacionados, mas sim misturados, de modo que a linguisticidade do ser é simultaneamente a sua ontologia – o seu tornar-se ser – e o meio da sua historicidade". PALMER, R. E. *Hermenêutica*. Tradução de Maria Luísa Ribeiro Ferreira. Lisboa: Edições 70, 1999, p. 181.

13 FOUCAULT, M. *As palavras e as coisas*: uma arqueologia das ciências humanas. Tradução de Salma Tannus Muchail. São Paulo: Martins Fontes, 2000, p. 418-423.

14 YATES, F. *A arte da memória*. Tradução de Flavia Bancher. Campinas: Unicamp, 2007, p. 17-71.

15 Marco Túlio Cícero (106 a. C.-43 a. C.), por exemplo, acreditava que o uso adequado dos sinais, isto é, a linguagem, poderia espelhar com precisão as opiniões a respeito do significado dos eventos descritos em vez de os próprios acontecimentos. Cf. COLEMAN, J. *The critical texts of antiquity*. In: *Ancient and medieval memories*: studies in the reconstruction of the past. Nova York: Cambridge University Press, 1995, p. 45.

histórias do povo cristão que tinham sido prioritárias na Alta Idade Média. A despeito, pois, de registrarem as glórias de franceses, ingleses, castelhanos, portugueses etc., o compromisso assumido com a integralidade do passado fundava-se na crença de que a memória histórica podia refletir o mundo, dado que, para eles, o papel do eu ou da própria historicidade na fundamentação do conhecimento ainda não tinha se tornado fundamental e interferido no entendimento desse que era considerado um caso particular de memória: o conhecimento do passado.[16] Melhor dizendo, para os que se dedicavam a registrar o passado, o seu fazer melhor se definia como meditação, como reflexão sobre os eventos ocorridos e não como uma elaboração ou uma construção,[17] em que a intervenção de fatores subjetivos, sociais e políticos punha em questão a possibilidade de identificação entre as palavras e as coisas. Os cronistas medievais, como seus coetâneos, entendiam, ao contrário, que as palavras estavam incumbidas de servir de signos transparentes e inequívocos das "coisas" que constituíam a realidade.[18] Além disso, o sentimento de unidade do tempo passado que caracterizava a consciência medieval, orientada pela salvação,[19] favorecia aquela ambição totalizante.[20]

---

16 GUITTON, J. *Le temps et l'éternité chez Plotin et saint Augustin*. Paris: Librairie philosophique J. Vrin, 1959, p. 244.

17 Sobre o caráter cognitivo da memória, ver: RICOUER, P. *Memória, história e esquecimento*. Tradução de Alain François *et al*. Campinas: Unicamp, 2007, p. 40-44.

18 Segundo Michel Foucault, a linguagem era o lugar das revelações. A representação, como lembra o filósofo, se dava como repetição: "teatro da vida ou espelho do mundo". Cf. FOUCAULT, M. *As palavras e as coisas*, p. 23.

19 Sobre a noção de tempo como lugar da salvação no pensamento cristão, ver: GUITTON, J. Le present, le passé et l'avenir. In: *Le temps et l'éternité chez Plotin et saint Augustin*, p. 235-237.

20 GUENÉE, B. *Histoire et Culture Historique dans l'Occident médiéval*, p. 21.

Os cronistas, pois, não hesitavam em afirmar que apresentariam um registro fiel dos acontecimentos, "espelho da vida",[21] como define o monge de Saint Denis no século XIII, Primat;[22] ou "um vivo espelho [...] das coisas passadas",[23] como dizia o cronista português quatrocentista Rui de Pina (1440-1522) e o cronista e jurista castelhano Lorenzo Galindez de Carvajal (1472-1525);[24] ou a "substância das principais coisas",[25] como afirma Gomes Eanes de Zurara (1410-1474) – antecessor de Pina no cargo de cronista-mor do reino de Portugal. Quando o faziam com tanta credulidade, é porque tinham naturalizada a ideia de registro escrito como espelho, ou seja, não incluíam entre suas preocupações, nem poderiam no conjunto dos seus possíveis, aquilo que se tornaria problema na modernidade: o entendimento de que em qualquer elaboração intelectual, como é o caso da história, a intromissão de fatores subjetivos e a historicidade das percepções e da própria linguagem abalam qualquer ambição de fazer da memória e da história o reflexo do mundo exterior, ou melhor, qualquer ambição de reproduzir, na inteireza, as ações, os deslocamentos, os parâmetros e as nuances do

---

21 LES GRANDES *Chroniques de France*, selon que elles sont conservées en l'église de Saint-Denis en France. Publiées par M. Paulin Paris. Tome Premier. Paris: Techener Libraire, 1836, p. 2.

22 GUENÉE, B. *Les* "Grandes chroniques de France". Les Roman aux roys 1274-1518. In: NORA, P. (dir.). *Les Lieux de Mémoire*. Paris: Éditions Gallimard, 1997, p. 739-758.

23 RUI DE PINA. Crônica de D. Afonso V. In: *Crónicas*. Introdução e revisão de M. Lopes de Almeida. Porto: Lello & Irmão Editores, 1977, p. 583.

24 GALINDEZ DE CARVAJAL, L. Memorial y registro breve de los lugares donde el Rey y Reina Católicos, nuestros Señores, estuvieron cada año... In: *Crónicas de los reyes de Castilla desde Don Alfonso el sábio, hasta los católicos Don Fernando y Doña Isabel*. Biblioteca de autores españoles, desde la formación del lenguaje hasta nuestros días. Colección ordenada por Cayetano Rosell. Tome Terceiro. Madri: M Rivadeneyra, 1878, p. 585.

25 ZURARA, G. E. *Crónica da Tomada de Ceuta*. Edição Francisco Maria Esteves Pereira. Lisboa: Academia das Sciências de Lisboa, 1915, p. 45.

mundo concreto.[26] Suas crenças, na verdade, estariam ainda mais presas às definições do pensador visigodo Isidoro de Sevilha (c. 560-636), que, na sua célebre obra *Etimologias*, define a história como "a narração de fatos acontecidos, pela qual se conhecem os sucessos que tiveram lugar em tempos passados".[27] Suas crenças faziam igualmente ecoar os ensinamentos de Hugo de São Vítor (1096-1141) – cuja obra de forte cunho pedagógico teve uma notável aceitação na Idade Média – de que "a história e a verdade dos fatos" são a base de todo aprendizado e que, na história, deveria ser retomado "do começo ao fim 1) o que foi feito, 2) quando foi feito, 3) onde foi feito, 4) por quais pessoas foi feito"; em suma, "a pessoa, o fato, o tempo e o lugar".[28]

Em busca de realizar tão elevada e árdua tarefa, o referido cronista francês Enguerran de Monstrelet declara, em sua *Chronique*, estar determinado a seguir sua "matéria desde o começo" de seu livro "até o fim", sem "favorecer nenhuma parte" e buscando "restituir a cada uma verdadeira declaração de seu feito". Apresenta-se, pois, como um "mero expositor",[29] da mesma forma que, por exemplo, o cronista português Fernão Lopes, autodefinindo-se "ajuntador" de histórias[30] e considerando a história como "testemunha dos tempos antigos", proclama seu empenho em reunir "as

---

26 WHITE, H. *El contenido de la forma*: narrativa, discurso y representación Histórica. Barcelona: Paidós Básica, 1992, p. 188.

27 ISIDORO DE SEVILHA. *Etimologias*. Texto latino, versión española y notas por Jose Oroz Reta y Manuel –A. Marcos Casqueiro. Introdución general por Manuel C. Diaz y Diaz. Madri: Biblioteca de Autores Cristianos, 2004, Libro 1, 41. Sobre la historia, 1, p. 349.

28 HUGO DE SÃO VÍTOR. *Didascálion*: da arte de ler. Introdução e tradução de Antonio Marchionni, 2ª ed. Bragança Paulista: Editora da Universidade São Francisco, 2007, p. 235.

29 D´ENGUERRAN DE MONSTRELET. *La Chronique D´Enguerran de Monstrelet*, 1400-1444, p. 4-5.

30 LOPES, F. *Chronica de El-Rei D. Pedro I*. Lisboa: Escriptorio, 1985, prólogo, p. 10.

Questões que incomodam o historiador 179

coisas" consentidas por vários e aquelas "mais chegadas à razão",[31] e diz-
-se preocupado em não deixar que a afeição pelos seus conterrâneos lhe
fizesse esquecer as "coisas contrárias que também compõem as histórias".[32]
Como Enguerran e Lopes, apela à declaração de imparcialidade George
Chastellain, ao confessar seu empenho em afastar, na sua história, "toda
parcialidade, suspeita e favor", cuidando para que "a glória de um não
ofusque a do outro, mas a cada um seja guardada sua porção de acordo
com o desdobramento e os sucessos do ocorrido".[33]

Essa vontade de fazer da história testemunha ou prova dos tempos
passados estava em larga medida ligada à confiança no poder do escrito que, a partir do século XII, a despeito de certo apego ao respaldo da
memória viva,[34] ajudou a afirmar este poder da história de refletir, de
reproduzir os eventos. Os compiladores de histórias, como gostavam
de se definir, atribuíam aos seus escritos um caráter documental, ou
melhor, acreditavam que um trabalho diligente e cuidadoso permitir-
-lhes-ia chegar o mais próximo possível daquilo que foi. Como alega
Philippe de Commynes (1447-1511), confidente do rei Luís XI e autor
de suas memórias, seu alvo era escrever o que sabia e conhecia "dos

---

31 LOPES, F. *Crónica de D. João I de boa memória*. Ed. William J. Entwisle. Lisboa: Im-
    prensa Nacional Casa da Moeda, 1977, vol. II, p. 83.
32 LOPES, F. *Crónica de D. João I de boa memória*, vol. I, p. 2.
33 GEORGE CHASTELAIN. *Oeuvres Historiques Inédites*, p. 4.
34 Como nota M. T. Clanchy, em *From Memory to Written Record. England 1066-1307*,

feitos" de Luís XI, sem "mentir em nada", confessa ele.[35] Seu relato escrito, assim, poderia substituir sua voz e funcionar como "testemunha tão verdadeira" das coisas passadas.[36]

O fortalecimento da memória escrita em detrimento da oral, baseada nos juramentos e cerimônias públicas, esteve, pois, ligado à afirmação da vantagem da prova documental, não tão instável e movediça como o depoimento oral, não tão facilmente alterável como se mostrava a palavra de uma pessoa.[37] Essa afirmação, no entanto, foi lenta e não foi fácil apagar as dúvidas sobre a estabilidade da escrita, em especial porque, como veremos no último tópico, era preciso convencer sobre sua veracidade e desmistificar o paradoxo negativo que ainda assombrava a escrita: o de ser um artifício de memória que levava ao esquecimento, pois ameaçava a verdadeira memória, a que vinha de dentro e dependia da sabedoria.[38] Os escritos, ao contrário, já não pareciam uma ameaça à eloquência viva, à memória verdadeira dos sábios, pois começavam a ser vistos como uma ferramenta contra o olvidar.[39]

Tal ambiguidade da escrita e dúvida sobre se era remédio ou veneno da memória diluem-se a partir do século XII, sobretudo quando se trata da memória histórica.[40] Pelo que se pode notar nos prefácios ou partes

---

não houve uma linha reta e simples dos progressos da memória para o registro escrito. As pessoas tiveram que ser convencidas – e era difícil fazê-lo – de que a prova documental era uma melhoria suficiente sobre os métodos existentes para merecer a despesa extra e domínio que as novas técnicas exigiam", p. 294, tradução nossa.

35 *Historiens et chroniqueurs du moyen age*: Robert de Clari, Villehardouin, Joinville, Froissart, Commynes. Ed. Établie et annotée par Albert Pauphilet, textes nouveaux commentés par Edmond Pognon. Paris: Gallimard, 1952, p. 949.
36 RUI DE PINA. Chronica d´ElRey D. João II. In: *Crónicas*. p , 889.
37 CLANCHY, M. T. *From Memory to Written Records (1066-1300)*, p. 294-295.
38 YATES, F. *A arte da memória*, p. 59-60.
39 CLANCHY, M. T. *From Memory to Written Records (1066-1300)*, 296-297.
40 Tomadas aqui não como excludentes, mas complementares, a memória coletiva e a

metalinguísticas das crônicas dos séculos XII, XIII, XIV e XV, a história apresenta-se não simplesmente como um complemento útil à memória, mas como a principal garantia para sua perduração. Na *Primera crónica general: Estoria de España que mandó componer Alfonso el sabio*, o cronista interpela o leitor acerca da escrita, interrogando: "qual sabedoria ou engenho de homem se poderia lembrar de todas as coisas passadas" sem tal instrumento? E, abrindo a crônica com uma tópica comum no seu tempo[41] – retomada por vários outros cronistas –, louva os antigos por terem se apercebido de como "as coisas mudam de várias formas" e, por isso, "escreveram os feitos tanto dos loucos como dos sábios, e também dos que foram fiéis à lei de Deus e os que não". Tinham ainda escrito, entre outras coisas, "as gestas dos príncipes, tanto dos que fizeram mal quanto dos que fizeram bem", mas especialmente eram louváveis os escritos, "as escrituras", por nos permitirem saber "da criação do mundo", as passagens envolvendo os patriarcas, os reis de Jerusalém e o advento de Cristo, com todas suas etapas glamorosas. Recorda o cronista que não teríamos sabido "nada se, morrendo aqueles que viveram na época que foram esses feitos, não deixassem escritos", e adverte que deveríamos exaltar os que o fizeram, porque soubemos por eles "o que não saberíamos de outra maneira".[42]

---

    memória histórica, apoiando-se em regras de reconstrução distintas, chegam, inevitavelmente, a conhecimentos distintos do passado. Segundo Maurice Halbawchs, a memória coletiva pode, por vezes, se enfrentar de modo contundente com a racionalidade da história feita pelos historiadores, em outros momentos, pode ser complementar à memória histórica. HALBWACHS, M. *A memória coletiva*. São Paulo: Centauro, 2006, especialmente p. 14-15, 71-113 e 132.

41   Muitos outros gêneros medievais, não apenas crônicas, repetem esta fórmula nos prefácios, incluindo os livros de montaria e outras crônicas.

42   *Primera crónica general*: Estoria de España que mandó componer Alfonso el sabio y se continuaba bajo Sancho IV en 1289. Publicada por Ramón Menéndez Pidal. Tomo I – Texto. Madri: Bailly-Bailliere é Hijos Editores, 1906, p. 3-4.

Esse potencial de preservação aparece sob várias formas nas crônicas. Jean Chartier, monge da abadia de Saint Denis, a partir de 1430, e historiador da França, fazendo uso de uma fórmula de humildade na sua *Chronique de Charles* VII, pede a Deus que intervenha para evitar que, "pela indignidade do escriba, a coisa verdadeira seja privada de seu caráter de verdade".[43] Explicita, assim, com clareza, o pressuposto de que as coisas e os eventos tinham em si uma verdade. Já o castelhano Fernão Peres de Gusmão (1376-1458) adita também elementos que ilustram a naturalização da função de preservação e do caráter documental da história. Retomando a mesma tópica dos escritos como garantia de perpetuação e instrumento de previsibilidade, confessa ter seguido os antigos e registrado os feitos de D. João II de Castela e Leão para que estes não fossem esquecidos.[44] Mas é em sua crônica sobre Henrique III que Fernão Peres de Gusmão melhor sintetiza a crença corrente na Idade Média de que a história deveria ser espelho dos acontecimentos. Critica ele os cronistas que não se comprometeram com o que realmente cabia à história, e lança uma espécie de alegação aos historiadores sobre a razão de ser dos escritos históricos. Sua advertência é dirigida àqueles que preferem "relatar coisas estranhas e maravilhosas em lugar das verdadeiras e certas".[45] Sem, portanto, pôr em

---

43 CHARTIER, J. *Chronique de Charles* VII, *roi de France*. Nouvelle édition, revue sur les manuscrits suivie de divers fragmens inédits publiée, avec, notes, notices et éclaircissemens par Vallet de Viriville. Tome I. Paris: Chez P. Jannet, 1858, p. 4.

44 GUZMAN, F. P. de. Crónica del serenísimo príncipe Don Juan, segundo rey deste nombre. In: *Crónicas de los reyes de Castilla* desde Don Alfonso el Sabio, hasta los católicos Don Fernando y Doña Isabel. Biblioteca de autores españoles, desde la formación del lenguaje hasta nuestros dias. Colección ordenada por Don Cayetano Rosell. Tomo Segundo. Madri: M. Rivadeneyra, 1877, p. 277.

45 GUZMAN, F. P. de. Generaciones, semblanzas é obras de los excelentes reys de españa Don Enrique el tercero é Don Juan el segundo, y de los venerables perlados y notables caballeros que em los tiempos destos reyes fueron. In: *Crónica del serenísimo príncipe Don Juan...*, p. 697.

dúvida a possibilidade de apreensão do certo – pois esta é uma preocupação que apenas será suscitada na modernidade[46] –, o cronista castelhano condena aqueles que, segundo ele, teriam falsificado "os notáveis e memoráveis feitos, dando fama e renome aos que não o mereceram e tirando aos que com grandes riscos de suas próprias pessoas e gastos de seus bens" estiveram a serviço do rei e honraram sua linhagem. Condena do mesmo modo aqueles que não desejaram senão fama, realizando feitos com a finalidade apenas que seu "nome permanecesse luminoso e glorioso nas histórias" e não propriamente pelo proveito que deles se poderia tirar. É, porém, mais contundente na defesa de que a história devia ser espelho do "fato como se passou", ao alegar a inutilidade e contradição das histórias "mentirosas e falsas", pois privariam do fim "de seus merecimentos, que é a fama", aqueles "nobres e valentes homens" que tinham trabalhado duramente.[47]

Dessas asserções dos cronistas sobre o compromisso e o potencial da história de funcionar como espelho do ocorrido, alguns aspectos merecem ser destacados. Em primeiro lugar, o fato de que os cronistas, ao ressaltarem os méritos dos protagonistas de suas crônicas na abertura dos textos, pareciam convencidos de que um retrato de seus feitos precisava ser realizado, ou melhor, que suas histórias precisavam necessariamente ser contadas para que seus feitos ganhassem memória eterna através da escrita. Pareciam, pois, convencidos de que era o feito que fazia a história e não o contrário – como mais tarde vieram a propor alguns teóricos da história. Em segundo lugar, seu louvor à escrita, que alguns ainda temiam, era sustentado em grande parte pela crença na possibilidade de transparência desse recurso e, especialmente, na

---

46 RORTY, R. *A filosofia e o espelho da natureza*. Tradução de Jorge Pires. Lisboa: Dom Quixote, 1988, especialmente p. 20 e cap. IV.

47 GUZMAN, F. P. de. Generaciones, semblanzas é obras de los excelentes reys de españa Don Enrique el tercero é Don Juan el segundo, y de los venerables perlados y notables caballeros que em los tiempos destos reyes fueron, p. 697.

sua capacidade de amenizar a fugacidade da existência. Por fim, vale aqui mencionar, antes de partirmos para o exame do segundo ponto, como a incontornável intervenção do historiador na elaboração da história passa ainda longe de uma contemplação do caráter interpretativo da própria linguagem,[48] bem como da consideração da subjetividade como componente da construção historiográfica;[49] a única intervenção contemplada é a consciente, deliberada e mal intencionada daquele que registra, como destaca Fernão Peres, ao falar de mentirosos e falsários, e como destacam vários outros cronistas, ao falarem de historiadores honestos e desonestos.[50]

Do mesmo modo que conceberam seu fazer como documento do passado, os cronistas empenharam-se em justificar o conhecimento das ocorrências passadas como forma de interferir no presente e no futuro. Vejamos, pois, como esse potencial da história é delineado e como está profundamente dependente do aspecto anteriormente examinado.

---

48   A hermenêutica, no século XX, veio levantar o problema de que a verdade não pode ser tomada como correspondência especular e alcançável pelo confronto entre nossas proposições e coisas ou acontecimentos do mundo que seriam independentes da nossa linguagem. A linguagem passou assim a ter um papel ativo na escrita da história. GADAMER, H.-G. A virada ontológica da hermenêutica no fio condutor da linguagem. In: *Verdade e método* I. Tradução de Flávio Paulo Meurer, 5ª ed. Petrópolis, RJ: Vozes, 1997, p. 559-661 e PALMER, R. E. *Hermenêutica*, p. 51-52.

49   Com os desdobramentos do fazer histórico no século XX, uma das questões mais contundentes levantadas foi acerca do papel da subjetividade no fazer história. Cf. RICOEUR, P. A história e a narrativa. In: *Tempo e narrativa*, I. Tradução de Constança Marcondes Cesar. Campinas, SP: Papirus, 1994, especialmente p. 142.

50   GALINDEZ DE CARVAJAL, L. *Memorial y registro breve de los lugares donde el Rey y Reina Católicos, nuestros Señores, estuvieron cada año...*, p. 585.

2. Lembrar para aprender

Jean de Froissart, no prólogo de suas *Chroniques de France, D'Engleterre, D'Escoce, de Bregtaigne, D'Espaigne, D'Ytalie, de Flandres et D'Alemaigne*, anuncia que a sua disposição para escrever, além da supracitada vontade de perpetuar a memória, era permitir que nos seus escritos se pudesse "tomar exemplo".[51] Tal proposição, mais até do que aquelas referentes à necessidade de contornar a transitoriedade da existência e o caráter devorador do tempo, é um dos tópicos mais recorrentes nos escritos históricos medievais. Configurando-se como um dos eixos da concepção ciceroniana da história,[52] a interpretação do passado como guia imperecível para o comportamento virtuoso ampara-se na ideia de que a história era uma espécie de reservatório de experiências a serem apreendidas pelos leitores ou ouvintes, que deveriam fazer suas as experiências alheias a fim de repetir sucessos anteriores.[53]

No *Memorial de Diversas Hazañas*, o cronista castelhano Mosen Diego de Valera (c. 1412-1488), articulando, como seus congêneres, a história como documento e como meio de saber o que de outra forma não seria possível, justifica seu trabalho de escrita como uma forma de tirar da sepultura e do esquecimento as "façanhas e virtuosas obras", e lançar luz sobre elas lhe parecia ser "honesto e proveitoso trabalho" não só pela recompensa que trariam para os "obradores", mas porque, por seu exemplo, outros se esforçariam para realizar obras semelhantes.[54]

---

51 FROISSART, J. *Oeuvres de Froissart*, p. 1
52 *Historia vero testis temporum, lux veritatis, vita memoriae, magistra vitae, nuntia vetustatis, qua voce alia nisi oratoris immortalitati commendatur.* CICERO, M. T. *De Oratore*. Trans. E. W. Sutton and H. Rackham. The Loeb Classical Library. Cambridge, Mass.: Harvard UP; Londres: William Heinemann, Ltd., 1967 (Cicero In Twenty Eight Volumes), p. 224 e 225.
53 COLEMAN, J. *Ancient and medieval memories*, p. 47.
54 DIEGO DE VALERA. Memorial de Diversas Hazañas. In : *Crónicas de los reyes de Castilla*

Outro cronista espanhol, Hernando Del Pulgar (Toledo, 1436?-1493), servidor de Henrique IV e dos reis católicos, na sua *Crónica de los Señores reyes católicos Don Fernando y Doña Isabel de Castilla y de Aragon*, destaca a utilidade da história por permitir aos "presentes saber dos fatos passados", pois "nos mostram no decurso desta vida o que devemos saber para seguir".[55] Afirmava, assim, o que, pelo que se pode notar em muitas outras referências, era crença corrente entre seus coetâneos, a saber: que os desdobramentos do tempo eram orientados para um fim, mais especificamente, para a salvação.[56] Alimentados pelas proposições do Cristianismo e contribuindo para firmá-las ou redefini-las, eles construíram suas histórias tomando como referência o que estava, implícita ou explicitamente, relacionado à salvação e à danação, ou melhor, aos caminhos para o Paraíso, por meio das virtudes, e para o Inferno, por meio dos vícios.[57]

O olhar sobre o passado era, portanto, num sentido mais amplo, sempre conduzido ou filtrado por esta meta transcendente, que devia funcionar como uma espécie de guia das ações, porém, sem perder de vista um passado que se apresentava como o fio para a eternidade:

---

desde Don Alfonso el Sabio, hasta los católicos Don Fernando y Doña Isabel. Biblioteca de autores españoles, desde la formación del lenguaje hasta nuestros dias. Colección ordenada por Don Cayetano Rosell. Tomo III. Madri: M. Rivadeneyra, 1878, p. 3.

55 HERNANDO DEL PULGAR. *Crónica de los Señores Reyes Católicos Don Fernando y Doña Isabel de Castilla y de Aragón*. Cotexada con antiguos manuscritos y aumentada de varias ilustraciones y enmiendas. Valencia: En la imprenta de Benito Monfort, 1780, p. 1.

56 Apesar da seu empenho taxonômico e, por isso mesmo, contrário a qualquer proposta descritiva, como a que aqui se apresenta, vale recordar a tentativa de François Hartog de explicar tal orientação da história. Enquadrando-a como uma das modalidades de tempo ou "regime de historicidade", propõe que o tempo cristão ganha sentido em referência a tudo aquilo que já se cumpriu (os episódios do Antigo e Novo Testamento) e em referência a uma esperança do fim, uma espera do Julgamento. Cf. HARTOG, F. *Régimes d'Historicité*. Présentisme et Expériences du Temps. Paris: Éditions du Seuil, 2003, especialmente p. 68-69.

57 YATES, F. *A arte da memória*, p. 78-79.

lembrar o Princípio e projetar o Fim.[58] Mais precisamente, o que se pode dizer é que a experiência temporal humana narrada pelos cronistas, e por seus contemporâneos, apenas ganha sentido quando pensada em contraste com a "energia do imutável",[59] a eternidade.[60] A relação entre o tempo e a eternidade, porém, diferentemente do que ocorre na obra dos filósofos medievais, como Santo Agostinho e São Tomás,[61] só de forma implícita aparece na justificação do sentido da rememoração para modelar o presente e o futuro. Ao levantar o problema da tangência do temporal com a eternidade, Agostinho tentava explicar a experiência temporal tripartida como movimento da alma – lembrar, estar atento e esperar, respectivamente, passado, presente e futuro[62] –, melhor, tentava entender a relação entre o ser do homem e o ser de Deus,[63] o corpo e a alma, o acidental e a essência.[64]

Longe de entrar em questões dessa complexidade, mas sem dúvida naturalizando a ideia de que o tempo devia ser o lugar do crescimento espiritual[65] – o desenvolvimento espiritual se dava em um verdadeiro

---

58   Sobre a relação entre tempo e eternidade, ver: RICOEUR, P. As aporias da experiência do tempo. In: *Tempo e narrativa*, I, p. 52-53.

59   GÜNTHER, H. *Le temps de l'histoire*. Paris: Éd. de la Maison des sciences de l'homme, 1996, p. 27.

60   Cf. GUITTON, J. *Le temps et l'éternité chez Plotin et saint Augustin*.

61   Admitindo que o tempo é um momento da eternidade, como São Tomás também fará, Agostinho procurará entender a tripartição do temporal: passado, presente e futuro. GUITTON, J. Le present, le passé et l'avenir. In: *Le temps de l'histoire*, p. 223-270.

62   SANTO AGOSTINHO. *Confissões*. Tradução de J. Oliveira Santos e A. Ambrósio de Pina, 12ª ed. Braga: Livraria Apostolado da Imprensa, 1990, especialmente, livro XI; RICOUER, P. As aporias da experiência do tempo. In: *Tempo e narrativa*, I, p. 40.

63   GUITTON, J. Le present, le passé et l'avenir. In: *Le temps et l'éternité chez Plotin et saint Augustin*, p. 224-225.

64   GUITTON, J. Le present, le passé et l'avenir, p. 310.

65   GUITTON, J. Le present, le passé et l'avenir, p. 238.

processo de maturação, em que eram inevitáveis as provações históricas experimentadas pelos homens –, os cronistas medievais conceberam a história como instrumento para tal maturação. Tal concepção explica as incontáveis referências ao seu comprometimento pedagógico. O célebre biógrafo de São Luís, Jean de Joinville (1224-1317), por exemplo, dirigindo-se a Filipe, o Belo (1268-1314), na sua "História de São Luís", declara que escreveu a história daquele rei – já na altura santificado – para que ele, seu irmão e outros "pudessem tirar bom exemplo, e os exemplos, postos à obra". Acrescenta ainda que, antes de contar "seus grandes feitos e de sua cavalaria", contaria o que viu e ouviu de "suas santas falas e seus bons ensinamentos, para que fossem achados uns depois dos outros para edificar aqueles que tiverem acesso a eles".[66]

A mesma preocupação em destacar que o alimento do futuro deveria ser o passado se manifesta nas *Chroniques de Saint Denis*, em cujo prólogo vem declarado que o proveito da obra "era fazer conhecer aos valentes homens a gesta dos reis, para mostrar a todos de onde vem a alteza do mundo". Tal gesta merecia registro, segundo o cronista, por ser "exemplo da boa vida a levar principalmente para os reis e príncipes que têm terras a governar". O cronista, no entanto, acrescenta à apresentação que, nesta história, poderia "cada um achar o bem e o mal, o belo e o feio, o juízo e a loucura, e tirar seu proveito de tudo pelos exemplos da história", ou ao menos parte deles.[67] Destaca, pois, diferentemente de Joinville, o potencial pedagógico da recordação das desvirtudes ou dos erros passados.

Essa capacidade do registro histórico de ensinar por vias opostas é, a propósito, notável em vários outros prólogos e no decorrer de

---

66   JOINVILLE, J. Histoire de Saint Louis. In: *Historiens et chroniqueurs du moyen âge*: Robert de Clari, Villehardouin, Joinville, Froissart, Commynes, p. 204.
67   *Les Grandes Chroniques de France*, prólogo, p. 2.

muitas crônicas. Nas *Crónicas de los Reys de Castilla*,[68] por exemplo, além de ser ressaltado que os bons feitos deviam ser lembrados, não é descartado que a história deveria incluir o que devemos saber "para ter aversão".[69] O mesmo movimento é seguido pelo cronista português Fernão Lopes, ao defender que as "contrárias coisas" deviam compor as histórias.[70] Defendia, desse modo, que os seus conterrâneos não fossem favorecidos em detrimento dos adversários, para que a história não descumprisse sua missão de ensinar aos que depois viessem. É visando tal compromisso que narra os arrependimentos de D. Fernando ou os descomedimentos da justiça de D. Pedro I. É igualmente o que faz Jean Chartier, ao narrar as intrigas cortesãs durante o reinado de Carlos VII com a finalidade, segundo ele, de admoestar os que se "metem neste perigo". Chartier lança um apelo que denuncia o comprometimento pedagógico da sua história: "que este exemplo sirva para edificar acerca deste ponto todo homem de juízo!"[71] É também o que sugere ao comparar Carlos VI da França e Henrique V da Inglaterra, dois reis "tão dessemelhantes": um "a bondade mesma", o outro "um cruel e muito duro justiceiro",[72] mas ambos tinham pelo que estarem presentes na sua história.

O peso do louvável era, porém, bem maior. À semelhança de Joinville a propósito de Luís IX, Lopes louva as "bondades" de D. João I e confessa sua expectativa de que aqueles que depois dele vierem, "assim como de

---

68 Sobre a autoria, ver: Advertência. In: *Crónicas de los reyes de Castilla desde Don Alfonso el Sabio, hasta los católicos Don Fernando y Doña Isabel*, tomo II, p. VI-VIII.

69 *Crónicas de los reyes de Castilla desde Don Alfonso el Sabio, hasta los católicos Don Fernando y Doña Isabel*, tomo III, p. 229.

70 LOPES, F. *Crónica de D. João I*. Parte Primeira, prólogo, p. 2.

71 CHARTIER, J. *Chronique de Charles VII, roi de France*, p. 23.

72 CHARTIER, J. *Chronique de Charles VII, roi de France*, p. 5-6.

mestre, por exemplo, aprendam a ordenança do real regimento".[73] Seus sucessores, como ele, tiveram as virtudes e os feitos louváveis dos seus como fio condutor das suas narrativas. Gomes Eanes de Zurara, por exemplo, numa carta de 1453, dirigida a D. Afonso V, menciona que a principal motivação de sua história centrada nos feitos do Infante D. Henrique não era recompensá-lo pelos seus feitos perpetuando sua memória, mas sim prestar serviço aos tempos vindouros, pois seria lamentável que "de tão santa e tão virtuosa vida não ficasse exemplo" para os próprios portugueses e "para todos outros do mundo que de sua escritura cobrassem conhecimento".[74]

Tal prerrogativa da história é ainda mais bem delimitada na história de um outro jurista e cronista castelhano, Lorenzo Galíndez de Carvajal (1472-1525). No proêmio do seu *Memorial y registro breve de los lugares donde el Rey y Reina Católicos estuvieron cada año, desde el año de sesenta y ocho en adelante hasta que dios los llevo para si [...]*, o cronista, louvando "o costume e uso de escrever histórias e crônicas, tanto em tempos passados como nos presentes", costume, de acordo com ele, "aprovado por longo decurso de tempo", além de "celebrado e confirmado por todas as nações e gentes dotadas de razão", explica o motivo de tão duradoura aceitação: não apenas porque "no escrever se guarda o que se deve", como vimos outros cronistas medievais afirmarem que cabia à história, mas principalmente, porque "nos dá maneira para bem e virtuosamente viver". Pela história, adita ele, "somos instruídos no fim que devemos seguir". Recorda, desse modo, como aquela meta transcendente que deveria nos guiar, ou melhor, "aquela bem-aventurança para que

---

73   LOPES, F. *Crónica de D. João I*. Parte Segunda, prólogo, p. 3.
74   Carta que Gomes Eanes da Zurara, comendador da Ordem de Cristo, escreveu ao senhor rei quando lhe enviou este livro. In: ZURARA, G. E. de. *Crónica de Guiné*. Introdução, novas anotações e glossário de José de Bragança. Porto: Livraria Civilização, 1973, p. 4.

fomos criados",⁷⁵ era sobretudo cuidado da história. Encontrar o caminho da Salvação, em que cada um era peça de um plano oculto maior,⁷⁶ dependia da história ou devia ser ensinado por ela. Mais claramente que em outros prólogos, neste de Carvajal é atribuída à crônica – especificamente àquela compromissada com a verdade, adverte o cronista – "autoridade para ser imitada e seguida", pois seria ela o instrumento principal pelo qual se poderia alcançar e pôr em obra "os atos virtuosos passados, fugindo-se e afastando-se dos vícios presentes".⁷⁷

Através da escrita da história, defendem os cronistas implícita ou explicitamente, o devir histórico rumo ao Paraíso se cumpriria.

A consciência histórica parece, a partir do século XII⁷⁸ e pelo que se pode notar pela frequência de assertivas como essas destacadas, ter se tornado mais efetiva. O citado elogio à história de Carvajal é, porém, já do século XVI, fazendo-nos pensar em uma persistência de valores para além da Idade Média e até muito depois do século XVI. Mas é infrutífero, no presente esquadrinhamento de duas marcas da história produzida sobretudo do século XIII ao XV nos reinos da França, da Espanha e de Portugal,⁷⁹ insistir sobre as pressupostas continuidades

75 GALINDEZ DE CARVAJAL, L. *Memorial y registro breve de los lugares donde el Rey y Reina Católicos, nuestros Señores, estuvieron cada año...* p. 585.

76 Na tradição judaico-cristã, o homem se entendia constituído pela história, mas uma história exterior a seu ser, comandada pela Providência. DOMINGUES, I. *O grau zero do conhecimento. O problema da fundamentação das ciências humanas.* São Paulo: Loyola, 1991, p. 280; GILSON, E. *A filosofia na Idade Média.* São Paulo: Martins Fontes, 1995, p. XVI.

77 GALINDEZ DE CARVAJAL, L. *Memorial y registro breve de los lugares donde el Rey y Reina Católicos, nuestros Señores, estuvieron cada año...*, p. 585.

78 CAIRE-JABINET, M.-P. *Introdução à historiografia.* Tradução de Laureano Pelegrin. Bauru, SP: Edusc, p. 17-98.

79 Essas marcas são perceptíveis em fontes históricas medievais de outros reinos, todavia, o foco aqui foram estes territórios da Europa latina.

e nos deixarmos seduzir pelos atrativos das unidades aparentes, negligenciando, assim, as sutis rupturas. Se a ideia de que a história servia de receptáculo de experiências alheias, instrutivas, edificantes, para repetir os êxitos passados e evitar no presente os erros é anterior à Idade Média e persistiu depois dela,[80] continuando a ter certa presença no senso comum, não nos cabe reiterar tal constância. Vale observar, ao contrário, que o empenho pedagógico ou a convicção de que o sentido oculto da história demandava um aprendizado contínuo lança-nos diante de ao menos uma especificidade da articulação passado, presente e futuro nos séculos em questão: o pano de fundo de um aquém e um além eternos,[81] ou seja, de uma origem e um fim essenciais, divinos, é o que confere sentido a essa articulação sobre a qual se estrutura a história. O passado, assim, ao apresentar-se como provedor de exemplos, tal como na Antiguidade,[82] devia ser organizado já não sob os parâmetros desse tempo em que o vir a ser era entendido como repetição deste passado, em ciclos completos, mas de um outro tempo, entendido como inacabado e a ser cumprido na história. Nesse sentido transcendente cristão da existência, por sua vez, uma unidade oculta

---

80   Reinhart Koselleck, tendo como finalidade mostrar como esse *topos* da história *Magistra Vitae* se dissolve – quando um futuro inaudito e já não inspirado pelo passado é proposto pelos revolucionários franceses –, chega mesmo a propor uma continuidade até o século XVIII da noção ciceroniana. KOSELLECK, R. Historia Magistra Vitae: sobre a dissolução do *topos* na história moderna em movimento. In: *Futuro passado*: contribuição à semântica dos tempos históricos. Tradução de Wilma Patrícia Maas e Carlos Almeida Pereira. Rio de Janeiro: Contraponto, 2006, p. 41-60.

81   Três modos do presente e não três tempos, segundo Agostinho, que fala em um presente do passado, o presente do presente e o presente do futuro, ou seja, respectivamente: memória, intuição e expectativa. SANTO AGOSTINHO. *Confissões*, Livro XI, especialmente p. 306-316; GUITTON, J. *Le temps et l'éternité chez Plotin et saint Augustin*, p. 227.

82   CICERO, M. T. *De Oratore*, p. 224 e 225.

unia o começo e o fim e nada se apresentava como novo, pois a meta da história era provar o que já estava no início.[83] Na organização das narrativas históricas dos séculos XIII ao XV, esse movimento superior aparece ocultado pelo principal recheio da história nesse momento, que são as referências diversas às particularidades da experiência encarnada pelos homens de poder e pelos que estiveram envolvidos em suas realizações, nomeadamente aquelas em torno da justiça, da administração, das relações com outros reinos e da guerra. Sob esse conteúdo pontual, entretanto, aquela ideia de história como arsenal de modelos de perfeição ou feitos exemplares[84] que ajudavam a interpretar os indícios divinos no plano temporal vai se definindo de forma difusa. Como tinha ensinado Agostinho, o tempo, cujo ponto de partida era o Eterno, mas cuja realização se dava na ordem moral, não era abstrato e geral, mas pessoal e histórico.[85] Os acontecimentos temporais, no entanto, tinham para o filósofo cristão pouca importância, já que o temporal era visto como um entrave para a eternidade. Na época dos cronistas em questão, em que, como foi dito, a consciência histórica se torna mais aguçada,[86] cumpria, ao contrário, entender as marcas do tempo, especialmente o conteúdo exemplar, para entender a ação de Deus e para se alcançar uma consciência do pecado.[87]

---

83 Trata-se da eternidade sempre presente, segundo Horst Günther: GÜNTHER, H. *Le temps de l´histoire*, p. 50-51.

84 Segundo Janet Coleman, a consciência histórica, que surgiu mais claramente no século XII, não viu nenhum efeito na elaboração do *pastness* (condição passada) do passado, a menos que algum aspecto moral, exemplar e universal do passado pudesse ser interpretado para uso no presente. COLEMAN, J. *Ancient and medieval memories*, p. 298.

85 Sobre a relação entre duas ordens, a temporal e a superior, ver: GUITTON, J. *Le temps et l'éternité chez Plotin et saint Augustin*, p. 40-42 e GÜNTHER, H. *Le temps de l´histoire*, p. 26.

86 Cf. GUENÉE, B. *Histoire et Culture Historique dans l´Occident médiéval*.

87 GÜNTHER, H. *Le temps de l´histoire*, p. 50-51.

Nos retratos dos reis ou nobres de que trata a história, é onde melhor se identifica esse comprometimento mais elevado. À semelhança das personagens das hagiografias, as condutas religiosa, moral e guerreira são peças indispensáveis em uma história entendida como realização de um desígnio superior. O retrato do citado Luís IX pintado por Jean de Joinville é um claro exemplo dos modelos a serem seguidos tendo em conta a eternidade previamente reconhecida, à qual somos sempre reenviados. O futuro São Luís aparece na história de Joinville como uma espécie de mediador com o mundo divino, como um governante que governou sempre "segundo Deus e segundo a Igreja, e em proveito de seu reino", viveu mais "santamente" que qualquer outro durante toda sua vida e, do mesmo modo que "Deus morreu na Cruz", em nome dela e pelo bem de seu povo, peregrinou e veio a perecer em Tunes.[88] Mas sua santidade não se configurava na história de Joinville apenas por esse feito maior e geral, antes era composta de marcas muito mais úteis e específicas para ajudar seus sucessores a não perder o fio da memória das virtudes que deviam compor o caminho da Salvação. Entre tais marcas, merecem realce: a fala temperada de Luís IX, de cuja boca não se ouvia "maldizer de ninguém".[89] Decoro no falar que é também notado no Infante D. Henrique pelo cronista Gomes Eanes de Zurara. De sua boca, pondera o cronista, "palavra torpe nem desonesta, nunca foi ouvida".[90] Recordar essas virtudes, a propósito, era para os cronistas uma forma de recordar os preceitos primeiros estabelecidos por Deus, como

---

88   JOINVILLE, J. Histoire de Saint Louis. In: *Historiens et chroniqueurs du moyen* âge, p. 201-202.

89   JOINVILLE, J. Histoire de Saint Louis, p. 204-205.

90   ZURARA, G. E. da. *Crónica de Guiné*, p. 25.

sugeria São Tomás de Aquino.[91] Era, pois, uma forma de interpretar a origem e o fim a serem amarrados no tempo.[92]

Seguindo uma tendência de detalhamento do esquema dos vícios e das virtudes que, a partir sobretudo do século XIII, se torna corrente graças à escolástica,[93] os responsáveis pela escrita do passado buscaram contribuir para a memorização de um rol ampliado e esmiuçado, não propriamente novo, de ensinamentos morais. Além, portanto, de apelar para lugares-comuns dos valores cavaleirescos, como a valentia de Eduardo da Inglaterra contra os escoceses, destacada por Jean de Froissart,[94] ou a não menor valentia dos cruzados de Guilherme de Tyr, que, saindo dos reinos do Ocidente por apelo do Senhor, introduziram-se por toda a Síria pela força do braço,[95] outras indicações mais minuciosas vão surgindo nas crônicas. Sobre D. Isabel, por exemplo, o cronista Hernando de Pulgar conta as várias formas como cuidou da virtude mais elevada para os governantes, a justiça. Em Sevilha, segundo o cronista, D. Isabel, para exemplo dos que depois dela viriam, trabalhou em prol da justiça, de modo que, "com as justiças que

---

91 TOMÁS DE AQUINO. *Suma teológica* – A Lei Antiga, vol. 4, parte I – II – questões 49-114. São Paulo: Loyola, 2002, questão 100, artigo 7, p. 655-657.

92 Santo Anselmo, na sua interpretação da história, propõe "um sistema fechado lógico baseado em história sagrada onde o fim da história já é conhecido. Nada é imprevisível e não há nem singularidade nem ininteligibilidade de eventos porque, seguindo Agostinho, o entendimento é do que é universal e não do que é particular". COLEMAN, J. *Ancient and medieval memories*, p. 295.

93 Apesar de os grandes temas da doutrina cristã e de seu ensinamento moral permanecerem, na época da escolástica, o conhecimento foi aprimorado e mais coisas precisaram ser guardadas na memória. YATES, F. *A arte da memória*, p. 114.

94 FROISSART, J. *Oeuvres de Froissart*, p. 11.

95 GUILLAUME DE TYR. *Chronique de Guillaume de Tyr*. Traduit du latin, présenté et annoté par Monique Zerner. In: *Croisades et Pèlerinages*, p. 509.

mandava executar, era muito amada dos bons e temida dos maus".[96] A justiça, a prudência, a fortaleza e a temperança eram as quatro virtudes cardeais, a partir das quais proliferavam outras, segundo não só os filósofos cristãos como os pagãos.[97] Neste ponto era a rainha especialmente virtuosa, pois mandava cumprir "justiça sem dar lugar a dilação", mas era também capaz de ser temperante e conceder perdão quando as circunstâncias o demandavam e a argumentação dos conselheiros a convenciam sobre os perigos da justiça exercida com excessivo rigor, porque podia engendrar "medo, e o medo turbação, e a turbação, algumas vezes, desespero e pecado". A piedade, portanto, que tinha sido usada em maior dose que a justiça por Nosso Senhor, é recomendada à rainha pelo bispo D. Pedro de Solis, que destaca que dela "procede amor, e do amor caridade, e da caridade sempre segue mérito e glória".[98] Piedade ou misericórdia que, segundo Jean Chartier – a despeito do que outros vieram posteriormente a julgar –, foi também preferida por Carlos VII em detrimento do "rigor da justiça" no caso da suposta traição do seu tesoureiro Jacques Coeur.[99] Nem todos, porém, foram como esses governantes, mas mesmo aqueles que descuidaram

---

[96] *Cronicas de los reyes de Castilla desde Don Alfonso el Sabio, hasta los católicos Don Fernando y Doña Isabel.* Tomo III, p. 324.

[97] TOMÁS DE AQUINO. *Suma teológica* – Os hábitos e as virtudes, questão 61, p. 160-172. Ver também: RODRÍGUEZ, V. Introducción a las cuestiones 55 a 67. In: TOMÁS DE AQUINO. *Suma de Teologia*, parte I e II, 2ª ed. Madri: Biblioteca de autores cristianos, 1989, p. 418-419.

[98] *Crónicas de los reyes de Castilla desde Don Alfonso el Sabio, hasta los católicos Don Fernando y Doña Isabel.* Tomo III, p. 324-326. Sobre a relação entre a justiça e a piedade, ver: Cf. TOMÁS DE AQUINO. *Suma teológica* – Os hábitos e as virtudes, questão 60, artigo 4, p. 154-156.

[99] Posteriormente o sacrifício de Jacques Coeur foi considerado vergonhoso e arbitrário, mas Chartier pinta o evento com cores favoráveis aos rei. CHARTIER, J. *Chronique de Charles VII, roi de France*, p. 41-42.

da justiça puderam servir de exemplo negativo para edificar os homens do presente e do futuro. O cronista português Rui de Pina conta como D. Dinis foi "vencido da sobeja deleitação de sua própria carne" e, enquanto se deixou levar por "estes apetites não lícitos", faltaram no reino as duas coisas mais caras aos reis, a justiça e o bom governo.[100]

Outras oportunidades para recordar e fazer propaganda das virtudes do seu rei ou dos seus antecedentes, em especial as cardeais, não escapam aos cronistas. O citado Jean Chartier, por exemplo, conta como Carlos VII venceu os ingleses em Bordeaux graças à sua diligência e "ajuda de Deus", mas também à "prudente conduta que tinha, ao doce acolhimento que costumava conceder às suas gentes e ao reconforto e assistência que lhes dava [...]".[101] E foi com passagens como essas, e referências rápidas como as de "virtuoso e vitorioso" a Carlos V, por Olivier de la Marche (1425-1502),[102] que os cronistas dos últimos séculos da Idade Média pretenderam contribuir para a difusão das virtudes no medievo e reafirmar o caráter pedagógico da história. Dos inúmeros exemplos que poderiam ser citados, vale ainda, para finalizar, lembrar a humildade de Luís IX e seu "amor pelos pobres", o "horror pelo pecado", sua probidade, sua fé e outras muitas mais.[103] Merece também ser lembrado o rei D. Fernando de Aragão (1380-1416), cujo retrato deixado por Hernando del Pulgar ressalta sua devoção

---

100 RUI DE PINA. Crónica de D. Dinis. In: *Crónicas*, p. 234. Cf. *Crónicas dos sete primeiros reis de Portugal*. Ed. Crítica de Carlos da Silva Tarouca. Lisboa: Academia Portuguesa da História, 1952, vol. 2, p. 19, 3 vols.

101 CHARTIER, J. *Chronique de Charles VII, roi de France*, p. 18.

102 OLIVIER DE LA MARCHE. Le premier livre des memoires de messire Olivier de la Marche. In: *Collection Complète des memoires relatifs a l'Histoire de France, depuis le règne de Philippe-Auguste, jusqu'au commencement du dix-septième siècle; Avec des notices sur chaque auteur, et des observations sur chaque ouvrage*, par M. Petitot. Tome IX. Paris: Foucault, 1825. p. 235.

103 JOINVILLE, J. Histoire de Saint Louis. In: *Historiens et chroniqueurs du moyen âge*, p. 205-206.

e castidade, sua "fala vagarosa", sua hospitalidade, sua "verdade", sua leitura de bom grado das "crônicas dos feitos passados", sua piedade, sua justiça e, entre outras virtudes, sua temperança no dormir, comer e beber.[104] Temperança que também não faltava ao Infante D. Pedro de Portugal, segundo Rui de Pina, pois, a despeito de às vezes se irritar, por sua "condição natural, logo se lembrava de mansidão e temperança [...]".[105] Do mesmo modo, o virtuoso duque Filipe, descrito por Jean Molinet (1435-1507) como inigualavelmente doce, humano, benigno, liberal e clemente, era especialmente exemplar por sua temperança, uma "virtude de coragem", diz Molinet, que, por ser capaz de refrear "os movimentos impetuosos", abrandou várias vezes "sua ira contra os inimigos".[106]

Justos, temperantes, prudentes e estáveis – ou firmes – deviam ser os governantes devotos a Deus e atentos ao sentido oculto da existência. São Luís, além de praticante notável das três primeiras virtudes, foi, na visão de Joinville, exemplo de firmeza nos momentos de conflitos.[107] Como ele, D. Pedro I de Portugal era firme na garantia da justiça, não só "amava muito de fazer justiça com direito", como era "mantenedor de suas leis e grande executor das sentenças julgadas".[108] Justiça e constância, pelo que se vê nessas e em outras referências cronísticas, não estavam desvinculadas, assim como as demais virtudes cardeais eram igualmente interdependentes e articuladas em uma rede de causalidades. Juntas, e complementadas por outras, como a fé, a honestidade, a castidade, a bondade, a liberalidade,

---

104 HERNANDO DEL PULGAR. Crónica de los señores reyes católicos don Fernando y doña Isabel de Castilla y de Aragon. In: *Crónicas de los reyes de Castilla desde Don Alfonso el Sabio, hasta los católicos Don Fernando y Doña Isabel*. Tomo II, p. 371.

105 RUI DE PINA. Crónica de D. Afonso V. In: *Crónicas*, p. 753.

106 MOLINET, J. *Chronique*. Publiées, pour la première fois, d'après les manuscrits de la Bibliothèque du Roi; par J. – A. Buchon. Tome I. Paris: Verdière, 1827, p. 12.

107 JOINVILLE, J. Histoire de Saint Louis, p. 351-354.

108 LOPES, F. *Crónica de D. Pedro I*, p. 8.

a coragem etc., configuravam "honestos costumes" que, praticados em menor ou maior dose, eram, no entanto, veementemente recomendados pelos cronistas medievais. E não só por eles. O poeta Henri Boudé, no retrato que traça de Carlos VII, ordena de forma emblemática as virtudes que os historiadores seus contemporâneos julgaram indispensáveis aos reis. Carlos VII, de acordo com o poeta, era, além de "bom católico", um praticante das quatro virtudes cardeais, pois era "firme, constante e não variável", além do quê, "amava e mandava fazer cumprir a justiça, [...] era temperado e moderado em todas as suas ocupações" e, melhor, atuava em tudo "com prudência".[109]

Ao lado dessas virtudes, seus contrapontos – a ignorância, a imprudência, a perversidade, a crueldade, a fúria, o orgulho, a covardia, a pusilanimidade etc. – eram igualmente referências pedagógicas negativas lembradas pelos cronistas dos séculos XIII, XIV e XV. Vendo sua história tanto como signo do passado quanto como predição do vir a ser, esses cronistas, de forma prosaica, procuraram estabelecer uma relação entre a existência temporal, sem sublimidade, e o sentido elevado da temporalidade que os teólogos cristãos ao longo de séculos tinham trabalhado para tornar naturalizado e difuso. Como foi explorado neste capítulo, a vontade de fazer da história o espelho exato das ocorrências passadas e, por isso mesmo, a tradução da mensagem de Deus deixada nas coisas e eventos do mundo, leva os cronistas a apresentar seu fazer como luz da verdade. Essa verdade, que aparece acompanhada de artigo definido nas crônicas deste período, é, sem dúvida, associada à referida mensagem sublime. A palavra verdade seguida de artigo definido – e não de artigo indefinido ou usada no plural – justifica-se pela crença essencial em um sentido superior da existência que cabia

---

109 HENRI BAUDE. Éloge ou Portrait Historique de Charles VII. In: CHARTIER, J. *Chronique de Charles VII, roi de France*, p. 131.

ser traduzido pelos cronistas na forma escrita; diferentemente do que virá a ocorrer mais tarde, quando o sonho de objetividade sustenta-se seja sobre um outro vir a ser temporal – e não guardado para o além da vida –, seja sobre a ideia de método, ou quando a própria concretude da história é abalada pelas teorias antirrepresentacionistas.

Vale destacar, por fim, que esse compromisso de espelhar, através do comezinho da existência temporal, o sentido oculto do movimento temporal foi aqui associado ao empenho pedagógico dos cronistas tendo em conta que, nesse sentido essencial, o jogo entre os tempos, passado, presente e futuro, estava ligado ao império de uma origem sempre presente, ou melhor, a uma noção de existência como aprendizado da plenitude divina, não perdida propriamente, mas encoberta, sem dúvida. A cronística medieval, apelando para as virtudes e os vícios ou recordando as passagens das histórias pontuais que melhor ajudavam a encadear a história que ia para além das particulares, estabeleceu uma estreita ligação entre história e moral, não reduzindo a história a mera provedora de exemplos, como acusaram os humanistas, mas sem dúvida conferindo ao que acreditaram ser as ocorrências sensíveis do passado um sentido pedagógico associado ao sagrado. As particularidades desordenadas do passado ganhavam, assim, em sua pena, um sentido universal e elevado, mas na maior parte das vezes só perceptível ao leitor hodierno através dos prefácios ou capítulos conclusivos.

Sem perder de vista a referência bíblica de que a alma foi feita à semelhança de Deus e que, embora una, ela era mutável, eles encontraram a justificativa para entender, no movimento do mundo, o que era imutável, em suma, elaboraram uma pedagogia que articulava os dados da fé e aqueles da experiência.

História e Música: consenso, polêmicas e desafios

Tânia da Costa Garcia

A música é, entre todas as artes, a mais tardiamente visitada pelo historiador. A denominada música douta europeia, ensinada em conservatórios e academias, teve, desde o século XIX, sua história escrita pelos musicólogos. Estes estudiosos da música, preocupados com os aspectos formais, técnico-estéticos que caracterizam as diferentes escolas, perpetuaram uma história linear, pautada nas sucessivas gerações dos "gênios" da música ocidental europeia. À musicologia não interessavam, por exemplo, as condições históricas que possibilitaram o surgimento de um compositor como Mozart ou as limitações a que esteve subordinada a música em sua época.

Essa abordagem tradicional, limitada aos aspectos técnico-estéticos do repertório ocidental registrado pela notação musical, ainda tem forte presença nos conservatórios e mesmo nas universidades. A música erudita e seus cânones constituem o eixo norteador de uma educação musical formal.[1]

---

[1] Graças aos novos pesquisadores, cujas reflexões extrapolam os limites tradicionais da disciplina, esta é uma postura que vem se flexibilizando nos últimos anos. Num diálogo com outras ciências, como a sociologia da arte e a história cultural, surgem novas abordagens e, até mesmo, novos objetos, como a música popular midiatizada.

Nesse percurso de organização e consolidação da disciplina, entre os descontentes com o eurocentrismo predominante na musicologia, estruturou-se, porém, um novo campo de investigação. Em fins do XIX, os primeiros estudos, de caráter etnográfico, estiveram voltados para o registro e a classificação das sonoridades dos povos não ocidentais, de tradição oral. Em meados do século XX,[2] a ênfase deixaria de ser exclusivamente a música e sua diversidade estética e, numa aproximação com a antropologia, a etnomusicologia se debruçaria sobre a função social da música nas diferentes culturas.

Mas se a etnografia e, depois, a etnomusicologia dedicaram-se à música popular, ou folclórica, a denominada música popular urbana, tanto no Brasil como em outros países, teria que esperar até a década de 1970 para integrar-se aos estudos acadêmicos.

De acordo com o mapeamento realizado por Silvano Baía,[3] as áreas de letras, ciências sociais e antropologia respondem pelos primeiros trabalhos que elegem a música popular como fonte e/ou objeto de pesquisa. Segundo o autor, esses estudos dividiam-se em três enfoques principais: a análise do discurso do texto literário das canções; as relações da produção musical com a indústria e o mercado; e as relações entre música popular e o discurso da mestiçagem, no sentido de confrontação ou legitimação.

No campo da história, o interesse pela música popular urbana ou pela música em geral, como objeto de análise, teve que esperar até os anos de 1990, ainda que na década de 1980 tenha havido alguns trabalhos seminais. Mas se, por um lado, estávamos defasados em relação às outras disciplinas, por outro, a historiografia brasileira adiantou-se,

---

2 Em 1955, foi fundada nos EUA a Society of Ethnomusicology (SEM).
3 BAÍA, S. F. *A Historiografia da música popular no Brasil (1971-1999)*. 2010. Tese (doutorado em História Social) – Faculdade de Filosofia, Letras e Ciências Humanas, Universidade de São Paulo, São Paulo, 2010.

se comparada a toda uma historiografia sul-americana que, de modo geral,[4] tem se interessado pouco pelo tema.

O arcabouço teórico-metodológico que deu respaldo às pesquisas interessadas nesse novo objeto, veio da história cultural. Nessa nova perspectiva, sem dissociar cultura e sociedade, a arte passou a ser concebida pela história relacionada às condições materiais de existência, tornando-se parte integrante do social, moldando e sendo moldada pelo seu entorno.

Os artistas sempre estiveram atrelados às instituições que os patrocinavam, dialogando com as políticas culturais e negociando representações. Quando finalmente se libertaram desse jugo, terminaram, de alguma maneira, submetidos ao mercado. No campo da música, por exemplo, as editoras, a indústria fonográfica, o rádio, o cinema, a televisão, interferiram, algumas vezes mais e outras menos, no processo de criação musical. A tecnologia disponível em cada época influenciou na escolha dos arranjos, do repertório, enfim, da elaboração do produto final. Mesmo os mais autônomos, os ditos alternativos, dependeram da mediação de seus agentes com seu público. A mais aparentemente descomprometida experiência estética revela algo a respeito de seu tempo, no mínimo, a total recusa às convenções do período. O surgimento do sistema dodecafônico, a forma de 32 compassos na canção popular, a introdução de ruídos na paisagem sonora, nas primeiras décadas do século XX. Enfim, seus aspectos formais são produzidos em uma determinada época, reafirmando ou contribuindo com a transformação de certos valores e comportamentos que interferem na maneira como percebemos

---

4   No Chile, o historiador Claudio Rolle e o musicólogo Juan Pablo Gonzalez publicaram dois livros, resultados de uma extensa pesquisa sobre a história da música popular chilena. Na Argentina e em outros países da região, a música popular urbana ainda é pouco visitada por historiadores.

o mundo e como o representamos. A perpetuação de convenções ou as rupturas estéticas dependem das práticas sociais que as legitimam.

Algumas reflexões metodológicas

Os primeiros passos em direção à elaboração de um método historiográfico para se trabalhar com a música como fonte e/ou objeto da História datam do final dos anos 1980. A tese de livre-docência, *Brasil novo. Música, nação e modernidade: os anos 20 e 30*,[5] do professor do Departamento de História da FFLCH da USP, Arnaldo Contier, constitui um marco da produção que fundamentou, em termos metodológicos, a eleição da música como objeto e fonte da pesquisa histórica. Outro autor que colaborou com a pavimentação desse terreno pedregoso para o historiador foi Marcos Napolitano. Além de sua tese de doutorado – *Seguindo a canção*,[6] também desenvolvida no Departamento de História da FFLCH da USP, escreveu artigos e obras paradidáticas, como *História e música*,[7] que se tornaram referência para os jovens historiadores interessados pela música como objeto de pesquisa. Poderíamos preencher algumas páginas com os autores e as respectivas obras que contribuíram e ainda contribuem para a consolidação desse campo de pesquisa, sobretudo se considerarmos que esta produção extrapola, em muito, o campo da história. O diálogo com outras disciplinas e suas metodologias, como a musicologia renovada, a etnomusicologia, a linguística, a sociologia e a antropologia, foi

---

5   CONTIER, A. *Brasil novo*. Música, nação e modernidade: os anos 20 e 30. 1988. Tese (Livre-docência em História) – Faculdade de Filosofia, Letras e Ciências Humanas, Universidade de São Paulo, São Paulo, 1988.

6   NAPOLITANO, M. *Seguindo a canção*. Engajamento político e indústria cultural na MPB (1959-1969). São Paulo: Annablume/Fapesp, 2001.

7   NAPOLITANO, M. *História e música*. São Paulo: Contexto, 2005.

fundamental para nos aproximarmos de um tipo de fonte, até então, não incluída entre as ferramentas tradicionais do historiador.

Antes de abarcarmos os consensos, as polêmicas e os desafios relacionados à pesquisa que captura a música para o campo historiográfico, é importante que fique claro que nos restringiremos, aqui, a uma forma específica de expressão musical, a canção, caracterizada pela relação profunda existente entre o texto poético e a melodia. Dentre os tipos de canções, enfocaremos somente a canção popular urbana, cuja história se confunde com o processo de urbanização e com o desenvolvimento de recursos tecnológicos. Veiculada pelos meios de comunicação de massa, presente intensamente no nosso cotidiano, ao expressar visões de mundo as mais diversas e mobilizar diferentes tipos de escuta, constitui-se numa fonte privilegiada para o estudo das sociedades modernas.

Também vale ressaltar que não concebemos a canção popular urbana como manifestação cultural típica das camadas populares. Produto de um processo complexo de produção, que envolve desde as motivações do compositor, os interesses de mercado, as tecnologias disponíveis, a política cultural em voga, até os espaços de sociabilidade daqueles que a promovem e consomem, a canção popular urbana é resultado de um longo processo de negociações, encenado por diferentes atores sociais que irão moldar sua forma e seus sentidos.

Análise da canção: consensos e polêmicas

Pelo seu caráter polissêmico – comum às artes em geral –, ao comunicar-se de forma subjetiva com o receptor, a canção exige que o pesquisador faça uso de uma metodologia que lhe permita alguma objetividade.

A análise da canção inicia-se com a identificação dos aspectos formais, técnico-estéticos, constituintes da letra e da melodia, estendendo-se para os fatores que atuam externamente na constituição e definição de um dado repertório.

Atualmente há um consenso entre musicólogos e historiadores a respeito dos componentes da estrutura formal que, em regra, devem ser analisados, quais sejam: acordes, compasso, harmonia, arranjo, andamento, timbres, performance do intérprete e/ou dos músicos. Com relação à análise da poética, o mesmo tipo de cuidado deve ser tomado, isto é, não basta ler simplesmente o que está escrito, é preciso estar atento ao tema geral da canção, ao eu poético e seus possíveis interlocutores, quem fala e para quem fala, às figuras de linguagem e à intertextualidade.

Posteriormente, deve-se atentar para os diálogos entre música e letra: de que forma um breque, um acorde menor, um andamento mais lento ou mais rápido, a interpretação ou performance,[8] podem interferir no sentido da letra. Sobre tais procedimentos, há uma expressiva bibliografia, tanto nacional como estrangeira. O livro, *História e música*, de Marcos Napolitano, já comentado aqui, provavelmente seja a principal referência brasileira. Também o artigo *Analysing popular music*,[9] do musicólogo canadense Philip Tagg, oferece uma metodologia bastante acessível para aqueles que não são propriamente músicos. Outro musicólogo, Richard Middleton, em sua obra *Studying popular music*,[10] apresenta de forma sistematizada os elementos que devem ser dissecados para uma análise musical da canção.

---

8   A performance, no caso do intérprete da canção popular, está relacionada à impostação vocal, à postura corporal, enfim, como o cantor ou a cantora "instrumentaliza seu corpo" para dar vida a uma canção. Por isso, ao intérprete também se atribui a autoria da obra, já que a música só passa a existir efetivamente a partir do momento em que é executada e escutada. Os fonogramas permitem o acesso à performance do intérprete, e de forma mais completa, os registros fílmicos, sejam televisivos ou cinematográficos.

9   TAGG, P. *Analysing popular music*: Popular Music n° 2, 1982, p. 37-67, 1982. Disponível em: www.tagg.org.

10 MIDDLETON, R. *Studying popular music*. Filadélfia: Open University Press, 2002.

Mas se, por um lado, a metodologia para se trabalhar com a música é multidisciplinar, por outro, os trabalhos são desenvolvidos dentro dos programas específicos das disciplinas. Vale lembrar que os parâmetros definidos para a análise musical são oriundos da musicologia, cujas problematizações são distintas daquelas que caracterizam a área de história. Embora existam intersecções e as fronteiras sejam porosas, há diferenças que devem ser consideradas. Na área de história, por exemplo, é possível identificarmos dois grupos de pesquisa com enfoques bastante diversos: um com acentuada interface musicológica; e outro de caráter marcantemente historiográfico.

No primeiro caso, o eixo norteador é a música, sua história e seu universo. Integram esse grupo aqueles trabalhos que intencionam revisitar a história institucionalizada a respeito de um gênero, movimento, compositor ou intérprete, a fim de entender como determinados elementos foram incluídos e excluídos dessas narrativas e quais propósitos nortearam a elaboração do discurso oficializado. Esse tipo de problematização exige que o pesquisador investigue, a partir da obra musical, seja do fonograma e/ou da notação musical, a procedência ou não da narrativa sobre o objeto em questão. Em trabalho recente, *Imagens da escuta: traduções sonoras de Pixinguinha*,[11] Virgínia Bessa investigou o processo de monumentalização do músico Pixinguinha, que, por volta dos 50 anos de idade, foi transformado num ícone da "autêntica" música popular brasileira – o samba da Velha Guarda –, impedido, desde então, de continuar criando e inovando musicalmente. Para tanto, Bessa buscou identificar no repertório do compositor os elementos que lhe conferiam a dita "autenticidade". Ao fim e ao cabo, concluiu a autora que não havia na sua obra musical a linearidade e a

---

11 BESSA, V. Imagens da escuta: traduções sonoras de Pixinguinha. In: VINCI DE MORAES. J. G.; SALIBA, E. T. (org.) *História e música no Brasil*. São Paulo: Alameda, 2010.

coerência que quiseram ver aqueles envolvidos com a invenção da tradição. Este tipo de investigação exige do pesquisador uma análise musical mais acurada, o que nem sempre está ao alcance daqueles que não possuem formação musical. Importante acrescentar que, para alcançar seu objetivo, além da análise estética da obra, foram examinados os discursos produzidos pelos agentes culturais (produtores, memorialistas, críticos) e a circulação desses agentes (mediadores) por distintos veículos de comunicação e ambientes, no intuito de promover a construção e legitimação dessa tradição.

Um outro enfoque e, portanto, um outro tratamento da fonte musical, demandam as pesquisas localizadas no segundo grupo. Aqui, situam-se os trabalhos historiográficos que se apropriam da canção como a expressão de valores, comportamentos, visões de mundo e utopias de uma dada época. O canto, como bem afirma Luiz Tatit, "sempre foi uma dimensão potencializada da fala".[12] E o que uma canção tem a "dizer" não está separado de seu tempo. Podemos afirmar que toda canção é um documento geracional, o que não a impede de ser apropriada, interpretada e ressignificada em um momento da história diverso daquele em que foi criada. Nessa perspectiva, Caio Gomes, em sua dissertação de mestrado intitulada *Quando um muro separa uma ponte une: conexões transnacionais na canção engajada na América Latina (1960-1970)*,[13] mapeia, a partir de um repertório específico, o novo cancioneiro latino-americano, as conexões políticas entre diferentes países da região, suscitadas pela polarização ideológica decorrente da Revolução Cubana e da Guerra Fria. No referido período, o

---

12 TATIT, L. *O século da canção.* Cotia: Ateliê editorial, 2004, p. 41.
13 GOMES, C. *Quando um muro separa uma ponte une*: conexões transnacionais na canção engajada na América Latina (1960-1970). 2010. Dissertação (mestrado em História) – Faculdade de Filosofia, Letras e Ciências Humanas, Universidade de São Paulo, São Paulo, 2010.

cancioneiro popular latino-americano sofre uma reestruturação estética, que envolve não somente a estrutura melódica das canções, mas também a poética, que passa a expressar claramente as expectativas das novas gerações contagiadas pelo vislumbre revolucionário. O tipo de análise musical exigida, nesse caso, não demanda o mesmo arcabouço teórico-musical das problematizações de caráter híbrido, isto é, de cunho historiográfico e musicológico. A escuta leiga, desde que atenta e sensível para alguns aspectos constituintes da canção, como o arranjo, os timbres dos instrumentos, o andamento (mais rápido, mais lento), a performance vocal, a identificação do gênero, é suficiente para uma interpretação dos possíveis significados do discurso canção.

Vale esclarecer que as pesquisas, cujo foco de investigação são as sensibilidades sociais e políticas de uma época, não necessariamente devem se restringir às canções politicamente engajadas. Os sambas cariocas dos anos 1930, 40 e 50 podem oferecer, por exemplo, um mapa das permanências e mudanças do lugar ocupado pela mulher nas relações de gênero entre determinados grupos sociais do período.

Portanto, embora a música seja um objeto cuja abordagem depende da interdisciplinaridade, é possível diferenciar as problematizações típicas da história como disciplina, daquelas que, como já exemplificamos, situam-se na fronteira da história com uma musicologia renovada, e suas respectivas demandas.

Resolvida esta primeira parte, a análise dos aspectos formais, técnico-estéticos da canção, faz-se necessário considerar os aspectos externos que interferem no processo de criação. Afinal, a obra de arte para existir e alcançar seu público passa por diferentes etapas que vão da concepção, produção, circulação e, finalmente, o consumidor, último agente dessa cadeia responsável pelo sentido social que será atribuído à obra.

Na primeira etapa, no processo de concepção ou criação, que aqui atrelamos à produção, está em jogo não só o universo pessoal do artista, sua formação intelectual, as influências musicais recebidas, mas também a ação conjunta de outras variáveis que tornam possível a existência social de uma canção numa sociedade de massa: as tecnologias disponíveis e sua viabilidade comercial, desde a indústria fonográfica, produtora de discos – com formato, material e qualidade acústica variados ao longo do tempo – até a tecnologia dos estúdios de gravação e dos aparelhos reprodutores, também diferentes em cada época. Esta reprodução técnica geralmente é realizada por empresa especializada, diretamente interessada em comercializar a obra. Eventualmente é possível que, entre o artista e a empresa, existam intermediários, os agentes culturais. Assim, do momento em que a obra é criada até chegar às mãos do consumidor, o processo é permeado pelos mais variados conflitos de interesse. O produto final será sempre resultado dessa negociação.

A circulação diz respeito aos espaços físicos (bailes, orquestras, festivais, casa de espetáculo frequentados pelo artista e seu repertório) e meios técnicos (rádio, TV, cinema, internet) em que a obra é veiculada. Tais espaços e meios também oferecem informações sobre formas de sociabilidade e o perfil do receptor. Cabe ao pesquisador mapear e analisar esses circuitos.

E, finalmente, chegamos à outra ponta, o consumidor, ou receptor. O consumo ou a recepção são, pela sua natureza, difusos, isto é, não é possível saber como cada receptor irá apropriar-se de um artefato cultural. O que significa que nada garante que as intenções de significados depositados numa música ou num disco, no seu processo de produção, sejam interpretadas da mesma forma pelo receptor. Recentemente, em uma entrevista veiculada na internet, foi indagado a Chico Buarque quantas canções de protestos havia composto. Sua resposta foi 2 ou 3.

O resultado seria certamente outro se perguntássemos quantas de suas canções foram apropriadas pelo seu público como canções de protesto. E este é o fato que interessa ao historiador, qual seja, o sentido social da obra artística, como ela é apropriada pela sociedade que a produz e, ao mesmo tempo, a consome. Não vamos esquecer que o músico, o compositor, aquele que cria, é, em algum momento, também consumidor.

Do cruzamento da análise formal, técnico-estética, com as condições de produção, circulação e consumo, depende a interpretação do objeto canção.

Música e fonte impressa

Além da análise dos aspectos técnico-estéticos e das tensões inerentes às diferentes fases do processo de produção, circulação e consumo, o uso de fontes impressas, particularmente de revistas segmentadas de grande circulação, tem se mostrado, dependendo da problematização, quase que obrigatório na construção das narrativas sobre o objeto canção na área de história.

Voltadas exclusivamente à cena musical mais geral ou específica, englobando seus criadores, intérpretes, produtores, circuitos e seus públicos, esse tipo de publicação, ao contrário do que se imagina, não constitui um fenômeno recente. As primeiras revistas dedicadas à música estão situadas entre o final do XIX e a primeira metade do século XX. Eis alguns exemplos: *O Phonographo* e *Echo phonográfico*, surgidas respectivamente em 1878 e 1903; *O Jornal de modinhas*, de 1908; *A modinha brasileira*, que circulou entre 1928-1931; *A modinha*, de 1938, *Phono-Arte*, cujo primeiro número data de 1929; *Revista da Música Popular*, editada entre 1954 e 1956.

Mais populares que os periódicos devotados à música, estão as revistas pautadas pela programação das emissoras de rádio e complementadas pela produção cinematográfica e teatral em exibição. Com este perfil, a *Revista do Rádio* circulou de 1948 ao final da década de 1960, e *Radiolândia*, de 1952 a 1962.

Pela imprensa acompanhamos os programas de rádio e seus repertórios, a participação dos selos fonográficos na formação e difusão de gêneros musicais, identificamos o *mainstream*. Por estes periódicos é possível seguir a trajetória artística de intérpretes e compositores, avaliar como um novo estilo foi recebido pela crítica e pelo público, identificar os discursos que consagraram determinados repertórios e artistas e rejeitaram outros, condenados ao esquecimento. Muitas vezes, na ausência da partitura e do fonograma, as fontes impressas constituem a única referência sobre o repertório de um espetáculo. Também vale a pena estar atento para as revistas que eventualmente destinam uma seção para publicar as cartas dos leitores. Estes registros constituem uma das raras possibilidades de mapeamento da recepção.

As revistas de música apresentam contribuições distintas dos periódicos dedicados à programação radiofônica. Grosso modo, as primeiras, focadas num determinado gênero, apresentam um encadeamento de seções escritas por especialistas no assunto que, sob diferentes enfoques, convergem para um tema comum. Os jornalistas, críticos e colaboradores eventuais envolvidos na produção dessas publicações atuam como formadores de opinião. Já as "revistas do rádio" apresentam outra especificidade, qual seja, um panorama do gosto corrente da maioria dos ouvintes das diferentes emissoras. Interessante notar que essas publicações alimentam-se do universo radiofônico, assim como, muitas vezes, ao mapearem tendências, terminam pautando a programação das emissoras. As revistas do rádio estão concentradas nos anos 1940 e 1950, auge da popularidade do veículo.

Os jornais são também fonte para a pesquisa em música, principalmente os suplementos culturais, quando existem, ou os cadernos voltados para cultura. O problema, muitas vezes, está na quantidade de material a ser mapeado, já que a periodicidade é diária. Neste caso, convém estabelecer critérios para limitar as edições a serem examinadas. A revista ou os jornais podem ser utilizados pela pesquisa somente como fonte ou, simultaneamente, como objeto e fonte. No primeiro caso, as informações são recortadas de diferentes periódicos, em função dos objetivos traçados. Marcos Napolitano, em sua tese de doutorado, *Seguindo a canção. Engajamento político e indústria cultural na MPB*, expandindo suas fontes e confrontando informações, trabalhou com uma série de jornais e revistas, coletando matérias que interessavam para investigar sua hipótese. Embora, nesse caso, seja dada uma atenção ao perfil do jornal ou da revista, aos jornalistas que assinaram as matérias e reportagens e ao perfil dos potenciais consumidores, isso não é feito com a mesma sistemática exigida quando a fonte impressa também é o objeto de análise, como o artigo que publicamos na revista *ArtCultura*, em 2010, intitulado a "Folclorização do Popular, uma operação de resistência à mundialização da cultura".[14] Um dos objetivos do artigo foi analisar o discurso construído pelos colaboradores da *Revista da Música Popular* em torno da canção popular urbana, com a intenção de *monumentalização* de um dado repertório do samba, como representante da "autêntica" música popular brasileira. Para tanto, foi necessário um esquadrinhamento detalhado do periódico. De acordo com os procedimentos metodológicos indicados para se trabalhar com a imprensa como objeto/fonte da pesquisa, são necessárias as seguintes informações: periodicidade, tempo de circulação, número médio de

---

14   GARCIA, T. C. Folclorização do Popular, uma operação de resistência à mundialização da cultura. *Revista ArtCultura*, UFU, vol. 12, p. 80-92, 2010.

páginas, colaboradores permanentes e eventuais, seções permanentes, possível perfil do público consumidor, podendo englobar ainda o projeto gráfico da revista e as possíveis modificações no decorrer de um período, a iconografia veiculada e até mesmo os anúncios publicitários, a fim de mapear os patrocinadores do periódico.[15]

Além dos periódicos, outras fontes impressas caras àqueles que trabalham com música são as biografias, autobiografias e os escritos memorialísticos. Entretanto, o grande problema é a forma como tais fontes são, muitas vezes, utilizadas. Alguns pesquisadores se apropriam dessas narrativas, construídas *a posteriori* e atravessadas pela memória, sem as devidas precauções. Os primeiros trabalhos acadêmicos que se aventuraram a eleger a música como objeto de estudo incorporaram informações dessas obras, reproduzindo opiniões e interpretações de seus autores, sem levar em conta o lugar de onde "falava" o narrador. Cabe ao historiador identificar as motivações que permeiam a inclusão ou exclusão de certas informações, a ênfase num determinado aspecto, a revelação ou omissão de fatos, evitando se tornar refém das construções discursivas. Vale ainda considerar a biografia, autobiografia e o texto memorialístico como gêneros, reconhecendo as características próprias dessas estruturas narrativas.

Há ainda um tipo de fonte que poderíamos denominar como híbrida, localizada na fronteira entre o documento impresso e o sonoro. São os chamados Álbuns e as edições, com perfil de coleção, como a denominada *História da Música Popular Brasileira*, lançada pela editora Abril Cultural, pela primeira vez, em 1970. Ambos são constituídos por dois suportes distintos, o texto escrito e o fonograma, que numa

---

15 Sobre o assunto cf.: LUCA, T. R. Fontes Impressas. História dos, nos, e por meio dos periódicos. In: PINSKY, C. B. (org.). *Fontes históricas*. São Paulo: Contexto, 2008.

relação complementar, orientados pelo mesmo eixo temático, constroem um único discurso.

Os álbuns, precursores desse formato híbrido, surgem em decorrência de um novo aparato tecnológico, o disco de longa duração. O Long Play (LP) começa a circular na década de 1950, atendendo inicialmente aos repertórios musicais eruditos, cuja duração mais prolongada deveria evitar interrupções. Os LPs passaram a ter um novo suporte, o disco de vinil. Introduzidos pela indústria fonográfica no início dos anos 1950, além do tempo expandido, possuíam melhor qualidade sonora. Essa novidade foi largamente explorada pela indústria fonográfica para promover seus intérpretes mais populares. Com duração em torno de 40 minutos, agrupando entre 12 e 14 músicas cuja sequência planejada propunha um diálogo interno, o LP daria maior visibilidade ao trabalho do artista, que até então tinha sua obra diluída nos *singles*.[16]

O *long play* trouxe também outra inovação, a capa do disco, cujo projeto gráfico propunha um diálogo das artes visuais com o produto musical, numa relação de complementação. A contracapa trazia invariavelmente um texto explicativo apresentando a obra, as músicas com seus respectivos compositores, que compunham o lado A e o lado B, além da ficha técnica e os agradecimentos. Num encarte separado, dentro da capa, às vezes seguiam as letras das canções. Essa integração entre o material impresso e o sonoro recebeu a denominação de álbum.[17] Os álbuns mais luxuosos podiam ser abertos, e alguns folheados como um livro.

Os principais álbuns da carreira de um artista, desde os mais vendidos até aqueles que marcaram rupturas, constituem material indispensável

---

16 Discos compactos que veiculavam 2 ou 4 músicas.
17 Se, nos anos 1950, tanto no Brasil como nos EUA, os álbuns projetaram os grandes intérpretes da canção popular, a partir dos anos 1960 esse formato atingiria sua maturidade ao ser apropriado por compositores/intérpretes que tomaram a produção do disco como uma obra definitivamente autoral.

para conhecermos sua obra e, até mesmo, a historicidade de um gênero. A riqueza do álbum está na unidade do discurso apresentado. No caso das coleções, além do exame de cada álbum em separado, não se deve perder de vista o conjunto da obra, atentando-se para o processo de seleção e organização das fontes que compõem o texto escrito e o musical. As coleções possuem um caráter enciclopédico, que intenciona instruir e, ao mesmo tempo, orientar a recepção. Pela envergadura do projeto, trata-se, em regra, de um trabalho coletivo.

Desafios para os jovens pesquisadores

Grande parte das pesquisas acadêmicas voltadas à música elege seu objeto de estudo informada por uma história da canção popular brasileira – escritas e consagrada por jornalistas, memorialistas e músicos – constituída cronologicamente pelo samba, a bossa nova, a bossa nova nacionalista – cuja fusão de estilos dará origem à denominada MPB –, a Tropicália e a MPB pós-tropicalista.[18] Tal tradição, elaborada no passado e ainda alimentada no presente, é, então, endossada pela maioria dos pesquisadores. Poucos são os estudos que conseguem extrapolar esse universo. As temáticas que compõem esta cronologia recebem, no entanto, um novo tratamento nas dissertações e teses acadêmicas. O samba aparece relacionado às questões políticas do governo Vargas, à popularização do rádio, às construções da identidade nacional e, mais recentemente, ao movimento negro. A bossa nova é identificada ao incremento da urbanização, especificamente

---

18 Chamamos de MPB pós-tropicalista o grande guarda-chuva que acomoda diferentes gêneros da música popular brasileira que dialogam com a linha evolutiva, fundindo vanguarda e tradição. Antes da Tropicália, no início dos anos 1960, como MPB era designado um vasto repertório de canções, cujo eixo comum era o nacionalismo musical constituído pela fusão da bossa nova com ritmos e temáticas oriundos do samba de morro e do folclore brasileiro.

às mudanças na geografia urbana do Rio de Janeiro, à expansão das camadas médias e à mundialização da cultura – os trabalhos que se preocupam com as rupturas estéticas introduzidas pelo movimentos não se concentram na área de história. Já a bossa nova nacionalista apresenta-se atrelada à história dos Centros Populares de Cultura da UNE, ao nacionalismo e ao engajamento político das artes às ideologias de esquerda. Os estudos sobre a Tropicália pautam-se basicamente em dois eixos: o esgotamento do discurso nacionalista e a urgência de internacionalização da cultura, com destaque para o papel da indústria cultural na construção do movimento – o tropicalismo aparece também relacionado à contracultura e ainda se presta ao enfoque político, uma vez que seus integrantes estiveram às voltas com a ditadura, a censura e o exílio. Os trabalhos sobre a MPB pós-tropicalista fixam-se na formação da "frente ampla" de resistência à ditadura, qual seja, a fusão das correntes nacionalistas e contraculturais, evidenciando o papel combativo da sigla e seus representantes mais populares, como Chico Buarque, Geraldo Vandré, Milton Nascimento, Elis Regina, Caetano Veloso, Gilberto Gil, entre outros.

Mas haveria uma razão para esta insistência com determinados temas? Uma resposta possível seria a identificação pessoal dos nossos pesquisadores com este universo, estimulada, provavelmente, por uma cultura política de esquerda. Ou, talvez, porque muitos sintam-se inseguros para alçar novos voos, optando por agarrar-se ao discurso mais corrente.

Assim, dentre os gêneros pouco explorados pelos historiadores estão a chamada música caipira, a música cafona ou brega.[19] Também escassos são os trabalhos sobre o baião, o rock e o pop. Entre os estudos

---

19 A valoração estética de uma produção artística não é, de forma alguma, condição para a eleição de um objeto de pesquisa. Qualquer música, inclusive aquela considerada esteticamente medíocre, pode ser apropriada pelo historiador.

que elegem trajetórias individuais, raros são os trabalhos que escolhem os intérpretes – a grande maioria prefere o *cantautor*, palavra que só existe em língua espanhola, mas que é absolutamente perfeita para referir-se ao compositor que interpreta suas próprias canções. A indústria fonográfica, sobretudo a nacional, e seu o papel na formação de uma cultura musical no país precisam ser mais bem investigados. Outro tema pouco estudado entre os historiadores é a linguagem do videoclipe, forma de difusão do objeto canção que articula som e imagem. Os acervos pessoais e suas possibilidades narrativas, relacionando história e memória, nem sequer foram aventados como objeto de pesquisa. Também quase não há trabalhos voltados para a utilização da música em mobilizações da sociedade civil, como os eventos organizados pelo MST, as paradas gays, ou nas campanhas eleitorais.

Se pensarmos em sair da música brasileira, maiores serão os vazios. Recentes são as dissertações, teses e artigos que se dedicam à nova trova cubana, à NCChilena, ou ao tango. Quase inexistentes na historiografia brasileira são os estudos sobre a rica música popular norte-americana, abarcando seu papel social, político e cultural. Pouca atenção foi dada até agora às relações que permeiam a projeção de nossa música no exterior e o papel da diplomacia cultural nesse campo. Também são raros os trabalhos que se apropriam da música numa abordagem transnacional – provavelmente um ranço do nosso nacionalismo musical. Isso se torna ainda mais difícil de entender quando o recorte temporal se situa após a Segunda Grande Guerra, quando as conexões internacionais, graças à maior dinâmica do mercado e das tecnologias disponíveis, intensificam-se. Talvez a metodologia da História Comparada ou as reflexões advindas da *Connected Histories* possam inspirar novas abordagens.

Há, enfim, um vasto campo a ser explorado, desde que o pesquisador se disponha a aventurar-se por novos caminhos, talvez mais perigosos, porém muito mais instigantes. O domínio e a aplicação sistemática de todo um arcabouço teórico-metodológico, construído nas últimas duas décadas, são, sem dúvida, a melhor forma de salvaguardar-se dos riscos, sem abrir mão da criatividade.

No rastro de uma barba: a história atrás de passos apagados

Manolo Florentino

I

Israel Antônio Soares veio ao mundo em 1843, em uma casa do centro da cidade do Rio de Janeiro. Escravo, bom filho, trabalhador e bom marido, cedo aprendeu a ler e escrever e virou militante abolicionista. Combinando pagamento em dinheiro e serviços, comprou sua carta de alforria em 1880 e a da esposa logo depois.[1] Morreu proprietário e católico fervoroso em 1916.[2]

Seu interlocutor era Ernesto Sena, branco, nascido em 1858 no seio de uma família modesta, a quem o tempo tornou jornalista, poeta, historiador e coronel da Guarda Nacional. Ainda jovem contraiu segundas núpcias com Eponina Cristóvão dos Santos, filha natural do médico Joaquim Cristóvão dos Santos e de uma mulata escura analfabeta de nome Gabriela Amália Caldeira.[3]

---

1   SENA, E. Israel Soares. In: *Rascunhos e perfis*. Brasília: Editora da UNB, 1983, p. 139-145. Todas as citações sem referências foram extraídas deste texto, anexo, ao qual fui apresentado pelo professor Marcos Luiz Bretas da Fonseca, a quem sou grato. Algumas conclusões a que cheguei surgiram de inúmeras conversas com os professores José Roberto Góes e Cacilda (Cuca) Machado. Óbvio, a responsabilidade final é toda minha.

2   MOURA, C. *Dicionário da escravidão negra no Brasil*. São Paulo: Edusp, 2004, p. 377.

3   ERMAKOFF, G. Sobre o livro e o autor. In: SENNA, E. *O velho comércio do Rio de Janeiro*.

Quando se encontraram na rua do Ouvidor, em 1900, Ernesto Sena insistiu para que Israel Soares lhe ditasse a sua história. Queria registrá-la para a posteridade. O dia a dia de muitos que haviam conhecido o cativeiro não lhe era estranho. Por meio deles se aproximara de Israel e vice-versa, e das conversas entre ambos brotaram afinidades e confidências, como costuma ocorrer. A luta abolicionista provavelmente sedimentou a amizade. Creio que se conheciam desde pelo menos uns vinte anos antes daquele encontro, pois em 1880 Israel fundou a Caixa Libertadora José do Patrocínio e, na mesma época, a esposa de Sena, Eponina, criou com outras senhoras o Clube Abolicionista José do Patrocínio.[4]

Na introdução à curta biografia de Israel, Ernesto Sena o descreve como "um negro magro, esguio, ossudo, com a carapinha esbranquecida pela neve dos anos, com aquela curta barba branca, com aquele buço sempre bem escanhoado, formando todo o seu físico a compostura de um homem sério, honesto e digno". Tal descrição nos fornece um indício interessante. Explico-me: em meados de 1866, atracou no porto do Rio de Janeiro a *Bursa*, corveta militar otomana enviada pelo sultão Abdulaziz de Istambul para Basra, no Iraque – o Canal de Suez ainda não existia –, que tormentas desviaram para o Atlântico Sul. Em um manuscrito redigido por Abdurrahman Bin 'Abdulla al-Baghdádi, passageiro da *Bursa* e imã da marinha turca, lê-se que "todos os muçulmanos [da cidade] raspam o bigode e deixam a barba crescer. Quem faz o contrário é como alguém que abertamente se tornou infiel. Por conseguinte, eles não o

---

Rio de Janeiro: G. Ermakoff Casa Editorial, 2006, p. 7-14. Ermakoff grafa-se assim mesmo, com dois efes.

4   SENA, E. *Rascunhos e perfis*, p. 580.

cumprimentam e não os deixam desposar suas filhas".⁵ A comunidade dos muçulmanos negros era rígida e fechada naquele tempo.

O manuscrito de Al-Baghdádi era desconhecido por Ernesto, descoberto que foi em arquivo alemão muitos anos depois. Porém, não duvido que Sena soubesse serem a barba debaixo do queixo e o bigode raspado traços distintivos dos pretos maometanos. É o que sugere uma pequena etnografia que escreveu em 1898, sobre como as diversas nacionalidades da capital comemoravam o dia dos mortos. Nela são narradas as cerimônias dos "negros minas, filhos da Costa da África" – isto é, dos moslins, pois desde meados do século XIX os habitantes do Rio de Janeiro associavam os minas aos afro-ocidentais islamizados. Ernesto informa o que era posto nos túmulos dos ancestrais, ocasião em que guardavam jejum diurno, findo o qual os muçulmis se reuniam "na casa do *Cheik*, o mais graduado entre eles, e aí celebram a sua festa *Sada-ca* que consta de danças e banquete". Melhor: Ernesto reproduz

---

5   AL-BAGHDÁDI, A. B.'A. *O deleite do estrangeiro em tudo o que é espantoso e maravilhoso*: estudo de um relato de viagem bagdali. Rio de Janeiro: Fundação Biblioteca Nacional; Argel [Argélia]: Bibliothèque Nationale d'Algérie, 2007, p. 87. No estudo introdutório escrito para este livro, o tradutor, Paulo Daniel Farah, conta que o sultão otomano enviara duas corvetas – *Bursa* e *Izmir* – de Istambul para Basra. Al-Baghdádi pediu para tornar-se imã da *Bursa*, que em fins de setembro de 1865 partiu junto com a *Izmir* costeando o litoral africano. Em meados de outubro, uma tempestade fez com que a *Izmir* se perdesse de vista. A *Bursa* fez então escalas em Argel e Cádiz, onde permaneceu por seis meses. Por volta de março a corveta enfrentou tempestades e um furacão que a desviaram para Parati, onde atracou em 20 de junho de 1866. Dias depois ancorou no porto do Rio de Janeiro, onde "realizaram-se as cerimônias oficiais, houve disparo de canhões e demonstrações de honra militar aos soldados reais", escreveu Al-Baghdádi (p. 1-3 e 66). Entretanto, o *Correio Mercantil* de 20 de junho de 1866 informa que "fundeou ontem em nosso porto a corveta a vapor turca Otomana Zemir. É o primeiro navio de guerra daquela nação que aporta no Rio de Janeiro [...]" – veja-se Seção de Microfilmes da Biblioteca Nacional do Rio de Janeiro.

em *árabe* e *português* o trecho do Alcorão recitado em frente às lápides dos entes queridos.[6]

Não nasceu do acaso a referência à barba de bode de Israel. Sabedor dos hábitos da comunidade muçulmana negra, Ernesto Sena também conhecia uma história diferente do ex-escravo batalhador, bom filho, bom católico, bom esposo e abolicionista – enfim, daquela coleção de virtudes que por vezes cheira a tédio. Ernesto sabia ter sido Israel um preto islâmico.

Quando teria ocorrido a conversão ao catolicismo? Ou, por outra, até que ponto o islã nele se entranhara?

2

Uma máxima da literatura policial sugere a quem quiser desvendar um crime seguir a pista deixada pelo sêmen ou pelo dinheiro. De maneira enviesada, ela pode ser útil. Retorne-se à biografia de Israel. Luiza Mina, sua mãe, era maometana, e o pai Rufino Monjolo, ou seja, nascido em Angola. Quando Israel tinha três anos de idade, Luiza alforriou-se com a ajuda de Antônio Mina, escravo proveniente de Pelotas, no Rio Grande do Sul, onde seus donos haviam permanecido. Em 1856, aos treze anos, o grande drama: Luiza, de marido novo, conseguira juntar um conto de réis e podia comprar carta de liberdade do filho ou da filha, "que era mulher e tinha família que poderia crescer na escravidão" – isto é, era casada apesar de bem jovem. Luiza optou pela

---

[6] "Em nome de Deus (Alá) Misericordioso. Louvores a Deus, Criador do Universo. Graças ao Todo-Misericordioso, ao Juízo reinante no Dia do Julgamento. A vós, Senhor, adoramos e pedimos auxílio. Guiai-nos pelo verdadeiro caminho, pelo caminho seguido pelos que já mereceram a Vossa Graça e evitais, Senhor, que nos transviemos nos atalhos dos injustos opressores que mereceram a vossa ira" – SENA, E. *Rascunhos e perfis*, p. 122-123.

filha, decisão plena de racionalidade, pois na letra da lei o filho herdava o estatuto jurídico da mãe. A culpa lhe consumiria para sempre.

Um ano depois, Israel foi morar em São Cristóvão, onde buscou fazer "tudo que me podia ser útil": trabalhou muito, provocou simpatias, estreitou relações com homens livres, aprendeu a ler e escrever em jornais velhos num canto de cozinha e entreviu o quão injusta ("esquerda") era a condição de escravo. Pode ter começado aí a sua imersão no movimento abolicionista. Mas não a conversão ao catolicismo, que permitia estar diante de um verdadeiro achado: um muçulmano brasileiro abolicionista.

Israel teve uma infância islâmica, crença transmitida pela mãe maometana e por outros muçulmanos da Corte. Teria sido seu pai, o monjolo Rufino, um islamita? Não é implausível, até porque encontrei nas fugas de escravos anunciadas no *Jornal do Commércio* entre 1830 e 1850 quatro africanos que suponho islâmicos pela barba cultivada apenas embaixo do queixo. Tal como Rufino, nenhum deles nascera na África Ocidental, berço do islamismo negro brasileiro, mas em áreas então aparentemente ausentes de maometanos trazidos ao Brasil pelo tráfico negreiro.

"Minha mãe era maometana, porém morreu na lei Católica Apostólica Romana. Confessou-se e sacramentou-se. Algumas minas ficaram zangadas com este motivo, porém eu não me importei com isto e até tive bastante prazer, porque sou daqueles que pensam que a nossa religião está acima de tudo", informava Israel em 1900.[7] Embora tenha se convertido ao catolicismo à beira da morte, em fevereiro de 1880, Luiza Mina sempre esteve ligada aos pretos moslins. Do contrário,

---

7   Na época de Luiza Mina o chamado sacramento da extrema-unção dos enfermos era considerado o "sacramento da morte". A família podia aconselhar, mas não impô-lo sem a vontade e a consciência do doente. Logo, pela zanga das minas que a cercavam, pode ter sido sincera a conversão de Luiza Mina no leito de morte.

como explicar que as minas islamitas se permitissem ficar tão "zangadas" por sua conversão? Este trecho é o único a afiançar que *Israel já não era muçulmano em 1880*. Logo, minha hipótese, por enquanto, é: sua conversão ao catolicismo se deu entre 1857 e 1880.

Luiza, porventura com Rufino Monjolo, mas certamente junto a outros maometanos da Corte, partejaram a infância islâmica de Israel. Não é pouca coisa, pois, do homem, o pai é o menino.[8] Ainda criança, Israel aprendeu o sentido da barba que singularizava e irmanava, entendeu ser ela a marca de pertencimento à *umma* (a comunidade dos seguidores de Maomé), descobriu como no futuro deveria ser ele próprio feito homem. Também vislumbrou – e aí entra a máxima da literatura policial por mim referida – a fronteira imposta aos gêneros por sua fé. De fato, para um muçulmano, a barba, tal como a vestimenta, se insere no quadro geral da bipolaridade do mundo, que repousa inclusive na rigorosa separação entre homens e mulheres, os quais, embora de modo harmônico, devem expressar com orgulho a masculinidade e com recato a feminilidade – a barba simboliza a virilidade e o véu a feminilidade. A barba também possui um corte canônico, e Maomé deu o exemplo ao recomendar cortar os bigodes e liberar as barbas. A barba também corresponde, pois, à sabedoria e à consideração.[9]

Com tudo isso sonhava o imberbe Israel ao se imaginar adulto. Quando viu crescer a barba cerrada e pôde modelá-la de maneira a denotar virilidade e respeito, obviamente já não era criança. Tampouco era o que, hoje, chamamos adolescente. Homem feito, conservava-se muçulmano. Imagino-o católico em 1870, aos 27 anos, quando seu abolicionismo o levou a criar a Sociedade de Dança Bela Amante, apenas para escravos. Deduzo então ter sido na década de 1860 que Israel

---

8 ELIAS, N. *A sociedade dos indivíduos*. Rio de Janeiro: Jorge Zahar Editor, 2004, parte 1.
9 BOUHDIBA, A. *A sexualidade no Islã*. São Paulo: Globo, 2006, p. 53.

Antônio Soares abraçara o catolicismo, com fervor quem sabe, pois, como aludi, falecera em 1916 na condição de presidente da Irmandade de Nossa Senhora do Rosário e São Benedito.[10]

A história de Israel, tal como foi imortalizada nas páginas do livro de Ernesto Sena, serviu de inspiração e ponto de partida para a presente pesquisa, cujos resultados preliminares ora apresento, sobre a pouco conhecida história da ascensão e queda da pequena comunidade de islamitas negros no Rio de Janeiro ao longo do século XIX.

3

Vasculhando o acervo da Cúria Metropolitana do Rio de Janeiro, analisei cada um dos 1.350 registros de livros de batismos de escravos oficiados na freguesia rural de Jacarepaguá entre 1795 e 1809, e encontrei referência a Rosa, filha natural de Maria Rebolo, cuja madrinha era Maria Malessa – corruptela de Malê, talvez. Entre os 1.906 cativos batizados na freguesia urbana de São José de 1811 a 1815, topei com José Mandinga, um africano recém-desembarcado. Em cerimônia caseira registrada no mesmo livro, foram batizadas duas escravas igualmente recém-chegadas da África, Maria e Emerenciana, ambas de origem "*ussá*". Nos 231 registros de matrimônios de escravos realizados na freguesia urbana da Candelária entre 1809 e 1837, defrontei-me a um casamento coletivo, e lá estava o enlace de Antônio hauçá com a africana Custódia.[11]

Esta expressiva amostragem de manuscritos eclesiásticos sugere ter sido minguada a presença daqueles africanos com maior probabilidade de serem muçulmanos, isto é, originários do Sudão Central (hauçás, tapas etc.), a área de enraizamento mais antigo e profundo

---

10 MOURA, C. *Dicionário da escravidão negra no Brasil*, p. 377.
11 Arquivo da Cúria Metropolitana do Rio de Janeiro.

do Islã na África Ocidental. Claro, os maometanos podiam provir de outras regiões afro-ocidentais e, mesmo, manipular a sua verdadeira origem étnica.[12] Como se não bastasse, as fontes que compulsei não abarcam os forros. Não é questão menor, tendo em vista a inusitada capacidade de acumulação de pecúlio por parte dos minas, em especial dos islamitas negros.

O cruzamento de fontes de natureza distinta pode ajudar. Tome-se o censo de 1799. Concentrada em poucos sobrados patriarcais, mas também em mãos de sapateiros, alfaiates, pescadores, ourives e retalhistas de toda ordem, a propriedade escrava disseminava-se entre os citadinos – oito entre cada dez habitantes falecidos na última década do Setecentos com bens a legar possuíam ao menos um cativo.[13]

Os escravos representavam um terço dos 43 mil habitantes – a média histórica da escravidão em qualquer época. Entretanto, somados aos nove mil libertos, *os indivíduos que viviam em cativeiro ou haviam-no experimentado representavam a maioria dos habitantes da capital da América portuguesa*. O número de forros alcançava quase dois terços do total de escravos, superava a quantidade de cativos nascidos no Brasil e ombreava o de africanos escravizados. Entre os 1.300 afro-ocidentais, o panorama desconcertava: eram o único grupo de africanos em que *os forros superavam os escravizados*, como mostra a tabela 1.

---

12   Veja-se VALENCIA-VILLA, C. *La producción de la libertad*. Economía de los esclavos manumitidos en Río de Janeiro a mediados del siglo XIX. Bogotá: Instituto Colombiano de Antropología e Historia, 2011.

13   A partir do censo de 1799, que fornece apenas o número de livres, de escravos e libertos da cidade, cruzei a quantidade destes últimos com uma amostragem substantiva de cartas de alforrias, e o número de escravos com outra, proveniente de inventários *post-mortem*. Assim pude obter as estimativas dos números dos africanos provenientes das três grandes macrorregiões então abastecedoras de escravos para o Rio de Janeiro, a África Ocidental, a África Central Atlântica (congo-angola) e a África Oriental.

Questões que incomodam o historiador 233

Tabela 1 – Projeção da distribuição do perfil dos escravos e libertos na população das freguesias urbanas da cidade do Rio de Janeiro, 1799

	Habitantes por estatuto jurídico (1)	%1	Escravos e libertos (2)	%2	Africanos por origem (3)	%3	Taxas de Masculinidade (%)
1. Livres	19578	46					
2. Escravos	14986	34					61
Crioulos			5545	37			51
Africanos			9441	63			68
			14986	100			
Congo--angolanos					8780	93	69
Afro--orientais					94	1	–
Afro-ocidentais					567	6	67
					9441	100	
3. Libertos	8812	20					40
Crioulos			5111	58			40
Africanos			3701	42			41
Congo--angolanos			8812	100	2924	79	40
Afro--orientais					37	1	–
Afro-ocidentais					740	20	29
					3701	100	
4. Total	43376	100					

Fontes: BRASIL. Directoria Geral de Estatística. *Resumo histórico dos inquéritos censitários realizados no Brasil.* Rio de Janeiro: Imprensa Nacional, 1922, p. 193-194; Inventários *post mortem,* Arquivo Nacional (RJ); Livros de registros de notas do primeiro, segundo e terceiro ofícios do Rio de Janeiro, Arquivo Nacional (RJ).

Pouco mais de setecentos minas alforriados a viver na cidade do Rio de Janeiro. Quantos outros teriam abandonado a capital, estabelecendo-se como pequenos proprietários ou posseiros no agro fluminense?[14] Ou migrado para capitanias distante, a virar mascates ou proprietários? Ou ainda regressado para a África nunca esquecida? Muito trabalho se impõe aos historiadores. Mas a configuração da tabela 1 desvela acima de tudo uma *imensa capacidade de acumulação de pecúlio por parte dos afro-ocidentais*.[15] Não sem razão. Filhos da região mais urbanizada e mercantilizada da África, muitos eventualmente refinaram seu trato comercial por ocasião da ladinização em cidades como Salvador ou Recife, e se utilizaram de toda a experiência acumulada quando vieram para o Rio de Janeiro.

Um exercício permitiu estabelecer certa ordem de grandeza dos muçulmanos encapsulados no universo mina de 1799.[16] Escondidos

14 Sobre as origens do campesinato negro no Rio de Janeiro, veja-se RIOS, A. L. A preparação ética e política para a liberdade: a última geração de escravos e senhores no Vale do Paraíba. In: RIOS, A. L.; MATTOS, H. *Memórias do cativeiro*. Rio de Janeiro: Civilização Brasileira, 2005, p. 145-190.

15 Sobre as estratégias de acumulação das mulheres afro-ocidentais no Rio de Janeiro e em Minas Gerais durante o século XVIII, FARIA, S. de C. Mulheres forras-riqueza e estigma social. *Tempo*, Niterói: Universidade Federal Fluminense, vol. 5, n° 9, p. 65-92, 2000.

16 Estima-se que o Brasil tenha recebido da África Ocidental em torno de 340 mil escravos (82% provenientes da Baía de Benin) ao longo da segunda metade do século XVIII. Nove em cada dez desembarcaram no Nordeste, dois terços na Bahia (veja-se ELTIS, D. et al. *The Trans-Atlantic Slave Trade Database Voyages*. Disponível em: http://www.slavevoyages.org/tast/index.faces). Afirma-se igualmente que os cativos "provenientes do Sudão Central constituíam de 10% a 15% dos escravos exportados pela Baía de Benin entre 1770 e 1780", a maioria muçulmanos homens, dada a milenar ligação da região com o tráfico transaariano, devorador de negras adultas e de castratis – LOVEJOY, P. Jihad e escravidão: as origens dos escravos muçulmanos da Bahia. *Topoi*, Rio de Janeiro, 2000, p. 11-44. Aceitei o limite superior da estimativa – o que provavelmente inclui boa parte dos nagôs setentrionais islamizados –, e que ao menos um terço deles fossem muçulmanos. Sobre a expansão do islã na África, veja-se CAIRUS, J. A. T. *Jihad, Cativeiro e Redenção: escravidão, resistência e irmandade, Sudão Central e Bahia (1835)*. 2002. Dissertação (mestrado em História Social) – Instituto de Filosofia e Ciências

entre eles poderiam estar minguados 100 ou 150 moslins – majoritariamente homens adultos entre os escravos, e mulheres dentre os que se alforriavam. Exíguos demograficamente, não consigo imaginá-los, ao final do século XVIII, constituindo uma *comunidade* no sentido mais corrente de qualquer manual de Sociologia – um grupo com território definido, embora flutuante, alternando necessariamente solidariedade e conflito interno, marcado por grau razoável de autoconsciência identitária. Vislumbro-os no máximo como uma protocomunidade, sufocada pelo catolicismo vigente em uma cidade provinciana, pela competição desproporcional com os adeptos de religiosidades politeístas – os congo-angolanos representavam mais de 90% dos escravos e 80% dos libertos africanos – e, em especial, devido à ínfima presença feminina a comprometer sua reprodução geracional.

4

Se o número de maometanos cresceu antes de 1835, não foi por meio do tráfico direto com a África Ocidental, virtualmente desaparecido no Rio de Janeiro depois de 1815, como derivação de tratados internacionais que proibiram o tráfico português ao norte do Equador.[17] Pode ter aumentado sobretudo a quantidade de cativos minas, pois a compra de cartas

---

Sociais, Universidade Federal do Rio de Janeiro, Rio de Janeiro, 2002.

17   GOULART, M. *A escravidão africana no Brasil*. São Paulo: Alfa Omega, 1975, p. 221-223. Entre 1795 e 1811, apenas 3% dos quase 400 negreiros atracados no porto carioca provinham daquela rota; ocorreu apenas uma chegada atracação entre 1816 e 1820, três de 1821 a 1825, e outras tantas daí até o fim oficial do tráfico para o Brasil (veja-se ELTIS, D. *et al. The Trans-Atlantic Slave Trade Database Voyages*. Disponível em: http://www.slavevoyages.org/tast/index.faces). Para a Bahia, o tráfico com a África Ocidental também diminuiu substancialmente, mas ali a ligação clandestina remanescia, talvez com intensidade maior do que em outras regiões brasileiras (veja-se, por exemplo, SILVA, A. da C. e. *Francisco Félix de Souza, mercador de escravos*. Rio de Janeiro: Nova Fronteira, 2004).

de alforrias tornava-se cada vez mais difícil, em função da pronunciada *alta dos preços dos escravos e das alforrias* ocorrida no bojo da abertura dos portos coloniais ao comércio internacional. A título de exemplo: o valor nominal de um homem entre 15 e 40 anos de idade duplicou entre o final do século XVIII e a década de 1820, e novamente nos anos 1830. Após 1850, triplicou em relação à década de 1840, atingindo o pico de 1:500$000 réis nos anos 1860. Apenas a partir da primeira metade da década de 1870 os inventários *post mortem* indicam que os cativos baixaram para um conto de réis, reflexo da crise anunciada da escravidão.

É intuído pelos historiadores que os islamitas negros cariocas se transformaram em uma verdadeira comunidade somente a partir da chegada de escravos e libertos da Bahia, perseguidos ou simplesmente rejeitados que foram depois do levante malê de 1835 e da Sabinada de 1837.[18] E só. Pois de seu número e perfil interno nada se sabe. De todo modo, postular a existência de uma protocomunidade moslim dá coerência à *escolha* do Rio de Janeiro para a fixação de muitos libertos muçulmanos do nordeste após 1835. Eles tinham aonde chegar.

Creio ser possível resgatar alguns aspectos da comunidade moslim em que Israel nasceu, cresceu e viveu durante o alvorecer de sua fase adulta – um período correspondente às décadas de 1840, 1850 e 1860. O ponto de partida deve ser a envergadura demográfica dos muçulmanos, cuja modelagem deve levar em conta ao menos dois fatores.

---

18   De que também a Sabinada possa ter levado a vendas e deportações de escravos e libertos baianos sugere-o a trajetória da forra Luiza Mahin, mãe do abolicionista Luiz Gama, presa "mais de uma vez" em Salvador, suspeita de maquinar insurreições de escravos. Do planejamento do levante malê ela pode haver participado; da Sabinada de novembro de 1837 é mais provável pois, nas palavras de Gama, "em 1837, depois da Revolução do dr. Sabino, na Bahia, veio ela ao Rio de Janeiro, e nunca mais voltou" – veja-se a carta autobiográfica de Luiz Gama a Lúcio de Mendonça, de 25 de julho de 1880 em SCHWARZ, R. Autobiografia de Luiz Gama. *Novos Estudos Cebrap*, 25, outubro de 1989, p. 136-141.

O primeiro já se viu: a explosão dos preços dos escravos, um elemento decisivo a explicar a menor propensão dos senhores em se desfazer de capital humano, sobretudo a partir de meados da década de 1810, quando muitos passaram a considerar o fim do tráfico uma possibilidade tangível.[19] A pronunciada alta dos preços impedia à maioria dos escravos constituírem o pecúlio adequado à autoaquisição, convertendo-se em barreira quase intransponível para a conquista legal da liberdade. Logo, o trabalho gerador de pecúlio tendia a ceder lugar às estratégias mais "políticas", encarnadas nas alforrias condicionais e, sobretudo, nas gratuitas. Em outras palavras: bons serviços de acordo ao metro senhorial, domesticidade, artimanhas, adulações, paciência, parentesco fictício fundado em amamentações de filhos de senhores, bem seguir o catolicismo etc. (veja-se o gráfico 1).

---

19 Veja-se FLORENTINO, M.; GÓES, J. R. *A paz das senzalas*. Rio de Janeiro: Civilização Brasileira, 1997, para alguns dados sobre o investimento senhorial na reprodução endógena da escravaria às vésperas do fim oficial do tráfico atlântico.

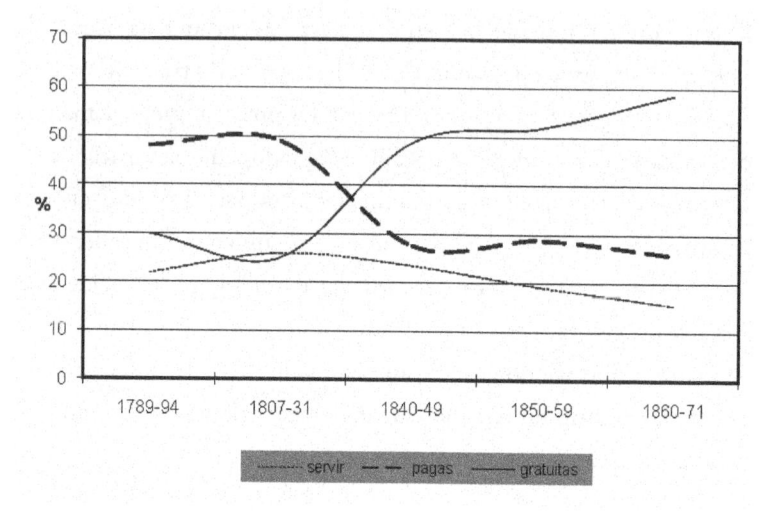

Gráfico 1: Distribuição (%) dos tipos de cartas de alforrias, Rio de Janeiro (1789-1871)

Fonte: FLORENTINO, M. Sobre minas, crioulos e a liberdade costumeira no Rio de Janeiro, 1789-1871. In: FLORENTINO, M. (org.). *Tráfico, cativeiro e liberdade:* Rio de Janeiro, séculos XVII-XIX. Rio de Janeiro: Civilização Brasileira, 2005, p. 343.

Pois foi exatamente em meio a essa difícil conjuntura, já se verá, que a capacidade de poupar dos minas em geral e dos muçulmanos em particular se fez valer, distinguindo-os ainda mais dos outros escravos. Industriosos e frequentemente agregados em caixas de liberdade, eles acentuaram seu predomínio relativo sobre as alforrias compradas. *Por isso, o universo dos libertos que maior admiração e respeito despertava – por haverem pago pela liberdade – tornou-se cada vez mais etnicamente mina e, do ponto de vista religioso, mais islamita, ainda que esse universo fosse majoritariamente composto por adeptos da religião dos orixás.* Não por acaso, Luiza Mina e Israel conquistaram a liberdade por caminhos distintos. A mãe islamizada jamais deixou de vislumbrar a alforria rápida e pela via do pecúlio. Com auxílio de um membro da comunidade, pagou pela sua liberdade e pouco tempo depois pela da filha. Israel, ao contrário, embora industrioso como a mãe, teve de se armar de paciência, virou cristão e comprou a sua liberdade bem mais velho, combinando pagamento em dinheiro e serviços, sempre a contar com a boa-vontade de homens livres aos quais buscava "provocar simpatias".

Outro fator a considerar: a demanda cada vez mais seletiva dos grandes proprietários rurais do Rio de Janeiro, inaugurada na década de 1810 e acentuada depois de 1831. Não se trata de detalhe, tendo em vista o incremento da expansão física dos plantéis escravistas com mais de 20 escravos após a abertura dos portos em 1808: se antes de 1810 eles representavam 2% das fazendas do agro fluminense, que detinham metade da escravaria, na segunda metade da década de 1820 eles alcançaram um terço de todos os proprietários rurais, que concentravam em suas mãos 75% da escravaria da província.[20] Numerosa, rica e poderosa, mas igualmente lúcida do ponto de vista empresarial, desde cedo a elite agrária introjetou as incertezas advindas do crescimento do abolicionismo na Europa e Estados Unidos.[21] Desde 1815 buscaram se adaptar à possibilidade cada vez mais concreta do término do comércio negreiro através do Atlântico. E fizeram-no inicialmente por meio do próprio potencial reprodutivo contido no tráfico atlântico. Ainda que mantendo o predomínio de homens adultos nos navios negreiros, aumentaram as compras de meninos, meninas e de africanas adultas – buscava-se incorporar trabalhadores a curto prazo, mas igualmente investir no potencial reprodutivo das escravas. Como o tráfico externo não supria sua demanda exatamente nesses termos, pois a África teimava em reter suas mulheres, os grandes proprietários rurais fluminenses também se empenharam para adquirir escravos e escravas jovens no mercado interno, o qual, por inelástico, combinou-se ao comércio interclasses de escravos – passaram a comprar cativos aos agricultores

---

20   FLORENTINO, M.; GÓES, J. R. *A paz das senzalas*, p. 52.
21   SCHAMA, S. *Travessias difíceis*. São Paulo: Companhia das Letras, 2011, passim.

mais pobres, depois às cidades fluminenses e, por último, às outras regiões brasileiras antes mesmo de 1850.[22] Cruzado a cartas de alforrias e inventários *post mortem*, o censo de 1849 transforma-se em joia rara. Com estrutura original semelhante ao de 1799, apresentando, além disso, a vantagem de abarcar as freguesias urbanas e rurais da Corte, apliquei os mesmos procedimentos metodológicos adotados para o censo de 1799. Daí resultou a tabela 2.

Tabela 2 – Projeção da distribuição do perfil dos escravos e libertos na população das freguesias urbanas e rurais da cidade do Rio de Janeiro, 1849

	Freguesias Urbanas						
	Habitantes por estatuto jurídico (1)	%1	Escravos e libertos (2)	%2	Africanos por origem (3)	%3	Taxas de Masculinidade (%)
1. Livres	116319	56					59
2. Escravos	78855	39					60
Crioulos			26514	34			50
Africanos			52341	66			66
Congo--angolanos			78855	100	41349	79	67
Afro--orientais					7851	15	100
Afro--ocidentais					3141	6	64
3. Libertos	10732	5					44
Crioulos			3143	29			40
Africanos			7589	71			45
Congo--angolanos			10732	100	4781	63	41

---

22 FLORENTINO, M. Uma lógica demográfica elástica: o abolicionismo britânico e a *plantation* escravista no Brasil, 1789-1850. *Historia Crítica*, 47, julio/agosto de 2012. Veja--se igualmente KARASCH, M. C. *A vida dos escravos no Rio de Janeiro, 1808-1850*. São Paulo: Companhia das Letras, 2000, passim.

Afro--orientais				987	13	60
Afro--ocidentais				1821	24	43
4. Total	205906	100				
Freguesias Rurais						
	Habitantes por estatuto jurídico (1)	%1	Escravos e libertos (2)	%2	Africanos por origem (3)	%3	Taxas de Masculinidade (%)
1. Livres	26084	43					49
2. Escravos	31747	52					57
Crioulos			18088	57			48
Africanos			13659	42			69
Congo--angolanos			31747	100	10792	79	67
Afro--orientais					2049	15	84
Afro--ocidentais					818	6	64
3. Libertos	2729	5			13659	100	50
Crioulos			1869	68			51
Africanos			860	32			48
Congo--angolanos			2729	100	542	63	41
Afro--orientais					112	13	60
Afro--ocidentais					206	24	43
4. Total	60560	100			860	100	

Fontes: BURMEISTER, H. *Viagem ao Brasil*. Belo Horizonte/São Paulo: Itatiaia/Edusp, 1980, p. 355; BRASIL. Directoria Geral de Estatística. *Resumo histórico dos inquéritos censitários realizados no Brasil*. Rio de Janeiro: Imprensa Nacional, 1922, p. 193-194; Inventários *post mortem*, Arquivo Nacional (RJ); Livros de registros de notas do primeiro, segundo e terceiro ofícios do Rio de Janeiro, Arquivo Nacional (RJ).

Em relação a 1799, apenas três gerações foram suficientes para que outra cidade surgisse entre as planícies, vales e montanhas ao redor da Baía da Guanabara. Passou-se de mirrados 43 mil provincianos perdidos em uma colônia no Atlântico Sul, para 206 mil habitantes de um país independente e regido por sua própria gente livre. Os contingentes de livres e escravos multiplicaram-se por cinco, mais em função da imigração espontânea de europeus e compulsória de africanos do que pelo crescimento natural da população nascida no Brasil.

A escravidão se entranhara ainda mais na economia e na mentalidade da gente. E a vida dos escravos piorara, do que é prova menos o incremento da pauta de exportações de café, açúcar e demais produtos do que o número de libertos – pouco mais de nove mil em fins do Setecentos e menos de onze mil em 1849. Em termos relativos, a mudança se desenha melhor: a participação dos forros caiu de 20% para minguados 5% do total de habitantes da cidade entre 1799 e as vésperas do fim definitivo do tráfico do Brasil com a África. Em 1799, a população liberta da Corte equivalia a 58,8% da escravizada, mas, em 1849, este percentual baixou para 13,6%. O panorama se exacerbava no meio rural, onde o número de libertos equivalia a menos de 9% dos escravos. Endurecimento no mundo do trabalho e da própria vida – famílias menos estáveis, aflição maior em relação ao futuro. Refiro-me à configuração vigente até 1849. Daí por diante, o fim definitivo do tráfico internacional e a crescente perda de adesão política e cultural da escravidão, sobretudo entre os pobres livres e membros das camadas médias urbanas, tornaria mais complexa a dinâmica social, cuja exata compreensão está longe de ser decifrada.

Exercício fundado nos mesmos procedimentos metodológicos aplicados ao censo de 1799 permite estimar a envergadura dos maometanos encapsulados entre os minas.[23] Não me parece implausível

---

23   Entre 1801 e 1850, dos portos africanos saíram em direção ao Brasil quase dois milhões e quatrocentos mil escravos. Desembarcaram no Brasil algo em torno de dois milhões de africanos – 262.513 oriundos dos portos do Índico, 1.441.720 do congo-angola e 350.493 da África Ocidental (veja-se ELTIS, D. et al. *The Trans-Atlantic Slave Trade Database Voyages*. Disponível em: http://www.slavevoyages.org/tast/index.faces.

que entre os seis mil escravos e libertos minas que habitavam a Corte em 1849 estivesse uma comunidade de 1.300 ou 1.500 mil moslins, cifra a incluir os conversos e aqueles que nasciam no Brasil de pais islâmicos. Oito entre cada dez deles podiam ser homens. A diáspora islâmica baiana iniciada em 1835 pode ter implicado na entrada de pouco mais de mil muçulmanos escravizados e libertos na Corte, alguns com suas famílias.

É provável que os libertos constituíssem o centro da comunidade dos seguidores de Maomé, fortemente *liderada por anciões já forros* provenientes em especial do Sudão Central. Nas margens deste núcleo e gravitando a seu redor podia ter se formado um círculo concêntrico, *composto sobretudo por moslins igualmente africanos ainda presos ao cativeiro*, pretos ao ganho lutando, como Luiza Mina, para adquirir a liberdade. Mais apartado ainda do núcleo estaria outro circulo concêntrico, *mais fluido culturalmente e exíguo do ponto de vista demográfico, comportando em especial os conversos e boa parte dos filhos dos maometanos*, homens como Israel, continuamente assediados no topo pelo catolicismo erigido à condição de religião de Estado e na base pelo politeísmo contido em outras matrizes africanas.

5

Na terceira parte do seu *Um rio chamado Atlântico*, Alberto da Costa e Silva concebeu um método sutil para sublinhar a importância demográfica e desvendar a filiação dos moslins negros do Rio de Janeiro de fins da década de 1860. Da correspondência do Conde de Gobineau, ministro da França no Brasil em 1869, colheu a informação

---

Assumi que um terço dos escravos exportados pela Baía de Benin viesse do Sudão Central, e que 60% deles fossem islamitas (veja-se LOVEJOY, P. *Jihad e escravidão*: as origens dos escravos muçulmanos da Bahia, p. 13).

de que os livreiros franceses Fauchon e Dupont costumavam vender anualmente cerca de cem exemplares do Alcorão, adquiridos com sacrifício quase exclusivamente por escravos e alforriados. Tratava-se de livros escritos em árabe – e à mão, conforme observou a Costa e Silva o estudioso John Hunwick –, caros portanto. Muitos Alcorões manuscritos em árabe, vendidos a um preço elevado e, não obstante, comprados sobretudo por cativos e libertos – eis a cadeia de informações que levou o nosso melhor africanista a concluir ser grande o número de muçulmanos negros da Corte na década de 1860. Seriam, além disso, muçulmanos estritos, pois somente aceitavam o livro na língua de Maomé.[24]

Um trecho do manuscrito de Al-Baghdádi permite melhor precisar o problema por volta da mesma época. Logo depois de desembarcar, em 1866, o imã observou que "os muçulmanos formavam um grupo reduzido" – uma impressão inicial referente à *parte urbana da cidade*. Tempos depois inquiriu seu intérprete, falante de árabe e português, sobre o número de islamitas *no país*, recebendo um "imagino que aproximadamente cinco mil" por resposta. Muito antes de partir para a Bahia, mas já entranhado nos muçulmis da Corte, escreveu o imã: "o número de pessoas que se converteram ao Islã *neste país* era de dezenove mil devotos". Já em Salvador, apenas um veredicto: "Nesta cidade há *mais muçulmanos do que na primeira [no Rio de Janeiro]*, embora seu anseio por instrução seja menor".[25] É óbvio: da Bahia, tradicionalmente ligada aos portos do Golfo da Guiné, partira o contingente formador da comunidade islamita carioca.

---

24 SILVA, A. da C. e. Comprando e vendendo Alcorões no Rio de Janeiro do século XIX. In: *Um rio chamado Atlântico*. Rio de Janeiro: Nova Fronteira, 2011, p. 177-186.

25 AL-BAGHDÁDI, A. B.'A. *O deleite do estrangeiro em tudo o que é espantoso e maravilhoso*, p. 69-70, 82 e 106, grifos meus.

Outro trecho do relato adiciona novos ingredientes. Pouco depois de desembarcar, velhos líderes moslins negros levaram-no a uma casa situada a 23 quilômetros do porto, provavelmente algum vilarejo da Baixada Fluminense, onde Al-Baghdádi pôs-se a ensinar a "não menos do que quinhentas pessoas. Percebi que elas conheciam o Alcorão apenas até a parte da 'amma' [a Surata do Informe], e que esses eram os *mais velhos* e alguns *pouco mais jovens*".[26] Diante das dificuldades de manejo correto do árabe, o imã elegeu para melhor ensinar alguns *"meninos e os homens"*.[27]

Desenha-se aqui um seleto grupo de islamitas, formado majoritariamente por libertos, que bem podia agregar alguns escravos de ganho que não dependiam de autorização para circular pelas aforas da Corte. Predominavam homens maduros ou já envelhecidos, conhecedores de rudimentos do Alcorão, africanos em sua maioria, além das mulheres que a idiossincrasia de Al-Baghdádi omitia, e uns poucos filhos, crioulos maometanos, como um dia fora Israel Soares. É pouco crível que em 1866 uma multidão de quinhentos pretos, basicamente escravos e libertos, pudesse se aglomerar a tão pouca distância do centro da Corte sem despertar suspeitas das autoridades. Al-Baghdádi exagerou. É possível que o *conjunto dos islamitas* não passassem de 500, e mesmo assim em 1872.

Costa e Silva crê também ser razoável tomar a religiosidade maometana estrita como traço distintivo sobretudo dos hauçá e pares do Sudão Central, sugerindo inclusive, por meio de correlações etimológicas, que a língua hauçá estruturasse o universo islâmico negro no Brasil, na Corte inclusive. Assim, a palavra que em fontes brasileiras

---

26 AL-BAGHDÁDI, A. B.'A. *O deleite do estrangeiro em tudo o que é espantoso e maravilhoso*, p. 78-79.

27 AL-BAGHDÁDI, A. B.'A. *O deleite do estrangeiro em tudo o que é espantoso e maravilhoso*, p. 79.

designa mesquitas – *machacalis* – talvez provenha do hauçá *massallachi*; o termo *atôs*, as tabuinhas de escrever com versos do Alcorão, possivelmente deriva do hauçá *allo*; a palavra que servia para designar os juízes substitutos ou oficiantes (*alikalis*) que dirigiam as cerimônias coletivas talvez se origine igualmente do hauçá *alkali*.[28] Ora, o fato de termos tão marcantes, referentes aos suportes dos versos corânicos (*atôs*) e à própria hierarquia eclesiástica muçulmana (*alikalis*), terem sido recolhidos nas ruas cariocas por João do Rio, em 1904, pode perfeitamente denotar a permanência do papel estruturante do hauçá e daqueles que por meio dessa língua encarnavam o núcleo reprodutivo do islamismo negro no Rio de Janeiro.[29]

Comparem-se as tabelas 1 e 2 e, nelas, as taxas de masculinidade entre os libertos do meio urbano – 71% dos forros afro-ocidentais eram mulheres em 1799, cifra que baixou para 57% em 1849. Um possível reflexo do aumento da participação de escravos do Sudão Central, cuja taxa de masculinidade era de 95% na primeira metade do século XIX, contra 60% dos originários do litoral da Baía de Biafra?[30] Pode ser. Pelo que o aumento do número de homens entre os forros afro-ocidentais refletiria a maior participação de hauçás e de outros sudaneses do interior nos negreiros que aportavam no nordeste brasileiro, e dali foram vendidos ou forçados a migrar para o sul-sudeste depois de 1835.

---

28 SILVA, A. da C. e. *Comprando e vendendo Alcorões no Rio de Janeiro do século XIX*, p. 181.

29 RIO, J. do. *As religiões no Rio*. Rio de Janeiro: José Olympio Editora, 2006, p. 26 e 28.
Na nota 26, João Carlos Rodrigues, comentador da edição, informa que na Bahia e, por extensão, cremos, no Rio, os alufás "pertenciam geralmente às etnias hauçá, fulani, bornú ou tapa (nupé)".

30 LOVEJOY, P. *Jihad e escravidão*: as origens dos escravos muçulmanos da Bahia, p. 11-44.

6

Afirmei ter a comunidade se formado a partir dos cativos e libertos vendidos e migrados da Bahia depois do levante malê de 1835 e da Sabinada de 1837. Na verdade, os números mostrados na tabela 3, a seguir, permitem conjecturar a existência de uma dupla diáspora. A primeira, ocorrida entre 1835 e 1850, teve por base não apenas a constante demanda por mão de obra dos senhores do agro do Rio de Janeiro, mas igualmente o anseio dos proprietários e autoridades baianas em, por temor, desfazerem-se de seus muçulmanos. O fundamento dessa primeira diáspora islâmica era, pois, mais político que econômico, e sua existência instaurou e marcou o auge da comunidade muçulmana negra no Rio de Janeiro. A segunda diáspora, posterior a 1850, se inseriu no incremento geral do tráfico interno entre o nordeste e o sul-sudeste brasileiro em substituição ao tráfico atlântico. Caracterizou-se pela crescente entrada de afro-ocidentais no Rio de Janeiro, mas também de escravos originários de outras regiões africanas. Os que dentre eles eram moslins devem ter migrado em quantidades cada vez menores depois de 1850. Afinal, toda pena chega ao fim.

Tabela 3 – Distribuição (%) da participação de crioulos, congo-angolanos, afro-orientais e afro-ocidentais entre os africanos alforriandos e escravizados dos meios urbano e rural da província do Rio de Janeiro (1789-1875)

	Alforriandos					
	1789-94	1807-31	1840-49	1850-59	1860-64	1870-75
Congo--angolanos	79	83	63	58	54	53
Afro-orientais	1	3	13	14	17	16
Afro-ocidentais	20	14	24	28	29	31
	Escravos rurais					
	1789-94	1807-31	1840-49	1850-59	1860-64	1870-75
Congo--angolanos	98	89	74	67	65	64
Afro-orientais	0.5	7	17	23	16	14
Afro-ocidentais	1.5	4	9	9	19	23
	Escravos urbanos					
	1789-94	1807-31	1840-49	1850-59	1860-64	1870-75
Congo--angolanos	93	81	79	66	67	61
Afro-orientais	1	13	15	22	18	22
Afro-ocidentais	6	6	6	12	15	17

Fontes: *Livros de registros de notas do primeiro, segundo e terceiro ofícios do Rio de Janeiro – 1840/1871*, Arquivo Nacional (RJ); KARASCH, M. C. *A vida dos escravos no Rio de Janeiro, 1808-1850*. São Paulo: Companhia das Letras: 2000, p. 112 e 459; *Inventários post mortem* (1789-1875), Arquivo Nacional (RJ); e ABEID, L. *Notas sobre as alforrias no Rio de Janeiro de fins do século XVIII*. Rio de Janeiro: Dept. de História, 2002, passim; FLORENTINO, M. Sobre minas, crioulos e a liberdade costumeira no Rio de Janeiro, 1789-1871. In: FLORENTINO, M. (org.). *Tráfico, Cativeiro e Liberdade*: Rio de Janeiro, séculos XVII-XIX. Rio de Janeiro: Civilização Brasileira, 2005, p. 351; e SOARES, L. C. *O Povo de Cam na capital do Brasil. A escravidão urbana no Rio de Janeiro do século XIX*. Rio de Janeiro: Faperj: 7 Letras, 2007, p. 358-455.

A associação mental entre os minas e a Bahia tornou-se tão frequente no Oitocentos a ponto de Charles Ribeyrolles, ao escrever em 1859 sobre as quitandeiras que povoavam as ruas da Corte, chamá-las de "negras minas ou baianas".³¹ O mais eloquente, no entanto, é que, cruzadas com inventários *post mortem*, as cartas de alforria oitocentistas mostram que a participação dos minas entre os alforriandos africanos crescia em proporções superiores ao seu peso na população africana escravizada.

Se, na década de 1790, os minas representavam 6% dos escravos urbanos nascidos na África e 1.5% dos africanos a viver no campo, em 1870-71 eles haviam chegado a cerca de 25% dos cativos africanos de ambos os meios (veja-se a tabela 3). Entre as duas pontas, a participação dos minas flutuou de 20% para 31% entre os alforriandos africanos (a queda de 20% para 14% entre fins do século XVIII e as três primeiras décadas do século XIX reflete o impacto do fim do tráfico negreiro ao norte do Equador). No mesmo intervalo, os congo-angolanos, embora sempre majoritários, viram sua presença decrescer relativamente tanto na escravaria africana como entre os libertandos nascidos na África. Os africanos oriundos da costa índica também aumentaram entre os escravos e alforriandos estrangeiros, mas, à diferença dos minas, enquanto o tráfico atlântico de moçambicanos aumentou como jamais se vira no século XIX, as viagens de negreiros entre a África Ocidental e o porto do Rio de Janeiro, como já indicado anteriormente, praticamente cessaram a partir de 1815.

Em suma, a singularidade dos minas e dos muçulmanos escondidos entre eles derivava de sua grande capacidade de acumular pecúlio. Prova-o o fato de que a liberdade que alcançavam derivava de seu eventual monopólio sobre as compras de cartas de alforria – os congo-angolanos libertavam-se sobretudo gratuitamente, e os afro-orientais

---

31 RIBEYROLLES, C. *Brazil Pittoresco*. Rio de Janeiro: Typographia Nacional, vol. 2, 1859, p. 61.

em geral por meio de pactos a envolver serviços por determinado número de anos.³²

O êxito mina e dos muçulmis neles encapsulados é desvendado pela sutil descrição deles feita por Ribeyrolles em 1859: "Atletas robustos, mármores viços que fazem o tráfico dos armazéns aos embarques. São rebeldes a toda escravidão doméstica, formam corporação entre si, têm e alimentam um montepio, e cada ano voltam alguns libertos à terra africana."³³ Leitores de Ribeyrolles, também o casal Agassiz associava em 1865-66 os minas aos islamitas, e sobre eles escreveram: "É uma raça possante, e as mulheres em particular têm formas muito belas e um porte quase nobre. Sinto sempre grande prazer em contemplá-las na rua ou no mercado, onde se veem em grande número, pois as empregam mais como vendedoras de frutas e legumes que como criadas. Diz-se que há, no caráter dessa tribo, um elemento de independência indomável que não permite empregá-la em funções domésticas".³⁴ Há nestes trechos várias sugestões:

> a) os minas se inseriam, sobretudo, no trabalho ao ganho da Corte, em especial o da estiva ligada ao comércio de exportação; as mulheres dedicavam-se aos pequenos negócios nas ruas; a comunidade não costumava se sujeitar à domesticidade, pois nela não havia maior possibilidade de acumular para comprar a liberdade;
>
> b) a solidariedade econômica entre eles era forte e se expressava através de associações voluntárias de

---

32 Veja-se FLORENTINO, M. Sobre minas, crioulos e a liberdade costumeira no Rio de Janeiro, 1789-1871. In: FLORENTINO, M. (org.). *Tráfico, cativeiro e liberdade*, p. 331-366.

33 RIBEYROLLES, C. *Brazil Pittoresco*, p. 68.

34 AGASSIZ, L.; AGASSIZ, E. *Viagem ao Brasil, 1865-1866*. Belo Horizonte; São Paulo: Ed. Itatiaia; Edusp, 1975, p. 68.

Questões que incomodam o historiador 251

fundo étnico e, talvez, religioso – ou seja, transétnico – como as caixas de alforrias, provavelmente calcadas no modelo da esusu, instituição de ajuda mútua ioruba trazida pelo tráfico atlântico junto com os escravos para diversas partes das Américas;[35]

c) a alforria comprada permitia a muitos regressarem à África, o que, no caso dos muçulmanos, bem pode haver contribuído para o seu virtual desaparecimento do Rio de Janeiro na passagem do século XIX para o seguinte.[36]

Se a solidariedade econômica era comum entre os genericamente chamados minas, por certo o era ainda mais entre os muçulmanos. Para além de laços étnicos, o monoteísmo amalgamava-os. Criavam caixas de alforrias baseadas na *esusu*, mas, entre eles, participar de instituições que ajudavam a poupar para comprar a liberdade passava por um forte filtro religioso que media a sinceridade da fé islâmica, sobretudo a dos adventícios. Prova-o certo trecho do manuscrito de Al-Baghdádi, em que o imã é informado de que os moslins do Rio condicionavam a aceitação de novos adeptos ao pagamento em dinheiro no ato da conversão. Quando um velho líder da comunidade apresentou-se a Al-Baghdádi acompanhado por um recém-converso e contou que o homem há muito queria converter-se, mas somente agora podia fazê-lo, pois conseguira poupar a quantia necessária, o imã contestou: "Não há necessidade de dinheiro nessa questão!"[37] Ao que o velho redarguiu que o dinheiro demonstrava a sinceridade do converso. Logo, a prática funcionava para proteger a religião de conversões

---

35 Veja-se CRUZ, M. C. V. E. Tradições negras na formação de um sindicato: sociedades de resistência dos trabalhadores em trapiches e café, Rio de Janeiro, 1905-1930. *Afro--Ásia*, 24, 2000, p. 261.
36 RIO, J. do. *As religiões no Rio*, p. 20-21 e 24-25.
37 AL-BAGHDÁDI, A. B.'A. *O deleite do estrangeiro em tudo o que é espantoso e maravilhoso*, p. 80.

interessadas exclusivamente em integrar um grupo bem-sucedido economicamente, cujos membros compravam a liberdade e até regressavam à terra natal. O curioso é que, em seguida, involuntariamente, o próprio Al-Baghdádi justificou o costume local de cobrar dos recém-convertidos, ao comentar como os outros africanos viam os moslins: "Quando observam a comunidade muçulmana entre eles e o imenso amor que seus integrantes nutrem uns pelos outros, sentem ciúme intenso desses cidadãos. E eles aderem à religião muçulmana com almas ávidas – e Deus proporciona êxito a quem Ele quiser".[38]

Encontra-se mais, porém, quando se retorna ao relato de Israel Antônio Soares. Embora tenha nutrido certa aversão aos minas (isto é, aos moslins negros), Israel, já convertido ao catolicismo, refere-se a um "*lufá*, isto é, espécie de médico, padre e advogado", cuja honradez e caráter reconhece. E exemplifica. Tinha o *lufá* um parente que lhe dera "para guardar em confiança dois contos de réis; achando-se doente foi para a Bahia e lá morreu. Quando a companheira pensava que estava na miséria, ele apareceu como um anjo salvador e deu-lhe a citada quantia. Outra ocasião, outra preta mina que estava em sua companhia morreu e quando foi na missa de sétimo dia ele entregou a quantia de 600 mil réis ao filho da falecida, que esta lhe havia dado a guardar".

Na verdade, Israel menciona um alufá, clérigo islamita conhecedor de algumas prescrições do Alcorão, a partir das quais orava pelos enfermos e dirimia eventuais conflitos entre os seguidores de Maomé. Não duvido fosse ele um dos líderes da comunidade a quem Al-Baghdádi conhecera em 1866. Tampouco me parece disparatado tomá-lo por uma espécie de administrador da poupança dos fiéis sob a sua responsabilidade, algo próximo a zelar pelo *zakat* – na definição de Albert Hourani, "as doações tiradas da própria renda para certos fins

---

38 AL-BAGHDÁDI, A. B'A. *O deleite do estrangeiro em tudo o que é espantoso e maravilhoso*, p. 83.

específicos: para os pobres, os necessitados, o socorro aos endividados, a libertação de escravos, o bem-estar dos viajantes. Dar o *zakat* era visto como uma obrigação para aqueles cuja renda ultrapassava certa quantia. Eles deviam doar uma proporção de sua renda, que era coletada e distribuída pelo soberano ou seus funcionários, mas outras esmolas podiam ser dadas a homens da religião, para que as distribuíssem, ou então diretamente aos necessitados".[39]

Sugiro aqui, pois, a adaptação de um dos pilares do Islã, o *zakat*, às condições de uma comunidade islamita inserida minoritariamente em uma sociedade escravista cristã, movimento que necessariamente redefiniria o papel dos alufás, aumentando seu poder e influência.[40] Por que não?

7

A comunidade moslins negra alcançou entre 1.300 e 1.500 adeptos em 1849. Se emigração de islamitas radicados na Bahia a formou, seus filhos cariocas vivenciaram simultaneamente o auge e o início do declínio do grupo. A primeira geração de crioulos islamizados, ao que tudo indica, não pôde resistir adequadamente à intensa competição religiosa de crenças politeístas africanas, do catolicismo erigido à condição de religião de Estado, e à própria volta para a África, cuja dinâmica ainda está por ser devidamente estudada para o caso do Rio de Janeiro. Por isso talvez estivesse reduzida a pouco mais de 500 pessoas em 1872. Não pôde resistir, sobretudo, à natureza fechada e seletiva do grupo, pouco hábil, apesar das conversões, em se adaptar às circunstâncias que melhor permitiriam levar a cabo o necessário proselitismo.

---

39   HOURANI, A. *Uma história dos povos árabes*. São Paulo: Companhia das Letras, 2006, p. 202.
40   CAIRUS, J. A. T. *Jihad, cativeiro e redenção*, passim.

O cuidado do casal Agassiz em mesclar impressões estritamente pessoais a sentimentos que impregnavam o senso comum carioca de meados do século XIX sobre os minas é sugerido por expressões como "diz-se", "segundo se diz" etc.[41] Trata-se, pois, de testemunho a refletir com acuidade as práticas dos muçulmanos negros. A eles não escapou a natureza arredia, pouco comunicativa e desconfiada dos que abraçavam o islamismo – sinônimos da discrição que os apartava dos não iniciados: "Os homens dessa raça são maometanos e conservam, segundo se diz, sua crença no profeta, no meio das práticas da Igreja Católica. Não me parecem tão afáveis e comunicativos como os negros Congos; são, pelo contrário, bastante altivos. Certa manhã, encontrei no mercado alguns deles almoçando depois do trabalho; parei para falar com eles e ensaiei diferentes modos de entrar em conversação. Lançaram-me um olhar frio e desconfiado, responderam secamente às minhas perguntas e se sentiram evidentemente aliviados quando os deixei."[42] Aliás, esconder-se sob o manto do catolicismo era traço igualmente detectado por volta da mesma época pelo comandante da corveta turca da qual desembarcara Abdurrahman al-Baghdádi: "Estes muçulmanos presentes nestas terras precisam esconder sua religião sem opção. Eles têm medo de se tornarem conhecidos das comunidades estrangeiras porque elas os veem em público como cristãos, como alguns ingleses me relataram."[43]

Outra prova do hermetismo moslim aponta para consequências mais profundas e pode ser capturada no trecho já reproduzido do manuscrito redigido por Al-Baghdádi, onde se afirma que os maometanos consideravam infiéis aos que não trouxessem o corte

---

41 AGASSIZ, L.; AGASSIZ, E. *Viagem ao Brasil*, p. 68-69.
42 AGASSIZ, L.; AGASSIZ, E. *Viagem ao Brasil*.
43 AL-BAGHDÁDI, A. B.'A. *O deleite do estrangeiro em tudo o que é espantoso e maravilhoso*, p. 74.

canônico da barba, motivo pelo qual "eles não o cumprimentam e não os deixam desposar suas filhas".⁴⁴ Quarenta e três Inventários *post-mortem* rurais do Rio de Janeiro, de 1860, os quais englobam 1.294 cativos, mostram uma taxa de masculinidade entre os minas da ordem de 83%, de 68% para os congo-angolanos e de 72% para os afro-orientais.⁴⁵ Para a Corte, uma amostragem de 90 inventários dos anos de 1860, 1865 e 1875 – num total de 425 escravos – indica taxa de masculinidade de exatos 80% entre os minas, 50% para os congo-angolanos e de 95% para os afro-orientais.⁴⁶ Tais números provavelmente decorrem – além do padrão sexualmente diferenciado das alforrias – do desdobramento, no Rio de Janeiro, das altas taxas de desequilíbrio entre os sexos vigentes já no embarque na África Ocidental, com a devida consequência: uma vez no Brasil, o crescimento da comunidade deveria fundar-se mais na catequese do que propriamente na reprodução natural. Foi aí que falharam.

8

Acerquemo-nos aos conversos. De sua fluidez fala a frequente suspeita da sinceridade de sua conversão. Os anúncios de fugas publicados pelo *Jornal do Commércio* podem ajudar a capturar alguns de seus traços. Coligi 1.004 anúncios para as décadas de 1830 (janeiro a julho), 1840 (idem) e 1850 (março a outubro). Exatos trinta fugitivos foram anunciados como mina, mina-gêge, mina-nagô, mina-mahi e mina-santé (axantes), em especial nas edições do ano de 1850.⁴⁷ Mencionei

---

44   AL-BAGHDÁDI, A. B.'A. *O deleite do estrangeiro em tudo o que é espantoso e maravilhoso*, p. 87.

45   Inventários *post-mortem* rurais do Rio de Janeiro, 1860, Arquivo Nacional (RJ).

46   Inventários *post-mortem* urbanos do Rio de Janeiro, 1860, 1865 e 1875, Arquivo Nacional (RJ).

47   Veja-se o *Jornal do Commércio*, Seção Microfilmes da Biblioteca Nacional do Rio de Janeiro.

antes que quatro calhambolas poderiam ser islamitas pela modelação da barba.

O anúncio que Lauriano José da Silva, habitante da Vila de Maricá, mandou publicar em outubro de 1850 dizia ter um africano de sua propriedade escapado. Não informava o nome, mas seguramente se tratava de um ladino, pois embora trazido de Benguela falava português com o desembaraço dos que há muito haviam cruzado o Atlântico. De estatura regular, trinta e dois anos de idade, o fugitivo impressionava pela "barba somente debaixo do queixo". Antes, em setembro, foi a vez de um morador da Rua dos Pescadores descrever no mesmo *Jornal do Commércio* o seu fujão. Salto – era esse o nome – tinha trinta anos de idade e as escarificações de sua testa revelavam a origem afro-oriental. Não gozava de boa forma, como indicava as pernas inchadas. Escapara com dois carpinteiros como ele, mas apenas Salto tinha "bastante barba debaixo do queixo". No início de março se anunciara também o sumiço de um tal Bernardo Angola, que em seus vinte e quatro anos de idade se escafedera só. Embora de baixa estatura, era reforçado e "bem feito de corpo", traços que talvez realçassem ainda mais a sua "barba debaixo do queixo". O ar algo divertido de sua figura era arrematado pelo detalhe mandado inserir no anúncio por seu senhor, vizinho da Rua Dom Manuel: o angolano ria toda vez que falava. Por último, Luiz – um moçambicano alto de quarenta anos de idade e cotovelo quebrado, cujo dono residia na Rua São Pedro. Escapara igualmente só um pouco antes de Bernardo, embora ainda em 1850. A barba um tanto branca e "muito cerrada por debaixo do queixo" também preponderava.[48] As poucas linhas de um anúncio de fuga podiam dizer muito, sobretudo

---

48   *Jornal do Commércio*, as edições, respectivamente, de 4 e 3 de outubro e de 25 e 3 de março de 1850.

quando impressas em jornal de grande alcance – eram pequenos retratos na intenção, joias para todo tipo de pesquisador.[49] Para efeito do presente estudo, a maior singularidade desses quatro fujões passaria em branco, não fosse a barba islâmica – de acordo aos anúncios do *Jornal do Commércio*, os trinta minas fugidos entre 1830 e 1850 não a detinham. A pogonologia ensina, sim, e a partir desses quatro fugitivos algumas ilações ninguém proíbe. O fato de não terem sido encontrados outros maometanos entre os escravos fugidos na sólida amostragem de anúncios do *Jornal do Commércio* sugere que o caminho adotado pela maioria dos moslins afro-ocidentais do Rio de Janeiro para alcançar a liberdade era o do respeito à lei. A exceção encontrada em outro tipo de registro (a foto Amado Mina entre as fotografias de escravos confinados à da Casa de Correção) apenas confirma a regra. De fato, o cruzamento das fontes até agora efetuado mostra serem os maometanos originários do Sudão Central e nagôs ínfimos nos inventários *post mortem* e na documentação eclesiástica, eram, no entanto, abundantes nos registros de alforrias, ou seja, na curva da mudança de estatuto jurídico. Ressabiados pelas perseguições na Bahia, tornaram-se mais prudentes e discretos, buscando conquistar sua liberdade especialmente pela via legal da manumissão depois que se estabeleceram no Rio de Janeiro.

---

49 "Os anúncios dos que podemos depender de modo quase absoluto, para essas e outras interpretações de caráter antropológico e médico, devo repetir, a esta altura, que são os de negros fugidos; neles é que principalmente me baseio. Explica-se o forte elemento de honestidade que caracterizava esses anúncios: quem tinha seu escravo fugido e queria encontrá-lo precisava dar os traços e sinais exatos [...] Nada de cores falsas. Fosse o anunciante embelezar a figura do fujão que era capaz de ficar sem ele por toda a vida [...] A linguagem dos anúncios de negros fugidos, esta é franca, exata e às vezes crua. Linguagem de fotografia de gabinete policial de identificação: minuciosa e até brutal nas minúcias. Sem retoques nem panos mornos". Cf. FREYRE, G. *Os escravos nos anúncios de jornais brasileiros do século* XIX. São Paulo: Companhia Editora Nacional, 1979, p. 26.

Em resumo, os "retratos" de maometanos nos anúncios de escravos fugidos sugerem que, em geral, a fuga era coisa de conversos não nascidos na África Ocidental. Daí deriva outra sugestão: a de que os islamitas fujões eram sobretudo conversos superficiais, crentes de última hora, apressados que optavam por conquistar a liberdade pela via do rompimento radical com a sociedade inclusiva. Hipótese que, por seu turno, reitera a imagem de uma comunidade de seguidores do Profeta no centro, cujas fronteiras iam se tornando mais fluidas. No núcleo central, moslins industriosos e até proprietários; na primeira fronteira, o cativeiro e, na última, a pobreza crua e apressada dos conversos e um maior afastamento da norma.

Vejam-se três fotos de prisioneiros da Casa de Correção do Rio de Janeiro, tiradas por volta de 1870, escravos por mim tidos como islamizados em função da presença da típica barba de bode ou mandarim.[50] Cada uma delas pode ser tomada como sintetizando um tipo específico de uma era do islamismo negro no Rio de Janeiro oitocentista.

Amado Mina atentara contra a vida de seu senhor na rua Nova do Livramento, durante a noite de 2 de agosto de 1869. Capturado, revelou no julgamento realizado em quatro de julho de 1870 que "devendo dous dias de jornal, instava seu senhor por essa quantia declarando que havia de vendê-lo; e então procurou fugir pela janella". Foi condenado a vinte anos de galés, a pena máxima prevista pelo artigo 193 do código criminal.[51] Observe-se em seus traços a convergência entre as escarificações, marca de particularismos étnicos, e a barba sem bigode, signo do universalismo islâmico. Amado Mina talvez beirasse os 60

---

50 *Galeria dos Condenados* (Biblioteca Nacional, Rio de Janeiro, Seção de Manuscritos). Os processos dos quais derivaram as condenações em apreço estão localizados e em processo de análise.

51 *Jornal do Commércio* de 05/07/1870 (Biblioteca Nacional, Rio de Janeiro, Seção de Manuscritos).

anos de idade. Era um escravo de ganho. Como Luiza Mina, é possível que Amado Mina fosse um muçulmano afro-ocidental que, desembarcado na Bahia na década de 1830 ou mesmo nos anos 1840, viu-se depois vendido para o Rio de Janeiro. Reitero: trata-se do único moslim transgressor afro-ocidental por mim encontrado até o momento, o que reitera a ideia de que, ressabiados pelas perseguições na Bahia, ao migrarem para a Corte, os islamitas negros geralmente mantinham-se dentro da lei.

A plena consciência da justificativa dos seus atos é desvelada pela expressão dura de José Monjolo. Suplanta-a, no entanto, a força de sua barba maometana. Acabou condenado a prisão perpétua em 1859, mais de uma década antes de ser fotografado, quando surge já bem envelhecido. José Monjolo pode ter sido o típico africano converso, por sua origem congo-angolana. Difícil saber se virara muçulmano no Rio de Janeiro, ou se a conversão ocorrera na Bahia, de onde também podia ter vindo em meio à primeira diáspora islâmica negra para o sul-sudeste brasileiro. Acabou perdoado por decreto de 11 de abril de 1873.

Por fim, a foto de Marcelino Crioulo sugere um islamita filho de muçulmanos. Talvez fosse, como Israel Soares, um representante da primeira geração de filhos de membros da diáspora maometana originária da Bahia. Ainda jovem, foi condenado à prisão perpétua em 1869. Chama a atenção a barba límpida, bem cortada, e a mirada entre amargurada e perdida. Marcelino duvidava da justeza de seu crime ou de sua pena.

AMADO MINA

Fonte: *Galeria dos Condenados*, livro 1, folha 241, Seção de Manuscritos da Biblioteca Nacional (RJ)

JOSÉ MONJOLO

Fonte: *Galeria dos Condenados*, livro 1, folha 159, Seção de Manuscritos da Biblioteca Nacional (RJ)

MARCELINO CRIOULO

Fonte: *Galeria dos Condenados*, livro 1, folha 225, Seção de Manuscritos da Biblioteca Nacional (RJ)

9

A identidade religiosa estrita se alimentava em especial da crença explícita da superioridade do seu monoteísmo, um sentimento antigo. Não gratuitamente, processos inquisitoriais do Portugal do século XVI indicam que cativos maometanos de origem jalofo e fula reafirmavam em juízo a superioridade do Islã sobre a religião católica de seus senhores. Perguntado pelos inquisidores se tinha a Cristo, nosso senhor, por Deus, o jalofo Francisco, escravo de Bernaldim Esteves, foi no ponto ao afirmar que "não havia mais que um só Deus, e que Deus era um só e não tinha [...] nem pai nem mãe nem filho" – isto é, que o cristianismo era politeísta.[52] Três séculos e meio depois, João do Rio se

---

52 Veja-se RIBAS, R. de O. *Filhos de mafoma*: mouriscos, cripto-islamismo e Inquisição no Portugal quinhentista. Lisboa: Universidade de Lisboa, 2005, cap. 3. Veja-se também SWEET, J. H. *Recriar África*: cultura, parentesco e religião no mundo afro-portu-

refere ao mesmo sentir, agora por parte dos chefes muçulmanos do Rio de Janeiro diante de seus pares negros de outras religiões.[53] Havia mais, porém: a comunidade maometana estava internamente cindida. O esfacelamento foi notado por Al-Baghdádi em 1866, quando observou que seus líderes viviam num litígio perpétuo: "Cada clã de muçulmanos tem um líder que cuida de suas questões e ao qual se referem como ´alfa´ e, entre alguns, ´imam´. Eles se ocupam do amor pela liderança e pelo mundo. Entre eles acontecem algumas coisas cuja menção prolongaria a questão, e no íntimo não gostam uns dos outros. Cada um deles deseja que o outro seja de seu partido".[54] Semelhante configuração política pode ser tomada como signo do arrefecimento, então, da força da religiosidade ante a diferenças étnicas entre os próprios islamitas, o que enfraquecia ainda mais a comunidade.

10

Já houve quem tentasse capturar de sonhos, expressos em sessões de psicanálise, camadas culturais seculares inscritas em traumas apenas descritos.[55] No relato de Israel amiúde surgem como que do nada palavras e expressões que podem ser tomadas como recônditas reminiscências de sua antiga religiosidade islâmica. Assim, ao se referir aos próceres da luta contra o cativeiro, lista os nomes de João Mendes, Pinto de Campos, Pereira Franco e Junqueira, mas a Rio Branco chama "o sublime", termo inúmeras vezes presente no Alcorão, não raro remetendo à

---

guês (1441-1770). Lisboa: Edições 70, 2007, p. 113.
53   RIO, J. do. *As religiões no Rio*, p. 28.
54   AL-BAGHDÁDI, A. B.'A. *O deleite do estrangeiro em tudo o que é espantoso e maravilhoso*, p. 86-87.
55   Veja-se, por exemplo, GINZBURG, C. Freud, o homem dos lobos e os lobisomens. In: *Mitos, emblemas e sinais*. São Paulo: Companhia das Letras, 1989, p. 207-217.

natureza transcendente de Deus. Com o mesmo sentido, o termo também aparece algumas vezes no manuscrito de Al-Baghdádi.[56] Por diversas vezes, em contextos variados, igualmente ele se utiliza do termo "*anjo*". Trata-se de substantivo também presente em escritos cristãos, mas que possui conotação muito mais importante para o Islã, pois, é sabido, o Anjo Gabriel teria sido o instrumento através do qual Deus revelara o Alcorão a Maomé. Pois bem. Israel chama "anjo tutelar" a José Boyd, o mesmo que havia concorrido com seu aluguel e com o dinheiro necessário para tratar do enterro da mãe. Ao alufá a quem respeita, Israel chama "anjo salvador". À liberdade representada pela abolição do cativeiro, designa "anjo celeste".

Israel também conta ter uma sobrinha mulata cujos parentes, todas as vezes que o recebem, lhe dão o lugar de "chefe supremo da família". Semelhante expressão remete sintomaticamente ao papel seminal do homem – sobretudo do homem mais velho – no seio da família muçulmana, motivo pelo qual, aliás, um islamita pode casar-se com uma infiel, mas se recomenda a uma muçulmana não fazer o mesmo com um não crente. Recorde-se ainda que um islamita não pode escapar do matrimônio, e que as sociedades muçulmanas fixaram normas rígidas para a formação do casal – o homem está destinado à filha de seu tio paterno.[57] Adaptado às condições do cativeiro e, sobretudo, à trajetória de Israel, o desiderato familiar islâmico inconsciente se expressa de duas formas. Em primeiro lugar, quando ele próprio se impôs a necessidade de casar – "é preciso que eu diga que no meio de toda a luta não me esqueci de constituir família e tive a felicidade de encontrar uma companheira

---

56   AL-BAGHDÁDI, A. B.'A. *O deleite do estrangeiro em tudo o que é espantoso e maravilhoso*, por exemplo, nas p. 74 e 75.

57   FARGUES, P. O mundo árabe: a cidadela doméstica. In: BURGUIÈRE, A. et al. *História da família*. Lisboa: Terramar, 1998, vol. 3, p. 293-322.

que tem sido o meu braço direito como se costuma dizer". Em segundo lugar, exigindo o reconhecimento, na condição de tio, do lugar de "chefe supremo da família" quando visitava a sobrinha.

São camadas presentes no inconsciente de Israel já velho e cristão. Entre elas também se encontra a barba crescida e o bigode escanhoado que ele ainda carregava em 1900, simplesmente porque assim aprendera a se ver e sentir-se viril e respeitável na infância e nos primórdios de sua idade adulta. Nada mais.

II

Relato de Israel Antônio Soares a Ernesto Sena em 1900

Israel Soares foi um dos mais notáveis batalhadores em prol da liberdade de seus irmãos.

Não há propagandista desta benemérita causa, que tanto exaltou a nossa cara pátria aos olhos do estrangeiro incrédulo e indiferente, que não conheça esse negro, magro, esguio, ossudo, com a carapinha esbranquecida pela neve dos anos, cor aquela curta barba branca, com aquele buço sempre bem escanhoado, formando todo o seu físico a compostura de um homem sério, honesto e digno.

Há dias encontrando-o na rua do Ouvidor, convidei-o para uma pequena palestra sobre aqueles bons tempos de propaganda.

Ainda bastante emocionantes relembrou ele diversos fatos, as lutas em que se empenharam os abolicionistas, os óbices a vencer, as mil dificuldades com que embarcavam escravos para o Norte e os meios que empregavam para dar abrigo aos fugidos que procuravam a proteção das associações etc.

No meio da conversa pedi que me contasse a sua vida: Israel relutou bastante, mas afinal teve de ceder diante das ponderações que lhe apresentei.

Vou, pois, nestas notas relatar fielmente as suas palavras tais como foram pronunciadas em nossa entrevista.

"*Não posso deixar de obedecer ao seu pedido, não porque se trate de minha mesquinha pessoa, mas sim porque se trata de um livro que tem de lembrar aos vindouros os feitos gloriosos daqueles que como o senhor, tanto concorreram para a redenção da raça oprimida.*

Tenho escrúpulos de falar de mim mesmo, mas não posso esquivar-me ao seu generoso pedido. Não fui eu quem provocou esta narração, simples e singela, porém, franca e verdadeira.

E por ser franca e verdadeira vou lhe contar a minha vida sem lhe ocultar a menor circunstância.

Permitam os céus que esta minha singela história que de si nada vale, sirva ao menos de estímulo aos meus companheiros de trabalho.

Quando falo em companheiros de trabalho, refiro-me aos antigos escravos como eu, que devem procurar por todos os meios sérios imitar a raça branca em todas as suas virtudes, desprezando os vícios e com especialidade a vaidade e a presunção, pois para mim não há nada mais nojento do que ver um negro vaidoso e presumido.

Infelizmente é o mal que mais aflige a nossa raça. Quando um negro vê-se pouco mais ou menos avantajado, a primeira coisa que faz é evitar o convívio com os seus...

Quereis uma prova, não vedes que são sempre o negro e o mulato que mais guerra fazem ao grande José do Patrocínio e que os piores são aqueles que já foram escravos?

Alguns conheço eu, que para negarem a sua raça, dizem que são filhos de caboclo...

[...] Conquanto eu pareça ter mais idade, nasci no ano de 1843, a 19 de agosto, na casa da rua de S. Pedro número 30, hoje Senador Euzébio número 38. Meus pais eram africanos. Minha mãe era de nação mina

e meu pai monjolo. Este chamava-se Rufino e não tinha apelido de família pelo fato de ser escravo. Minha mãe chamava-se Luíza e ambos eram escravos de Joaquim José da Cruz Seco.

Minha mãe foi mais feliz do que meu pai, pois conseguiu libertar-se em 1846, graças aos esforços de um preto mina chamado Antônio, que também era escravo, mas que vivia como livre por capricho de um dos seus senhores moços, como era costume chamar-se aos filhos dos senhores de escravos. A sua vida de livre foi originada pelo seguinte caso:

O senhor, antes de morrer, recomendou que libertassem esse preto, porém, o tal senhor moço que tinha birra com esse escravo por ser ele de muita confiança do senhor velho, não lhe deu a carta de liberdade, e como o pai lhe recomendou, agravou-se mais a sua situação, pois o pedido foi feito da seguinte maneira: O velho era charqueador em Pelotas; indo um dia da cidade para a charqueada, no meio do rio virou-se o batelão que o conduzia. Fazendo esforços para se salvar e vendo que não conseguia, pediu a um companheiro que tinha probabilidade de se salvar, que dissesse a seu filho Antônio, que desse carta de Alforria ao preto Antônio.

Aquele não só não deu a carta, como obrigou a Antônio a retirar-se de Pelotas para o Rio de Janeiro, dizendo-lhe que não queria os seus serviços, mas que também não cumpria o pedido do velho.

Antônio, que era oficial de obra grande, pois só trabalhava em casacas e sobrecasacas, veio para esta capital e empregou-se em uma casa de grande nomeada naquela época: era a casa Blanchom.

Nestas condições travou Antônio conhecimento com minha boa mãe e condoendo-se de sua sorte deu a necessária quantia pela sua liberdade. Foi por este serviço prestado à humanidade que eu tomei o nome de Antônio para o meu sobrenome.

A minha mãe, lutando sempre com bastante trabalho, libertou, em 1856, minha irmã, mulata, que ainda hoje vive cheia de filhos e netos.

Custou um conto de réis a sua liberdade e por esse motivo houve uma divergência entre minha mãe e meu padrasto, pois este era de opinião que fosse eu primeiro libertado, com certeza por ser eu preto como ele, porém, minha mãe ao contrário disse que devia ser minha irmã, que era mulher e tinha família que poderia crescer na escravidão.

Para felicidade de minha pobre família, esta foi a opinião que prevaleceu e por este motivo podemos agradecer a Deus o não termos dezenas de membros da nossa família na escravidão.

Tenho sobrinhas, e sobrinhas tão brancas que sabem que são mulatas porque têm tio preto. Tenho uma sobrinha casada com um mulatinho nas mesmas condições, mas neste ponto sou feliz, nunca vi neles o menor vislumbre de preconceito, pelo contrário, todos me respeitam e me dão o lugar de chefe supremo da família.

Com a idade de 14 anos, vim para S. Cristóvão, para a praia do mesmo nome, no número 41, e aí comecei a ser homem e a compreender que era muito esquerda a posição de escravo.

Felizmente já sabia alguma coisa, atirei-me a tudo que me podia ser útil, provoquei simpatias, travando nessa ocasião conhecimento com o farmacêutico Marcelino Inácio de Alvarenga Rosa.

A esse cidadão devo o pouco conhecimento que tenho da vida. Foi com ele que acompanhei toda a questão do Ventre Livre e era com sofreguidão que lia os discursos de João Mendes, Pinto de Campos, Pereira Franco, Junqueira e do sublime Rio Branco.

Mas, ao lado de toda esta esperança, quanto era triste o pio agoureiro de Paulino de Souza e Andrade Figueira e até deste grande homem que se chama – Teixeira Viana!

Nesse tempo minha mãe estava atrasada com o seu negócio; pois ela era quitandeira, tinha barraca no Largo da Sé, e isto há já 26 anos. Não obstante ser eu escravo, tinha boa vontade para o trabalho; trouxe, pois, minha mãe para S. Cristóvão, para aruá de S. Luiz Durão, número 19, que nesse tempo chamava-se de rua Almirante Mariatte, cujo aluguel era de 18 mil réis mensais e estabeleci uma casa de quitandeira.

Coitada!... Mal sabíamos, eu e ela, que os seus dias estavam contados. Nesta modesta choupana onde nas horas de meu descanso, alegre e respeitoso, conversava com ela. Lembro-me que às vezes pegava-me na cabeça e me estreitava no colo, dizendo estas palavras que nunca mais poderei esquecer: *pobre filho, eu não te posso libertar!*

Eu que já estava resignado, e que tinha fé no meu trabalho e no futuro, dizia a ela que não se incomodasse comigo, que tratasse de si, e que quanto a mim não haveria novidade.

Pobre velha, já muito pouco tempo tinha que durar sobre a terra. Uma constipação rebelde estava minando-lhe a vida, cujo infeliz desfecho teve lugar em 12 de fevereiro de 1880. Preciso que seja consignado que nada lhe faltou, tinha médico à cabeceira que gratuitamente a isso se prestava e para clareza, aqui cito-lhe o nome – Dr. José Peixoto.

Os remédios eram fornecidos pelo meu amigo e mestre – o farmacêutico Marcelino. Nesta emergência, encontrei como Deus um homem que foi o meu anjo tutelar; chamava-se este cidadão José Boyd, que concorrendo com o aluguel da casa por espaço de dois anos, mesmo no dia em que minha mãe faleceu me deu a quantia de 36 mil réis para tratar do enterro.

Minha mãe era maometana, porém morreu na lei Católica Apostólica Romana. Confessou-se e sacramentou-se.

Algumas minas ficaram zangadas com este motivo, porém eu não me importei com isto e até tive bastante prazer, porque sou daqueles que pensam que a nossa religião está acima de tudo.

É verdade que respeito muito as minas, por serem da nação de minha boa mãe, porém não posso deixar de conhecer que elas foram grandes verdugos de nossa raça. Logo que apanhavam algum dinheiro, a primeira coisa que faziam era comprar escravos e, deixe que lhe diga, eram muito rigorosas.

Havia alguns que deixavam de libertar os filhos para fazer tais compras.

Um conheci que morava no Jogo da Bola, que negociava em café torrado, e que tendo aumentado a quantia de dois contos de réis, foi nestas condições encomendar a um célebre Guimarães, da rua Larga de S. Joaquim, duas crioulas baianas, porém, no dia que tinha de efetuar a compra, teve de libertar a filha que ali estava para ser vendida. Deixe também que lhe diga que raro é o filho de preta mina que esteja bem; se se casa, em breve tempo larga a mulher, indo cada um para o seu lado; se tem negócio, em breve tempo dá com os burros na água.

É inegável que alguns são inteligentes e trabalhadores, porém, não sei porque poucos, muito poucos têm sido aqueles que se têm salvado, não digo com certeza, mas me parece que isto tudo é devido aos crimes de seus pais.

Conheço um mina que se destaca de todos os outros: entre os seus é ele uma notabilidade, é lufá, isto é, espécie de médico, padre e advogado.

É um dos pretos que mais considero pela sua honradez e caráter, e para lhe mostrar as suas boas qualidades eu vou citar fatos de sua vida que muito o enobrecem.

Tinha um parente dele dado para guardar em confiança dois contos de réis; achando-se doente foi para a Bahia e lá morreu. Quando a companheira pensava que estava na miséria, ele apareceu como um anjo salvador e deu-lhe a citada quantia. Outra ocasião, outra preta mina que estava em sua companhia morreu e quando foi na missa do Sétimo Dia ele entregou a quantia de seiscentos mil réis ao filho da falecida, que esta lhe havia dado a guardar.

Ora, na quadra que atravessamos, quando se encontra um procedimento destes, não podemos esperar da sorte, pois é motivo para esperar que há de vir com o tempo, a época em que a raça negra ficará bem regenerada.

Abri um curso noturno na casa de quitanda em que faleceu minha mãe e o pouco que eu sabia distribuí com aqueles que nada sabiam.

Entre meus alunos posso citar alguns: Abel da Trindade, Pedro Gomes, Marcolino Lima, Justino Barbosa, Joaquim Vicente, Venâncio Rosa, Estanisláu, Fausto Dias, Vitor de Souza, Tomé Pedro de Souza, Martinha Benedita, Antônia, Eugênia, Rosa, Vitória e Joana, escravos e ex-escravos.

Entre estes alguns há que aprenderam depois mais alguma coisa e hoje governam a sua vida muito bem.

Por esse tempo formei uma sociedade de dança com o título de Bela Amante, sociedade que durou dez anos.

Os cinco primeiros anos fui eu seu secretário e os cinco últimos fui sempre eleito Presidente. Essa sociedade era composta de escravos na sua totalidade e dava duas partidas por ano: era uma na véspera do Natal e outra na véspera de S. João. Era tal a maneira por que nos portávamos que sendo Chefe de Polícia da Corte o Desembargador Tito de Matos que mandou cassar todas as licenças de bailes populares e particulares, foi a nossa a única considerada pela autoridade apta para funcionar.

Neste mesmo tempo este anjo celeste, bendito por todos, que se chama liberdade, começou a adejar as suas asas, já se avistando no horizonte um reflexo deste grande farol que hoje se chama 13 de maio. Foi então que compreendi que era necessário levantar a minha tenda para outros arraiais.

Armado com a couraça do patriotismo, vim prestar os meus pequenos serviços à santa causa da abolição, e no dia em que se faziam dez anos em que tinha fundado a sociedade de baile, dia de S. João, 24 de junho de 1880, fundei a Caixa Libertadora José do Patrocínio. De todos os pequenos trabalhos foi este o de que mais orgulho tenho na minha vida, pois foi nesta ocasião que pude aproximar-me deste grande vulto que se chama José do Patrocínio. Foi aí que pude admirar as suas grandes virtudes, o seu enorme talento para poder dizer um dia que ele foi o Moisés da nossa raça.

O que foi a Caixa Libertadora, aí estão os jornais do tempo que podem dizer alguma coisa, e quando isto não bastasse temos nas mãos do nosso chefe, Capitão Emiliano Senna, o glorioso livro das nossas atas. É nesse livro que podeis achar o que eu não posso vos dizer agora.

Quanto à minha liberdade, adquirira-a pela quantia de seiscentos mil réis, com o contrato ainda de quatro anos de serviço, e quando fui eleito presidente da Caixa Libertadora, ainda me faltavam seis meses para a minha completa liberdade.

Tive escrúpulos em aceitar; porém, o Sr. Capitão Emiliano Senna levantou-se e em eloquente discurso disse que eu não podia recusar um cargo para que tinha sido eleito pelos meus companheiros, à vista do que nele permaneci até o magno dia 13 de maio, em que, de uma vez para sempre, ficou abolida a escravidão no Brasil.

É preciso que eu diga que no meio de toda a luta não me esqueci de constituir família e tive a felicidade de encontrar uma companheira que tem sido o meu braço direito, como se costuma dizer.

Fui eu mesmo que a libertei por oitocentos mil réis. Para adquirir esta quantia fiz tudo quanto humanamente é possível fazer honestamente.

Tinha seiscentos mil réis, faltavam-me duzentos mil e eu só tinha dois dias para o prazo fatal, pois que a questão estava afeta ao Juiz da Provedoria, que era a esse tempo o Dr. Segurado.

Nesta ocasião me dirigi a José do Patrocínio para ver se ele me podia valer, ele coitado tinha na véspera desse dia comprado o material da Gazeta da Tarde. Estava sem recursos, mas ainda assim me deu cinquenta mil réis que era o último dinheiro que tinha na algibeira. Só uma alma grande e generosa como a dele era capaz de sacrifícios desta ordem, e a minha boa estrela me fez encontrar um português de nome Domingos José Marques que me abonou o resto da quantia e ainda me fez mais, no dia 28 de setembro em um banquete em que se festejava o aniversário da liberdade em casa de um compadre e amigo meu, esse português, que estava presente nesta ocasião, deu-me o recibo como saldo de todas as contas.

Graças a Deus e aos meus esforços e de minha mulher, já estamos de posse de uma casinha onde estamos agasalhados, na rua Alves do Monte número 3 A, em S. Cristóvão.

São estas as informações que posso dar a meu respeito, não podiam ser melhores, pois não frequentei colégio, e aprendi a ler em jornais velhos em um canto da cozinha.

– Eis aí a sucinta história da vida desse preto que assinalados serviços prestou durante o terror da propaganda da abolição dos escravos.

Em todos os atos solenes, em todos os trabalhos feitos pela propaganda, a sua presença era necessária e o seu apoio era incondicional.

Devido a iniciativa sua, criaram-se outras associações abolicionistas.

Entre os grandes vultos dessa gloriosa jornada, onde figuram José do Patrocínio, Luiz Gama, André Rebouças, Ferreira de Menezes, Miguel Dias e outros defensores da sua raça, a história há de registrar o nome desse preto honesto, digno e nobre que se chama Israel Antônio Soares.

1900

Sobre os autores

Alcir Pécora. É Professor do Departamento de Teoria Literária do Instituto de Estudos da Linguagem da Unicamp desde 1977. Autor de diversas obras, entre elas: *Teatro do Sacramento* (Editora da Unicamp, 2008); *Máquina de Gêneros* (Edusp, 2001) e *As excelências do Governador* (Companhia das Letras, 2002). Foi organizador dos *Sermões do Padre Antônio Vieira* publicados em dois volumes (Hedra, 2000 e 2001) e *Escritos históricos e políticos do Padre Antonio Vieira* (Martins Fontes, 1995).

Ana Isabel Buescu. É professora da Universidade Nova de Lisboa e autora, entre outros livros, de *Imagens do Príncipe. Discurso normativo e representação* (Cosmos, 1997), *Catarina de Áustria* (Esfera dos Livros, 2007), "D. João III" (Temas e Debates, 2008), "Na Corte dos Reis de Portugal" (Edições Colibri, 2011) e "A mesa dos Reis de Portugal" (Círculo de Leitores, 2011).

Jean Marcel Carvalho França. É professor da Unesp e autor, entre outros livros, de: *Literatura e sociedade no Rio de Janeiro Oitocentista* (Imprensa Nacional-Casa da Moeda, 1999), *Visões do Rio de Janeiro Colonial* (José Olympio Editora, 2000), *Mulheres viajantes no Brasil* (José Olympio Editora, 2008) e *A construção do Brasil na literatura de viagem dos séculos* XVI, XVII e XVIII (José Olympio Editora, Editora Unesp, 2012).

Manolo Florentino. É professor do Departamento de História da Universidade Federal do Rio de Janeiro. Autor, entre outros livros, de *Em costas negras* (Companhia das Letras, 2010), *O Arcaísmo como projeto* (Civilização Brasileira, 2001), *Tráfico, cativeiro e liberdade* (Civilização Brasileira, 2005), *Impérios ibéricos em comarcas americanas* (7 letras, 2010).

Marcelo Jasmin. É professor de História da Pontifícia Universidade Católica do Rio de Janeiro, atua principalmente nas áreas de Teoria e Filosofia da História. É autor de *Alexis de Tocqueville. A Historiografia como ciência da política* (Editora UFMG, 2005) e *Racionalidade e História na Teoria Política* (Editora UFMG, 1998).

Maria Beatriz Marques Nizza da Silva. É professora titular da Universidade de São Paulo. Autora de diversas obras, entre elas: *Ser nobre na Colônia* (Editora Unesp, 2005), *História da Família no Brasil Colonial* (Nova Fronteira, 1998), *História de São Paulo Colonial* (Editora Unesp, 2009) e *Cultural Portuguesa na Terra de Santa Cruz* (Editora Estampa, 1995).

Susani Silveira Lemos França (organizadora). Professora da Unesp/Franca. É autora de *Os reinos dos cronistas medievais* (Annablume, 2006), *Viagens de Jean de Mandeville* (Edusc, 2007) e organizadora de *As cidades no tempo* (Olho d'Água, 2005).

Tânia da Costa Garcia. É professora da Unesp/Franca, autora do livro *O "it verde e amarelo" de Carmen Miranda* (Annablume, 2004) e, além de diversos artigos e capítulos sobre história da música, é organizadora de *Música e Política: um olhar transdisciplinar* (Alameda, 2013).

Temístocles Cezar. É professor da Universidade do Rio Grande do Sul, atua na área de Teoria da História. Desde 1994 publica artigos em revistas importantes, dentre eles: "Quando um manuscrito torna-se fonte histórica", "Varnhagen em movimento", "Anciens, Modernes et Sauvages".

Esta obra foi impressa em São Paulo na primavera de 2013. No texto foi utilizada a fonte Adobe Jenson Pro em corpo 11 e entrelinha de 16 pontos.